权威・前沿・原创

皮书系列为
"十二五"国家重点图书出版规划项目

中国社会科学院创新工程学术出版资助项目

人口与劳动绿皮书（2014）

GREEN BOOK OF
POPULATION AND LABOR (2014)

中国人口与劳动问题报告
No.15

REPORTS ON CHINA'S POPULATION AND LABOR
(No.15)

面向全面建成小康社会的政策调整
Policy Changes for the Goals of 2020

主　编／蔡　昉
副主编／王美艳

社会科学文献出版社
SOCIAL SCIENCES ACADEMIC PRESS (CHINA)

图书在版编目（CIP）数据

中国人口与劳动问题报告. 15，面向全面建成小康社会的政策
调整/蔡昉主编. —北京：社会科学文献出版社，2015.1
　（人口与劳动绿皮书）
　ISBN 978 - 7 - 5097 - 7069 - 6

　Ⅰ. ①中… 　Ⅱ. ①蔡… 　Ⅲ. ①人口 - 问题 - 研究报告 - 中国
②就业 - 问题 - 研究报告 - 中国 ③小康建设 - 研究报告 - 中国
Ⅳ. ①C924.24 ②D669.2 ③F124.7

中国版本图书馆 CIP 数据核字（2015）第 019394 号

人口与劳动绿皮书（2014）
中国人口与劳动问题报告 No. 15
　——面向全面建成小康社会的政策调整

主　　编／蔡昉
副 主 编／王美艳

出 版 人／谢寿光
项目统筹／邓泳红
责任编辑／周映希

出　　版／社会科学文献出版社·皮书出版分社 （010）59367127
　　　　　地址：北京市北三环中路甲 29 号院华龙大厦　邮编：100029
　　　　　网址：www.ssap.com.cn
发　　行／市场营销中心 （010）59367081　59367090
　　　　　读者服务中心 （010）59367028
印　　装／北京季蜂印刷有限公司

规　　格／开 本：787mm×1092mm　1/16
　　　　　印 张：18　字 数：291 千字
版　　次／2015 年 1 月第 1 版　2015 年 1 月第 1 次印刷
书　　号／ISBN 978 - 7 - 5097 - 7069 - 6
定　　价／59.00 元

皮书序列号／B - 2000 - 010

本书如有破损、缺页、装订错误，请与本社读者服务中心联系更换

前　言

随着中国经济发展进入新常态，劳动力市场在经历了刘易斯转折点后，也将面临重要的结构转换，人口与就业政策面临着更多新的挑战。民生改善是新常态的一个重要特征，因此，认识人口变化趋势、劳动力市场新特点和社会保障体系建设进程，是深刻理解新常态的学理基础。

我国作为一个中等收入国家，仍然需要发挥经济增长的潜力，为实现全面建成小康社会的战略目标奠定物质基础。然而，在经济发展进入新常态后，以往依靠生产要素的粗放积累来推动经济增长的模式已经难以维系。中国经济发展越来越需要以效率提升、结构优化作为可持续发展的动力。人口与就业政策，也需要因应形势的变化做出调整。正是在经济发展转折性的关头，我们组织了一批以新常态下的政策调整为主题的研究成果，致力于观察如何通过进一步深化要素市场改革来提高经济效率，如何提高完善社会保障体系来实现更加包容和有效的增长，以及如何通过完善制度促进劳动力市场更健康的发展。

本报告秉承系列报告的一贯风格，坚持以问题和政策为导向、以实证分析为基础，并保持理论的一致性。各章作者分别从人口就业与收入分配、人口红利到改革红利的过渡、完善社会保障体系，以及促进劳动力市场制度建设等角度，深入揭示潜在的制度红利，在有关实现宏观经济结构再平衡、完善人口生育政策、改革户籍制度、促进新型城镇化、完善教育体制和实现可持续的经济增长模式等领域提出了改革建议。

Introduction

China starts growing at a new normal state. After passing through the Lewis turning point, the Chinese labor market has been facing with essential transformation in structure. Under the new normal, the policies on population and employment will be facing with more challenges. The improvement of people's livelihood is an important characteristic of the new normal. As a result, understanding the trend of population change, the new characteristics of labor market and the process of building social security systems, should be the theoretical basis of further comprehending the new normal of Chinese economy.

Needless to say, China, as a middle income country, still needs to dig out the growth potentials in order to reach well-being society. However, when arriving at a new normal state, it is not able to sustain the economic growth simply through accumulating the production factors. China needs to rely more on efficiency improvement and restructuring as drivers of economic growth. The population and labor market policies need to adjust accordingly. At this crunch time, we organize this report to include the research on how to improve the economic efficiency by deepening the reforms on production factor market, how to achieve more inclusive growth by improving social protection system, and how to develop the labor market by building the labor market institutions.

As we have done in the previous annual reports, this one includes studies based on empirical analysis and issue orientation. Touching the areas including employment and income distribution, transition from demographic dividends to reform dividends, social security systems building and labor market institution development, the studies focus on the potentials of economic growth, macroeconomic rebalancing, population policies, household registration system reform, new urbanization, and reforms on educational system. Based on the analysis, some policy suggestions are proposed.

目录

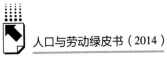
Ⅱ　专题二　从人口红利到改革红利转型

ⒼⅢ　专题三　构建完善的社会保障网络

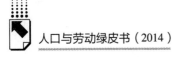

G Ⅳ　专题四　促进劳动力市场制度建设

皮书数据库阅读**使用指南**

CONTENTS

G Ⅱ　Topic Two: Transition from Demographic Dividend To Reform Dividend

GⅢ　Topic Three: Building a Better Social Security Network

GⅣ　Topic Four: Promoting Labor Market Institution Development

专题一
人口、就业与收入分配

Topic One：Population，Employment and
Income Distribution

G.1
第一章
2013年农民工监测报告

国家统计局住户调查办公室 *

据全国农民工监测对 31 个省份 23.5 万个农村劳动力的调查，2013 年农民工总量和外出农民工人数继续增加，但增速持续回落。农民工务工月均收入保持较快增长。但居住负担加重，权益保障有待进一步改善。

一　农民工规模

（一）农民工占农村从业劳动力总量的 49.7%

2013 年全国农民工总量为 26894 万人，比上年增加 633 万人，增长

---

* 执笔人：阳俊雄、郝彦宏。

2.4%，占农村从业劳动力的比重为49.7%。其中，新生代农民工（1980年及以后出生）12528万人，占农民工总量的46.6%，占1980年及以后出生的农村从业劳动力的比重为65.5%。

（二）61.8%的农民工外出从业

外出农民工（到户籍所在乡镇地域以外从业半年及以上的农民）16610万人，比上年增加274万人，增长1.7%，占农民工总量的61.8%；本地农民工（在户籍所在乡镇地域内从业）10284万人，增加359万人，增长3.6%，占农民工总量的38.2%。在外出农民工中，住户中外出13085万人，占78.8%；举家外出3525万人，占21.2%（见表1-1）。

表1-1　2008~2013年农民工规模

单位：万人

指　　标	2008年	2009年	2010年	2011年	2012年	2013年
农民工总量	22542	22978	24223	25278	26261	26894
1. 外出农民工	14041	14533	15335	15863	16336	16610
（1）住户中外出农民工	11182	11567	12264	12584	12961	13085
（2）举家外出农民工	2859	2966	3071	3279	3375	3525
2. 本地农民工	8501	8445	8888	9415	9925	10284

（三）农民工总量和外出农民工人数增速持续回落

农民工总量增速2010年为5.4%，2011年为4.4%，2012年为3.9%，2013年为2.4%，2011年、2012年和2013年农民工总量增速分别比上年下降1.0个、0.5个和1.5个百分点。外出农民工人数增速2010年为5.5%，2011年为3.4%，2012年为3.0%，2013年为1.7%，2011年、2012年和2013年农民工总量增速分别比上年下降2.1个、0.4个和1.3个百分点（见图1-1）。

（四）东部地区农村从业劳动力57%已成为农民工

从输出地看，东部地区农民工10454万人，占东部地区农村从业劳动力的

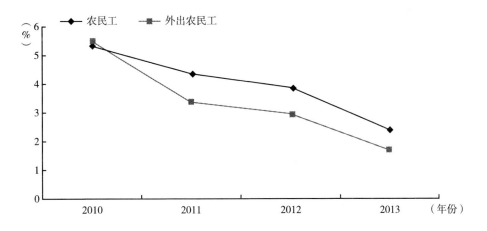

图 1 - 1 2010 ~ 2013 年农民工总量和外出农民工人数增速

57%，占全国农民工总量的 38.9%；中部地区农民工 9335 万人，占中部地区农村从业劳动力的 49.2%，占全国农民工总量的 34.7%；西部地区农民工 7105 万人，占西部地区农村从业劳动力的 42.4%，占全国农民工总量的 26.4%（见图 1 - 2）。

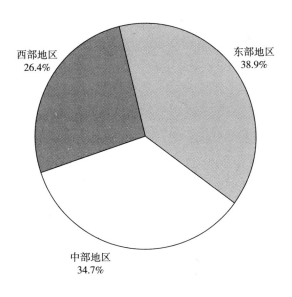

图 1 - 2 2013 年分地区的农民工人数构成

二 外出农民工流向分布

（一）外出农民工46.6%跨省流动

在外出农民工中，7739万人跨省流动，8871万人省内流动，分别占外出农民工的46.6%和53.4%。东部地区农民工以省内流动为主，中西部地区农民工以跨省流动为主（见表1－2）。

表1－2　2013年分地区的外出农民工人数及构成

指 标	人数（万人）			构成（%）		
	外出农民工	跨省流动	省内流动	外出农民工	跨省流动	省内流动
东部地区	4936	882	4054	100.0	17.9	82.1
中部地区	6424	4017	2407	100.0	62.5	37.5
西部地区	5250	2840	2410	100.0	54.1	45.9
合 计	16610	7739	8871	100.0	46.6	53.4

（二）跨省流动主要是从中西部省份到东部省份

东部地区跨省流出农民工882万人，72.6%仍在东部地区省际流动；中部地区跨省流出农民工4017万人，89.9%流向东部地区；西部地区跨省流出农民工2840万人，82.7%流向东部地区。在跨省流动农民工中，流向东部地区6602万人，占85.3%；流向中西部地区1068万人，占13.8%。

（三）跨省流动农民工主要流入大中城市

跨省流动农民工5928万人流入了地级以上大中城市，占跨省流动农民工的76.6%。其中，1115万人流入直辖市，占14.4%；1749万人流入省会城市，占22.6%；3064万人流入地级市（包括副省级城市），占39.6%（见表1－3）。

（四）省内流动农民工主要流入小城镇

在外出农民工中，8871万人在户籍所在省内流动，占53.4%。其中，295

万人流入直辖市，占3.3%；1908万人流入省会城市，占21.5%；2489万人流入地级市，占28.1%；4179万人流入小城镇，占47.1%（见表1-3）。

表1-3 2013年按流入城市类型分的外出农民工人数及构成

单位：万人

指 标	合 计	直辖市	省会城市	地级市	小城镇
外出农民工人数	16610	1410	3657	5553	5990
其中：跨省流动	7739	1115	1749	3064	1811
省内流动	8871	295	1908	2489	4179
外出农民工构成（%）	100.0	8.5	22.0	33.4	36.1
其中：跨省流动（%）	100.0	14.4	22.6	39.6	23.4
省内流动（%）	100.0	3.3	21.5	28.1	47.1

三 农民工就业状况

（一）接受过技能培训的农民工数量继续增加

2013年，接受过技能培训的农民工占32.7%，比上年提高1.9个百分点。其中，接受过非农职业技能培训的占29.9%，接受过农业技能培训的占9.3%，农业和非农职业技能培训都参加过的占6.4%。分年龄段看，与50岁以上农民工相比，50岁以下农民工接受培训比例明显较高（见表1-4）。

表1-4 2012~2013年接受过技能培训的农民工比重

单位：%

指 标	接受农业技能培训		接受非农职业技能培训		接受技能培训	
	2012	2013	2012	2013	2012	2013
20岁及以下	4.0	5.0	22.3	29.9	24.0	31.0
21~30岁	6.2	5.5	31.6	34.6	34.0	35.9
31~40岁	11.0	9.1	26.7	31.8	32.0	34.1
41~50岁	14.9	12.7	23.1	27.8	30.5	32.1
50岁以上	14.5	12.4	16.9	21.2	25.5	25.9
合 计	10.7	9.3	25.6	29.9	30.8	32.7

（二）外出农民工以从事第二产业为主，本地农民工从事第三产业的比重较高

外出农民工 61.8% 在第二产业就业，其中，35% 从事制造业，23.5% 从事建筑业；本地农民工 48.6% 在第三产业就业，其中，14.8% 从事批发和零售业，11.9% 从事居民服务、修理和其他服务业（见表 1-5）。

表 1-5　2013 年分行业的农民工人数构成

单位：%

指　标	合　计	外出农民工	本地农民工
制造业	31.4	35.0	27.5
建筑业	22.2	23.5	20.8
批发和零售业	11.3	8.1	14.8
交通运输、仓储和邮政业	6.3	4.6	8.1
住宿和餐饮业	5.9	7.0	4.7
居民服务、修理和其他服务业	10.6	9.4	11.9
其他行业	12.3	12.4	12.2

（三）受雇就业农民工主要从事第二产业，自营就业农民工主要从事第三产业

83.5% 的农民工为受雇就业，16.5% 的农民工为自营就业。受雇就业农民工 65% 从事第二产业，其中，35.8% 从事制造业，25.6% 从事建筑业；自营就业农民工 82.1% 从事第三产业，其中，39.6% 从事批发和零售业，15.1% 从事交通运输、仓储和邮政业，13.1% 从事居民服务、修理和其他服务业，8.5% 从事住宿和餐饮业（见表 1-6）。

（四）农民工在东部地区就业以从事制造业为主，在中部地区就业以从事建筑业与制造业并重，在西部地区就业以从事建筑业为主

在东部地区就业的农民工 43.1% 从事制造业，17.5% 从事建筑业；在中部地区就业的农民工 28.5% 从事建筑业，20.1% 从事制造业；在西部地区就

表 1 - 6   2013 年按就业方式和行业分的农民工人数构成

单位：%

指 标	受雇就业	自营就业
制造业	35. 8	10. 7
建筑业	25. 6	5. 9
批发和零售业	5. 5	39. 6
交通运输、仓储和邮政业	4. 5	15. 1
住宿和餐饮业	5. 3	8. 5
居民服务、修理和其他服务业	10. 0	13. 1
其他行业	13. 3	7. 1

业的农民工 30% 从事建筑业，13.2% 从事制造业，13.2% 从事批发和零售业
（见表 1 -7）。

表 1 - 7   2013 年分地区分行业的农民工人数构成

单位：%

指 标	东部地区	中部地区	西部地区
制造业	43. 1	20. 1	13. 2
建筑业	17. 5	28. 5	30. 0
批发和零售业	10. 2	12. 9	13. 2
交通运输、仓储和邮政业	5. 3	7. 3	8. 2
住宿和餐饮业	5. 0	6. 2	8. 1
居民服务、修理和其他服务业	9. 9	11. 1	12. 2
其他行业	9. 0	13. 9	15. 1

四　外出农民工收入和消费

（一）月均收入保持较快增长

2013 年，农民工外出务工月均收入 2609 元，比上年增加 319 元，增长
13.9%。近四年农民工外出务工月均收入均保持两位数以上增长（见图 1 -3）。

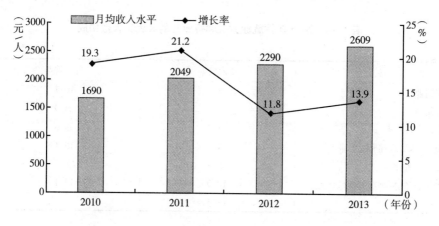

图1-3　2010~2013年外出农民工月均收入及增长率

（二）从事交通运输、仓储和邮政业收入水平最高，从事制造业收入增长最快

农民工从事交通运输、仓储和邮政业月均收入3133元，比上年增加398元，增长14.6%；农民工从事制造业月均收入2537元，比上年增加407元，增长19.1%（见表1-8）。

表1-8　2013年分行业农民工外出务工月均收入

指　标	月均收入（元/人）	比上年增加（元）	增长（%）
制造业	2537	407	19.1
建筑业	2965	311	11.7
批发和零售业	2432	190	8.5
交通运输、仓储和邮政业	3133	398	14.6
住宿和餐饮业	2366	266	12.6
居民服务、修理和其他服务业	2297	239	11.6

（三）生活消费支出大幅增加

外出农民工月生活消费支出人均892元，比上年增加159元，增长21.7%，比收入增长幅度高7.8个百分点。其中，省内流动农民工人均830元，增长21.2%，跨省流动农民工人均965元，增长22.5%。

（四）在大城市务工生活消费支出增长最快

从不同类型城市看，在直辖市和省会城市务工的月生活消费支出人均为972 元，比上年增长 23.4%；在地级市务工的月生活消费支出人均为 911 元，增长 20.1%；在小城镇务工的月生活消费支出人均为 807 元，增长 21.5%。

五　外出农民工居住情况

（一）以租房为主

外出农民工中，在工作单位宿舍居住的占 28.6%，在工地工棚居住的占11.9%，在生产经营场所居住的占 5.8%，与他人合租的占 18.5%，独立租赁居住的占 18.2%，乡外从业回家居住的占 13%，在务工地自购住房的农民工比例为 0.9%。租房居住的农民工占 36.7%，比上年提高 3.5 个百分点，是外出农民工解决住所问题的主要方式，在单位宿舍居住的农民工所占比重比上年下降 3.7 个百分点（见表 1 - 9）。

表 1 - 9　2013 年按住宿类型分的外出农民工人数构成

单位：%

指　标	2008 年	2009 年	2010 年	2011 年	2012 年	2013 年
单位宿舍	35.1	33.9	33.8	32.4	32.3	28.6
工地工棚	10.0	10.3	10.7	10.2	10.4	11.9
生产经营场所	6.8	7.6	7.5	5.9	6.1	5.8
与他人合租	16.7	17.5	18.0	19.3	19.7	18.5
独立租赁	18.8	17.1	16.0	14.3	13.5	18.2
在务工地自购住房	0.9	0.9	0.9	0.7	0.6	0.9
乡外从业回家居住	8.5	9.3	9.6	13.2	13.8	13.0
其　他	3.2	3.5	3.5	4.0	3.6	3.1

（二）城市规模越大租房农民工比例越高

从不同类型城市看，在直辖市和省会城市务工的农民工租房比重为 42%；在地级市务工的农民工租房比重为 40.4%；在小城镇务工的农民工租房比重为28.8%。农民工务工所在城市规模越大，越依靠租房方式解决居住问题（见表1-10）。

表1-10　2013年按城市和住宿类型分的外出农民工人数构成

单位：%

指　　标	单位宿舍	工地工棚	生产经营场所	与他人合租	独立租赁	在务工地自购房	乡外从业回家居住	其他
直辖市和省会城市	30.4	14.9	5.9	21.6	20.4	0.7	3.2	3.0
地级市	33.0	10.9	5.8	20.5	19.9	0.9	6.4	2.7
小城镇	23.0	10.4	5.6	13.9	14.9	1.2	27.3	3.8

（三）从雇主或单位得到免费住宿或住房补贴的农民工比重下降

从雇主或单位得到免费住宿的农民工所占比重为46.9%，比上年下降2.6个百分点；从雇主或单位得到住房补贴的农民工所占比重为8.2%，比上年下降1个百分点（见图1-4）。

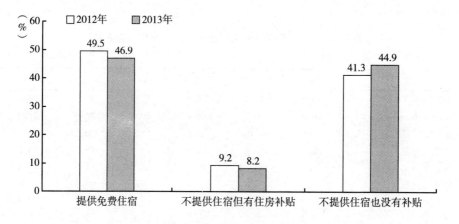

图1-4　2012～2013年获得免费住宿或补贴的农民工比重

（四）居住支出显著增加

外出农民工月居住支出人均453元，比上年增长27%，比生活消费支出增幅高 5.3 个百分点。居住支出占生活消费支出的比重为 50.7%，比上年上升 2.1 个百分点。从不同类型城市情况看，农民工居住支出占生活消费支出的比重，直辖市和省会城市为 51.5%，比上年上升 1.2 个百分点；地级市为 47.5%，比上年上升 5 个百分点；小城镇为 53.2%，与上年基本持平（见表 1-11）。

表 1-11　2012~2013 年外出农民工月均生活消费和居住支出

指　标	生活消费支出(元/人)		居住支出(元/人)		居住支出占比(%)	
	2012 年	2013 年	2012 年	2013 年	2012 年	2013 年
直辖市和省会城市	788	972	397	500	50.3	51.5
地级市	758	911	322	432	42.5	47.5
小城镇	664	807	354	430	53.3	53.2
合　计	733	892	356	453	48.6	50.7

六　农民工权益保障情况

（一）超时劳动较为普遍

外出农民工年从业时间平均为 9.9 个月，月从业时间平均为 25.2 天，日从业时间平均为 8.8 个小时。日从业时间超过 8 小时的农民工占 41%，周从业时间超过 44 小时的农民工占 84.7%。日从业时间超过 8 小时的外出农民工比重较上年上升了 1.4 个百分点（见表 1-12）。

表 1-12　2010~2013 年外出农民工从业时间和强度

指　标	2010 年	2011 年	2012 年	2013 年
全年外出从业时间(月)	9.8	9.8	9.9	9.9
平均每月工作时间(天)	26.2	25.4	25.3	25.2
平均每天工作时间(小时)	9.0	8.8	8.7	8.8
日工作超过 8 小时的比重(%)	49.3	42.4	39.6	41.0
周工作超过 44 小时的比重(%)	90.7	84.5	84.4	84.7

（二）工资拖欠问题有所抬头

2013 年工资被拖欠的农民工比重为 1%，比上年上升 0.5 个百分点。其中，外出农民工有 0.8% 工资被拖欠，比上年上升 0.3 个百分点；本地农民工有 1.2% 工资被拖欠，比上年上升 0.7 个百分点。

（三）签订劳动合同的农民工比重下降

2013 年与雇主或单位签订了劳动合同的农民工比重为 38.1%，比上年下降 2.8 个百分点。其中，外出农民工与雇主或单位签订劳动合同的比重为 41.3%，比上年下降 2.6 个百分点；本地农民工与雇主或单位签订劳动合同的比重为 33.2%，比上年下降 3.5 个百分点。本地农民工与雇主或单位签订劳动合同的比重明显低于外出农民工，低 8.1 个百分点（见表 1 – 13）。

表 1 – 13　2013 年农民工签订劳动合同情况

单位：%

指　　标	无固定期限劳动合同	一年以下劳动合同	一年及以上劳动合同	没有劳动合同
2013 年农民工合计	13.7	3.2	21.2	61.9
其中:外出农民工	14.3	3.9	23.2	58.7
本地农民工	12.9	2.1	18.2	66.8
2012 年农民工合计	16.7	3.0	21.2	59.1
其中:外出农民工	17.8	3.9	22.2	56.1
本地农民工	15.1	1.9	19.7	63.3

（四）外出农民工参保比例提高，但本地农民工参保比例下降

2013 年农民工参加各类社会保险的比重分别为：工伤保险 25%、医疗保险 17.1%、养老保险 16.2%、失业保险 9.8%、生育保险 7.2%。分类看，外出农民工参加"五险"的比例均有所提高，但随着中西部地区本地农民工人数增加，本地农民工参加"五险"的比例均有所下降（见表 1 – 14）。

表1-14 2012年、2013年农民工参加社会保险比例

单位:%

指 标	养老保险	工伤保险	医疗保险	失业保险	生育保险
2013年农民工参加社会保险比例合计	16.2	25.0	17.1	9.8	7.2
其中:外出农民工	15.7	28.5	17.6	9.1	6.6
本地农民工	16.9	20.1	16.4	10.6	7.9
2012年农民工参加社会保险比例合计	16.6	23.1	17.9	10.1	7.3
其中:外出农民工	14.3	24.0	16.9	8.4	6.1
本地农民工	20.1	21.8	19.4	12.5	9.1

(五)制造业农民工参加社会保险情况最好

分行业看,制造业雇主或单位为农民工缴纳社会保险的情况最好。制造业农民工参加各类社会保险的比重分别为:养老保险20.9%、工伤保险32.8%、医疗保险21.7%、失业保险12.2%、生育保险8.8%。建筑业雇主或单位为农民工缴纳社会保险的情况最差。建筑业农民工参加各类社会保险的比重分别为:养老保险3.7%、工伤保险14.4%、医疗保险5.2%、失业保险2%、生育保险1.3%(见表1-15)。

表1-15 2013年分行业农民工参加社会保险比例

单位:%

指 标	养老保险	工伤保险	医疗保险	失业保险	生育保险
制造业	20.9	32.8	21.7	12.2	8.8
建筑业	3.7	14.4	5.2	2.0	1.3
批发和零售业	13.5	17.0	14.2	8.9	7.0
交通运输、仓储和邮政业	15.6	25.5	17.4	10.5	7.6
住宿和餐饮业	10.6	17.1	11.9	6.6	3.9
居民服务、修理和其他服务业	11.3	15.9	11.6	6.2	4.8

(六)东部地区务工的权益保障明显好于中西部地区

在东部地区务工与在中西部地区务工的农民工相比,被拖欠工资的农民工

所占比重低 0.3 个百分点；与雇主或单位签订合同的农民工所占比重高 11.1 个百分点；参加养老保险的农民工所占比重高 9.3 个百分点；参加工伤保险的农民工所占比重高 10.2 个百分点；参加医疗保险的农民工所占比重高 8.7 个百分点；参加失业保险的农民工所占比重高 5.5 个百分点；参加生育保险的农民工所占比重高 4.1 个百分点（见图 1 - 5）。

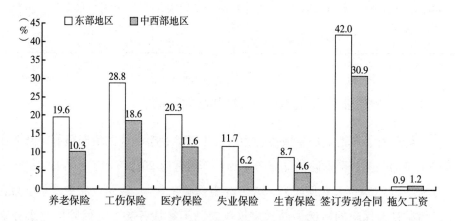

图 1 - 5　2013 年分地区农民工权益保障情况

七　新生代农民工特点

（一）受教育程度普遍较高

新生代农民工中，初中以下文化程度仅占 6.1%，初中占 60.6%，高中占 20.5%，大专及以上文化程度占 12.8%。在老一代农民工中，初中以下文化程度占 24.7%，初中占 61.2%，高中占 12.3%，大专及以上文化程度占 1.8%。高中及以上文化程度的新生代农民工占到了 1/3，比老一代农民工高 19.2 个百分点。

（二）主要集中在东部地区及大中城市务工

从新生代农民工就业的地域分布看，8118 万人在东部地区务工，占新生代农民工的 64.8%；2217 万人在中部地区务工，占 17.7%；2155 万人在西部地区务工，占 17.2%。从新生代农民工就业地点看，6872 万人在地级以上大中城市务工，占新生代农民工的 54.9%，老一代农民工这一比例为 26%，新生代农民工更偏好在大中城市务工。

（三）八成以上选择外出从业

在新生代农民工中，10061 万人选择外出从业，占 80.3%；2467 万人本地从业，占 19.7%。新生代农民工初次外出的平均年龄仅为 21.7 岁，老一代农民工初次外出的平均年龄为 35.9 岁，与老一代农民工相比，新生代农民工初次外出平均年龄低 14.2 岁。2013 年，87.3% 的新生代农民工没有从事过任何农业生产劳动。

（四）近四成从事制造业

新生代农民工中，39% 从事制造业，14.5% 从事建筑业，10.1% 从事批发和零售业，10% 从事居民服务、修理和其他服务业。老一代农民工中，29.5% 从事建筑业，26.5% 从事制造业，10.9% 从事批发和零售业，10.6% 从事居民服务、修理和其他服务业。从事建筑业是老一代农民工从业的首选，制造业其次，新生代农民工从业的首选是制造业，建筑业其次，但从事建筑业的新生代农民工所占比重大幅下降，不及老一代农民工的一半。

（五）在外务工更倾向就地消费

新生代农民工在外务工的月生活消费支出人均 939 元，比老一代农民工高 19.3%；新生代农民工 2013 年人均寄回或带回老家的现金为 12802 元，比老一代农民工少 29.6%。在外务工的新生代农民工更愿意选择租房居住，其中，单独租赁住房或与他人合租住房的占 40.4%，在单位宿舍居住的占 34.1%，在工地工棚居住的占 7.3%。月租房支出人均为 567 元，占月均生活消费支出的 60.4%。

第二章
人口发展情景分析与政策取向

郭震威　齐险峰　茅倬彦

2014 年与 2015 年可以说是新一轮国民经济与社会发展中长期规划年。人口要素的长期性、持续性变动，是经济基本面因素的根本变化，是经济发展新常态的基础动因，规定着经济社会发展的长期趋势。准确把握人口现状，正确分析人口发展态势，研究提出相关政策取向，是科学规划未来的重要基础，也是全面深化改革的迫切要求。

一　当前生育水平

把握真实的人口状况特别是妇女生育水平，是科学预测的基础。我国人口统计数据总体质量较高，较好地发挥了服务决策、制定规划、指导工作的作用。但受种种复杂因素的影响，人口统计调查中也存在一些不容忽视的问题，突出表现为低龄组人口和出生人口的漏报。例如第五次全国人口普查 2000 年 0～4 岁人口 6898 万，对应的第六次全国人口普查（以下简称"六普"）2010 年的 10～14 岁人口为 7491 万，不考虑死亡影响，增加了 593 万。当期出生的漏报直接导致了生育水平的低估。普查数据直接汇总的 2000 年和 2010 年全国妇女总和生育率分别为 1.22 和 1.18，明显偏低。一个时期以来，有关专家对实际生育水平的估计值并不一致（见表 2-1）。为此，我们需要基于国家统计局公布的人口统计数据，根据教育、卫生、计生等多方面的人口统计数据，综合分析当前妇女实际生育水平。

表2-1　学者对2000年和2005年中国总和生育率的估算

2000 年总和生育率	资料来源	2005 年总和生育率	资料来源
2.3	梁中堂（2003）	1.58	Retherford et al.（2004）
2.0	马瀛通（2005）	1.74	2006 年全国人口和计划生育抽样调查
1.8~2.1	乔晓春、任强（2006）	1.7~1.8	翟振武（2007）
1.8	张为民、崔红艳（2003）	1.6~1.8	王金营、杨磊（2010）
1.7~1.8	陈卫（2009）	1.67（2006）	翟振武（2008）
1.7	翟振武（2005）	1.67	王谦（2008）
1.703~1.723	王金营（2003）	1.66	陈卫（2008）
1.6~1.8	于学军（2002）	1.66	翟振武、陈卫（2007）
1.6~1.8	杨新平等（2010）	1.62（2004）	张青（2006）
1.66	张青（2006）	1.6	崔红艳（2008）
1.6	陈友华（2009）	1.4	郭志刚（2008）
1.35~1.45	丁峻峰（2003）	1.497	郭志刚（2009）
1.3~1.5	郭志刚（2004）	1.28~1.66（2001~2004）	杨新平等（2010）
1.22	2000 年全国人口普查	1.33	2005 年全国 1% 人口抽样调查

资料来源：杨菊华（2011）。

（一）国家统计局公布数据及普查结果

根据国家统计局公布的总人口和出生率数据推算，2010~2013 年总和生育率约为 1.5。据"六普"公布数据，2010 年 40 岁妇女平均生育子女数为 1.6 个（见表 2-2）。40 岁以上妇女继续生育比例很小，在婚育形势没有发生大幅波动的情况下，这个水平与时期总和生育率水平大体相同。

表2-2　1990年、2000年和2010年30~49岁妇女平均曾生子女数

年　龄	1990 年	2000 年	2010 年	年　龄	1990 年	2000 年	2010 年
30~34 岁	2.00	1.52	1.29	34 岁	2.15	1.71	1.42
30 岁	1.82	1.34	1.15	35~39 岁	2.48	1.85	1.52
31 岁	1.92	1.43	1.23	35 岁	2.25	1.76	1.46
32 岁	2.00	1.54	1.30	36 岁	2.35	1.80	1.50
33 岁	2.07	1.64	1.36	37 岁	2.49	1.84	1.52

年　龄	1990 年	2000 年	2010 年	年　龄	1990 年	2000 年	2010 年
38 岁	2.62	1.95	1.55	44 岁	3.55	2.13	1.77
39 岁	2.76	1.96	1.57	45 ~ 49 岁	4.01	2.36	1.84
40 ~ 44 岁	3.21	2.05	1.69	45 岁	3.74	2.20	1.79
40 岁	2.93	1.96	1.61	46 岁	3.91	2.26	1.81
41 岁	3.08	1.99	1.64	47 岁	4.03	2.36	1.82
42 岁	3.23	2.04	1.69	48 岁	4.15	2.46	1.91
43 岁	3.39	2.08	1.74	49 岁	4.25	2.56	1.91

资料来源：根据第四次、第五次、第六次全国人口普查公布数据计算得到。

（二）相关部门统计数据

沿用 2004 ~ 2005 年国家人口发展战略研究的方法（翟振武、陈卫，2007），根据教育部门近几年小学分年龄在校生统计资料（例如，2012 年、2013 年 7 岁在校学生分别为 1639 万和 1609 万，反推 2005 年、2006 年出生人口应在 1700 万左右），推算 2001 ~ 2006 年总和生育率为 1.60 ~ 1.65。卫生统计显示，近年来儿童国家免疫规划接种率达到 99%，高于发达国家 96% 的水平；根据近几年新生儿乙肝疫苗首针接种人数估计，2010 ~ 2013 年总和生育率约 1.6。

（三）政策生育率推算

利用"六普"1‰抽样数据汇总推算，平均每对夫妇按照政策规定可生育孩子接近 1.5 个。剔除生育间隔不够、非婚生育等政策外出生，出生政策符合率实际约 88%，据此推算当前总和生育率约 1.6（见图 2 - 1）。

（四）联合国评估数据

据联合国人口司发布的《世界人口展望（2012 修订）》报告估计，中国 2005 ~ 2010 年、2010 ~ 2015 年的总和生育率分别为 1.63 和 1.66。

综合各方面的情况看，当前全国妇女总和生育率实际约为 1.6。考虑到国家统计局公布数据的法定权威性，可认为妇女总和生育率为 1.5 ~ 1.6。

进一步分析表明，"六普"数据在低年龄组存在较多漏报的同时，青壮年

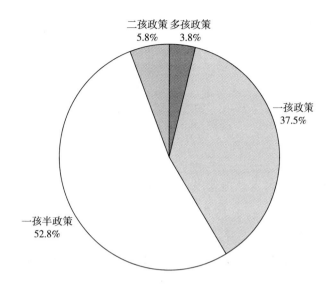

图 2 - 1　2010 年全国人口按不同生育政策类型的分布情况

资料来源：根据"六普"1‰抽样数据汇总数据推算得到。

人口也存在一定程度的重报，重报与漏报相抵，国家统计局公布的总人口数是可信的，2013 年末全国总人口为 13.61 亿人，可以将此作为未来人口预测的基础。

二　人口发展情景

预测起点为 2013 年末。2013 年全国人口年龄性别构成，是根据"六普"和 2011～2013 年国家统计局公布数据调整推算的[①]。

为对 2014～2050 年我国人口总量和结构进行多情景分析，我们设计了宏观、微观仿真（见专栏 2 - 1）相结合的预测方法。其中的人口宏观仿真，直接使用我们 1994～1996 年自行研制的人口预测软件包 CPPS 进行，使用分要素总和生育率预测方法，基于人口年龄性别构成等数据进行测算。其优势在于，计算原理简单明晰，所需数据量较小，预测基数和参数便于控制，目前被

---

① 这里用到所谓的"打靶"算法。详见张二力等（1998）。

广泛用于国际社会和各国的人口预测实践。本研究使用的微观仿真方法，以我们2005～2007年设计的"四二一"微观仿真模型（郭震威，2007）为基础，考虑各省份生育政策的差异，进行了必要的修改。

专栏2-1　宏观与微观人口仿真方法

按照基本分析单元的不同，可以把人口预测模型分为宏观预测（或仿真）和微观仿真两大类。

宏观预测方法是把人口细分为若干类子群体（如按单岁或5岁分组的人口数），以子群体为单位进行测算。

微观仿真方法则是从总体中抽取一定比例（如1%）的代表样本，根据事件按一定概率分布随机发生的原理，利用计算机仿真技术对抽取样本中的每个人的生育、死亡、婚姻、迁移、家庭状态变化等的复杂过程——进行模拟，然后，汇总得出人口的整体特征和分布。它特别适合于研究组成系统的微观个体是决策的主体，并且个体之间的交互作用非常复杂，因而难以通过其他的数学方法获得确定解的系统。这种方法在社会经济系统的解释方面也具有独到的优势，通过相对简单的微观个体行为，凸显宏观层面的复杂行为，以此理解社会和经济过程，更符合经济社会系统的内在本质。40多年来，尤其是20世纪90年代以来，微观仿真模型在西方发达国家得到不断完善与发展，在人口、税收、社会福利、卫生、教育、收入分配等领域发挥着越来越重要的作用。但是，正如曾毅（2004）指出："〔微观仿真〕模型非常复杂，计算量极大。……使不少研究者特别是发展中国家的研究者望而却步。"

考虑影响妇女生育率的主要因素，得出三种生育水平变化的情景（见图2-2）以及三种人口预测方案：①方案一：由于实施单独二孩政策（一方为独生子女的夫妇可以生育两个孩子），今后妇女总和生育率在目前1.6左右的水平上提高约0.1。②方案二：妇女总和生育率短期内提高到2.21，高于更替水平，然后逐步下降到1.8。③方案三：妇女总和生育率温和上升到2.08，略低于更替水平，此后逐步下降到1.8。

具体预测方案另文论述，以下是主要预测结果。

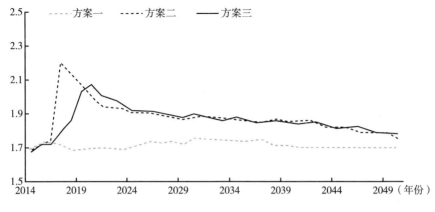

图 2-2　总和生育率变动的三种方案

（一）总人口变动情景

方案一：总人口将在 2028 年达到峰值 14.25 亿，到 2050 年，总人口将缩减为 13.31 亿，大致相当于 2008～2009 年的规模。

方案二：总人口在 2031 年达到峰值 14.55 亿，2050 年为 13.94 亿。

方案三：总人口在 2031 年达到峰值 14.50 亿，而后缓慢下降，2050 年为 13.85 亿（见图 2-3）。

据联合国 2012 年预测（中方案），我国人口于 2030 年达到峰值 14.53 亿人。与上述方案三的预测结果比较一致，两者仅相差 2.1‰。

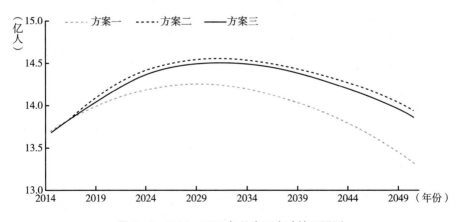

图 2-3　2014～2050 年总人口变动情况预测

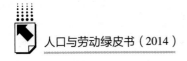

（二）劳动年龄人口变动情景

15～59 岁劳动年龄人口于 2011 年达到峰值，2013 年为 9.3 亿，预计 2021 年为 9.21 亿。2050 年，方案一、方案二、方案三的预测结果分别为 6.88 亿、7.23 亿、7.18 亿（见图 2－4）。

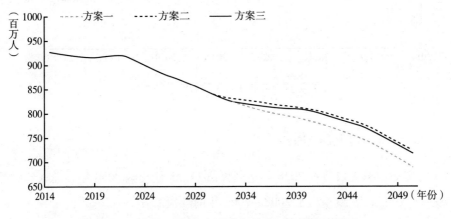

图 2－4　2014～2050 年劳动年龄人口变动情况预测

（三）人口老龄化变动情景

未来一段时间老年人口及其占总人口的比例迅速增加。60 岁及以上老年人口数量将从 2013 年的 2 亿提高到 2025 年的 3 亿和 2034 年的 4 亿（见图 2－5）。

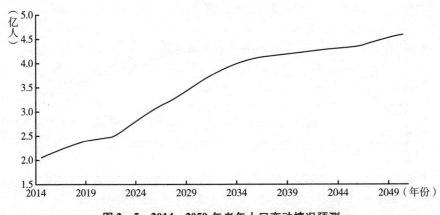

图 2－5　2014～2050 年老年人口变动情况预测

方案一：2020 年、2050 年老年人口比例分别为 17.6% 和 34.5%；方案二：分别为 17.4% 和 32.9%；方案三：分别为 17.5% 和 33.1%（见图 2 - 6）。

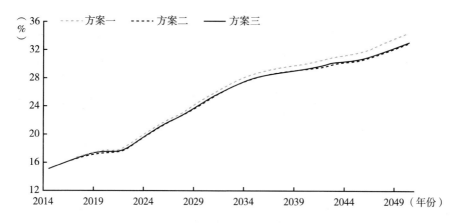

图 2 - 6　2014～2050 年老年人口比例变动情况预测

（四）出生人口变动情景

方案一：出生人数在"十二五"期末为 1770 万，此后稳步下降，2050 年为 1180 万。方案二、方案三：出生人口分别于 2017 年、2019 年达峰值 2207 万和 1938 万，2050 年约 1360 万（见图 2 - 7）。

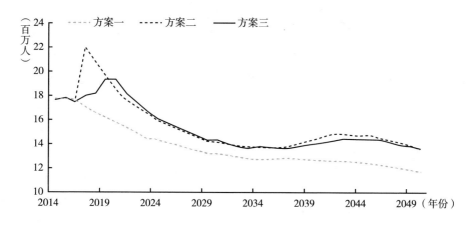

图 2 - 7　2014～2050 年出生人口变动情况预测

三 经济社会含义

（一）我国人口问题的性质发生根本变化，人口众多的基本国情没有改变，人口结构性问题已经成为影响经济社会发展的主要因素

人口数量增长不再是经济社会发展的首要问题。这集中体现为三个标志性的事件。

1. 人口惯性负增长

20 世纪 90 年代初，我国生育水平开始低于更替水平（约 2.1），进入低生育水平阶段，人口内在增长率由正转负。进入 21 世纪以来，总和生育率继续下降，目前已接近国际公认的超低生育水平（1.5）。2011 年，15～49 岁育龄妇女人数达到 3.8 亿的峰值，20～29 岁生育旺盛期妇女人数达到 1.1 亿的"小高峰"，之后趋于减少，人口增长惯性进一步减弱。

2. 生育政策平稳过渡

遵照 2013 年 12 月中共中央、国务院发布的《关于调整完善生育政策的意见》（中发〔2013〕15 号），2014 年开始，各省份结合本地实际，相继启动单独两孩政策。到 2014 年第三季度，31 个省份全部启动实施该政策。据媒体披露的统计数据，政策实施几个月来，全国总体上没有出现单独夫妇突击大量领取二孩生育服务证的情况（见表 2-3）。鉴于各省份实施时间和统计时点各异，为便于比较，我们假定单独夫妇在领证时间选择上没有偏好（即领证人数的时间分布大体均匀），大致推算政策实施 1 年内单独夫妇领证人数及所占比例。汇总 20 个省份的情况显示，预计 1 年内单独夫妇领证比例为 12.1%。另据 2014 年 10 月 18 日央视网报道，截至 8 月 31 日，全国提出再生育申请的单独夫妇约有 69 万对，如按照这种趋势，全年获批人数最终可能不到 120 万，占符合条件总数的 11% 左右①。两组数据一致表明，全国政策实施总体较为平稳。

---

① 参见 http：//jingji. cntv. cn/2014/10/18/VIDE1413591304160213. shtml。

表 2 - 3　2013 年部分省份单独两孩政策实施情况

省　份	政策启动日期	报道截止日期	时间差(月)	估计单独夫妇数量(万)	现已申请二孩人数(万)	预计 1 年申请二孩人数(万)
北　京	2 月 21 日	8 月 31 日	6.4	45.1	2.1	4.0
天　津	2 月 14 日	7 月 4 日	4.7	10.2	2.2	5.6
辽　宁	3 月 27 日	8 月 31 日	5.2	82.0	1.1	2.5
黑龙江	4 月 22 日	7 月 31 日	3.3	24.8	0.2	0.7
江　苏	3 月 28 日	7 月 31 日	4.2	97.6	3.0	8.6
浙　江	1 月 17 日	6 月 30 日	5.5	51.7	5.0	11.0
安　徽	1 月 23 日	7 月 31 日	6.3	31.8	2.4	4.6
福　建	3 月 29 日	7 月 29 日	4.1	8.3	1.0	3.1
江　西	1 月 18 日	6 月 30 日	5.4	16.0	2.4	5.2
山　东	5 月 30 日	6 月 30 日	1.0	191.0	1.8	20.7
河　南	6 月 3 日	8 月 29 日	2.9	50.3	1.7	7.1
湖　北	3 月 27 日	6 月 30 日	3.2	62.9	1.1	4.2
湖　南	3 月 28 日	6 月 30 日	3.1	27.5	1.2	4.8
广　东	3 月 27 日	8 月 31 日	5.2	14.6	7.2	16.6
重　庆	3 月 26 日	7 月 31 日	4.2	62.9	2.1	6.0
四　川	3 月 20 日	9 月 19 日	6.1	188.2	6.3	12.5
陕　西	3 月 1 日	8 月 12 日	5.5	6.9	0.5	1.0
甘　肃	3 月 26 日	7 月 31 日	4.2	6.9	0.3	0.8
青　海	3 月 26 日	7 月 31 日	4.2	4.0	0.0	0.0
宁　夏	5 月 28 日	8 月 31 日	3.2	3.4	0.1	0.4

资料来源：从媒体报道中收集整理得到。

　　上述情况，也在一定程度上说明育龄夫妇的生育行为越来越理性了。这与此前第三方调查结果是一致的。据零点研究咨询集团 2010 年 4 月进行的"中国城市和农村居民生育意愿调查"（姜健健，2010），未生育子女的受访者中，不论城市、县城还是农村，都普遍认为"有一定经济基础""有自己的住房"是生育子女的两大前提条件[①]。先行国家的经验表明，随着现代化、城镇化的

---

　　①　对问题"你认为生孩子需要具备什么样的基础"，受访者的回答如下：①一定要有一定的经济基础，能给孩子提供比较稳定的生活，占 73.1%。②要有房子，给孩子一个安稳的家，占 16%。③只要自己思想上准备好了就可以生，物质上的东西不重要，占 6.9%。④压根不想生孩子，占 3.2%。⑤不知道，没想过，占 0.8%。

持续推进，妇女生育水平很难再回升到更替水平，人口低增长成为社会常态。

3. 卫生计生机构改革

2013 年 2～3 月，中共中央十八届二中全会和十二届全国人大一次会议先后审议通过《国务院机构改革和职能转变方案》，决定在新一轮国务院机构改革中，撤并卫生部、国家人口和计划生育委员会，组建国家卫生和计划生育委员会。国务院同时要求（马凯，2013），"国家卫生和计划生育委员会要高度重视计划生育工作，合理设置相关机构，充实工作力量，确保这项工作得到加强。"截至 2014 年第三季度，31 个省份卫生计生委全部成立。这与中共中央1980 年 9 月发布《关于控制我国人口增长问题致全体共产党员共青团员的公开信》发布、提倡"一孩政策"，五届全国人大常委会 1981 年 3 月通过关于设立国家计划生育委员会的决议，形成了鲜明对比。时也，势也，三十年分分合合，人口形势之变迁毋庸讳言。

应当指出，人口低增长成为常态，并不意味着人口数量对可持续发展的压力减轻了。事实上，在今后相当长的历史时期，人口众多、人均资源占有量较少、生态环境容量相对不足仍然是我国的基本国情，人口资源环境矛盾仍然十分尖锐。据联合国预测，印度总人口将在 2028 年超过中国。此后，在可以预见的未来，中国仍稳居世界第二人口大国之列，人口总量和劳动年龄人口数量比发达国家的总和还要多。达沃斯论坛公布的 2014 年环境表现指数[①]显示，中国在 178 个国家中总体排名第 118 位，其中，空气质量 10 年来下降14.15%，排名倒数第 3 位。今后十几年，人口总量还将增长 0.9 亿，人均收入和人们的生活水平不断提高，人与自然的紧张关系不会改变。在我国社会主义初级阶段，基本国情不变，计划生育基本国策也不能动摇。

（二）人口老龄化和人口城镇化是不可避免的历史潮流，在推动发展方式转变的同时，也对经济增长与社会和谐带来前所未有的严峻挑战

现阶段我国人口结构性问题突出表现为人口老龄化和人口城镇化。人口老

---

① 参见 http：//epi. yale. edu/epi/country - rankings。

龄化是社会进步的直接成就，但也导致抚养负担增加和增长动力减弱等潜在风险，进而严重影响经济社会发展。自20世纪70年代石油危机爆发以来，人口老龄化就成为困扰先行国家经济社会发展的重大问题。2005~2013年，以老龄化为主要担忧的发达国家比例从76%上升到92%。近年爆发的欧洲主权债务危机，有欧元区框架不完善、部分成员国财政纪律不严格、国际金融危机影响等原因，但在很大程度上是由老龄化冲击和政策缺陷所导致的财务支付危机的总爆发。可以说，一个时期以来，发达国家的经济社会政治矛盾集中体现在养老问题上。

与发达国家相比，我国未富先老、人口老龄化进程快，对经济社会发展的冲击也就更大。西方发达国家大多在人均国内生产总值（GDP）5000~10000美元时进入老龄社会。而我国进入老龄社会时，人均GDP仅800美元，目前虽然初步建立了养老保障制度的基本框架，但存在体系不够完备、积累功能不足、资金缺口①较大、养老服务滞后等问题。"六普"数据显示，2010年60岁以上人口以养老金为主要生活来源的比例只有24.1%。随着新中国成立后第一、第二次生育高峰期出生人口逐步进入老年，人口老龄化速度加快。日本是世界上老龄化速度最快的国家之一，而中国的速度将与日本不相上下。预计到21世纪中叶，我国老龄化程度将超过发达国家的整体水平。2015~2050年，我国老年人口抚养比年均增加1.2个百分点，是同期发达国家平均增幅的2倍。研究表明，随着劳动力供求格局根本变化，人口红利快速消失，我国经济进入下行通道，在劳动参与率有所回升的条件下，潜在增长率②将从此前10%左右降低到"十三五"时期的7%~8%。

人口城镇化进入加速发展的后半期。1996~2011年是我国城镇化加速发展的前半期，城镇化率从30%提高到50%。2013年城镇化率为53.73%，在非农产业就业的农村劳动力达2.69亿。预计2020年、2030年城镇化率分别达60%和67%，从农村到城市的劳动力转移趋缓，但地区间人口流动总量不

---

① 据《2013年度人力资源和社会保障事业发展统计公报》，如果不包含财政补贴，2013年城镇职工基本养老保险基金已经收不抵支，当年缺口为1191亿元。

② ①蔡昉等（2012）；②陆旸（2012）；③世界银行估计2016~2020年中国经济潜在增长率为7.5%。

会萎缩，数以亿计的农民工将在城市定居下来。在现行城乡二元体制下，户籍人口与非户籍人口之间因劳动、居住、教育、医疗、社保等基本权利不平等而导致的社会风险不断积累，社会矛盾多发易发。与经济高速增长期相比，现阶段，既要妥善消解城镇化前半期遗留的风险隐患，又要支付当期农民工市民化的社会成本[①]，难度更大、任务更艰巨。

（三）实现经济社会全面协调可持续发展，应当坚持以人为本，加快实施以人力资本为载体的创新驱动战略

传统人口红利对发展的作用是阶段性的，必须根据国际国内环境和生产要素的变化，适时调整发展战略。从日本等国家的经验看，在经济从高速增长转入中低速增长、人口抚养比开始回升、资源环境约束趋紧之际，实现从以物的增长为核心的经济开发转向以人的发展为核心的社会开发是必要的（见专栏2-2）。要坚持人力资源是第一资源，将人的发展作为发展的根本目的和持久动力源泉。强化人口的基础地位，将人口发展作为统筹规划未来经济社会发展的基本变量，将人口发展作为产业布局、资源配置、环境改善、福利安排等的基本依据。

专栏2-2　日本"二全综"向"三全综"的战略转移

第二次世界大战以来，许多国家和地区都经历过不同时间的快速增长，13个经济体维持了为期25年以上的年均7%以上的持续增长，其中，只有6个经济体（包括中国香港、中国台湾、日本、韩国、马耳他、新加坡）持续增长到高收入阶段。作为成功跨越"中等收入陷阱"的两大经济体之一（另一个是韩国），日本"二全综"（第二次国土综合开发规划）向"三全综"的战略转移具有较好的典型示范意义。

经过1961～1968年以"据点式"开发为特征的"一全综"和1969～1976年以"大规模"开发为特征的"二全综"，日本发展取得显著成就，基本实现

---

① 据中国社会科学院城市发展与环境研究室2013年测算，平均每个农民工市民化需公共支出13万元。据国务院发展研究中心2011年测算，农民工市民化公共成本为人均8万元。参见潘家华和魏后凯（2013）。

工业化，一跃成为世界第二大经济体，长期的低生育率也使人口抚养比在1970年达到53.2%的历史低点。20世纪70年代初石油危机爆发后，日本经济一度陷入低迷，政府意识到资源能源有限时代已经到来，加之从农业转移出来的劳动力已接近极限，地价、交通、环境等公害日益凸显，促使政府重新定位发展战略。1977年，日本公布"三全综"，将发展规划的重点从原来的经济开发转向"重视人的生活"的社会开发，旨在通过建设示范"定居圈"和"技术聚集型城市"等，来振兴地方经济、促进资源有效配置、调整产业布局、改善国民居住的综合环境。在这一规划期（1977～1986年），日本经济总体保持稳定增长，年增长率为3%～5%，也为日本国土综合开发创出了新路，奠定了此后日本城市化发展"以人为本、与自然相和谐"的哲学基础，并为日本产业结构调整和区域经济振兴做出了贡献。

人力资本是经济增长的第一要素。从根本上讲，由人力资本带来的科技创新和全要素生产率提高是经济增长的可持续源泉；在人力资本存量上赶超，进而在模仿学习的基础上缩小科技创新上的差距，积极发展技术密集型产业，形成国家竞争优势，是后发国家跨越式发展的必由之路（见专栏2-3）。在不同的发展阶段，都必须把提高人口素质放在首位，在劳动力供给趋于下降、人地矛盾相对尖锐的阶段，更要优先培育和开发人力资本，加快增长动力从以要素投入为主向以创新驱动为主的转变。建设人力资本强国，更注重经济增长与人的发展相统一、投资与消费相统一、增长速度与质量相统一，体现了转方式、调结构、稳增长的内在要求，是符合社会发展规律和现阶段我国国情的战略选择。

专栏2-3 韩国保持持续上行态势的经验

1962年以来，韩国抓住国际产业转移和国内人口转变迅速到来、儿童人口比例下降的有利时机，清晰地走出了一条在国家战略规划指引下，超前培育和深入开发人力资本，带动产业结构持续升级的道路，保持了经济长期较快发展。

韩国具有崇尚文化教育的传统。1953年，政府制定6年免费义务教育制度，教育经费支出占GNP的5%。20世纪60年代初居民识字率约80%，人力资本水平远远领先于大多数发展中国家。60 年代中期开始，普及初等和中等教育。70 年代，提出"科技立国"战略，普及高中教育，建立包括正规教育和职业培训在内的比较完备的多层次教育体系。1980 年，高等教育毛入学率达 14.7%，基本实现从精英型向大众型的转变。90 年代，在学龄人口减少的形势下，政府积极普及高等教育，建立终身学习制度。目前，国民平均受教育年限为 11.6 年，是亚洲的最高水平。

雄厚的人力资本储备为韩国产业升级和经济增长提供了不竭的动力源泉。1962 年，韩国开始推行经济发展 5 年计划，调整了 20 世纪 50 年代的进口替代战略，转而实施出口导向的发展战略，抓住日本低端制造业海外转移的机遇，生产和出口拥有比较优势的劳动力密集型产品，出口商品从低技能劳动密集型产品渐次向电子产品等高技能劳动密集型产品过渡。70 年代初，由于劳动力成本上升、国际贸易保护主义抬头以及来自中国台湾等经济体的竞争加剧，国内许多劳动密集型出口工业丧失竞争力，韩国政府及时对经济结构进行了战略重组，发展重点从以前的轻工业转向重化工业。90 年代初开始，随着劳动力人口增量的下行，重点发展电子、汽车、机器等技术和资本密集型的高附加值产业；进入 21 世纪，信息技术工业成为增长最快的部门。韩国已成功地从一个弱小的农业经济体转变为一个强大的现代化工业经济体，用 18 年的时间，于 1995 年实现了从中等收入向高收入国家的跃迁，目前人均 GDP 超过 2 万美元。

（四）"十三五"是我国人口缓慢温和变化的时期，必须紧紧抓住最后的机遇期，完善相关人口与经济社会政策

"十三五"时期，我国人口态势变化不大。2012 年 15～59 岁劳动年龄人口为 9.37 亿，比上年末减少 345 万。"十三五"后半期出现短暂小幅回升，期末劳动年龄人口为 9.18 亿，仅比期初（2016 年）少 370 万。从"十四五"期初开始，劳动年龄人口以较快的速度减少，10 年间年均减少 870 万；人口老龄化大幅提速、人口抚养负担快速上升（见图 2-8）。

国际经验表明，从老龄化社会（60 岁及以上人口比例超过 10% 或 65 岁及

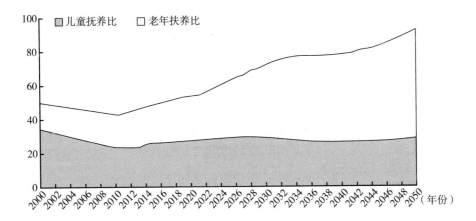

图2-8 人口抚养比变动情况预测（方案三）

以上人口比例超过7%）到高龄社会（60岁及以上人口比例超过18%或65岁及以上人口比例超过14%）之间的时期，是创新体制机制、应对人口老龄化的最后准备期。如果国家政策缺乏前瞻性考虑，那么，当高龄社会到来时，就会产生经济不振、社会失谐乃至政治动荡。我国正处于这一关键时期[1]，历史和未来留给我们的时间和余地十分有限。必须牢牢把握"十三五"的缓冲时期，未雨绸缪，突出重点，完善相关公共政策，在适度调控人口数量[2]的前提下，超常规提升人口素质，下决心增强养老保障制度的积累功能，加快建立常住人口平等共治的人口服务管理体系，为全面深化改革提供内生动力机制。

参考文献

蔡昉等（2012），《"刘易斯转折点"与未来经济发展》，载国家人口计生委课题组编

[1] 据杨燕绥的研究，从劳动年龄人口中减去在校生、失业、低收入、提前退休人数，计算实际人口抚养比，那么，我国将更快进入高龄社会。参见杨燕绥（2014）。

[2] "适度"调控人口数量，包括两层含义：①符合国家发展战略。2004年，国务院组织开展了国家人口发展战略研究，认为生育率过高或过低都不利于人口与经济社会的协调发展，未来30年我国总和生育率应稳定在1.8左右，使人口总量在15亿人左右的峰值后缓慢下降；2005年5月，中央政治局常委会议肯定了这一战略取向。参见国家人口发展战略研究课题组（2007）。②年度出生人口不能大起大落。

《人口服务管理体制探讨》，北京：世界知识出版社，第41~73页。

国家人口发展战略研究课题组（2007），《国家人口发展战略研究工作大事记》，载国家人口发展战略研究课题组编《国家人口发展战略研究报告》，北京：中国人口出版社。

郭震威（2007），《"四二一"家庭的微观仿真研究》，北京：中国人口出版社。

姜健健（2010），《生育"两大件"经济基础和住房》，《中国统计》第8期。

陆旸（2012），《中国的潜在产出增长率及其预测》，载蔡昉主编《中国人口与劳动问题报告 No. 13——人口转变与中国经济再平衡》，北京：社会科学文献出版社。

马凯（2013），《关于国务院机构改革和职能转变方案的说明——2013年3月10日在第十二届全国人民代表大会第一次会议上》，http：//news. xinhuanet. com/2013lh/2013 – 03/10/c_ 114969788. htm。

潘家华、魏后凯（2013），《中国城市发展报告 No. 6——农业转移人口的市民化》，北京：社会科学文献出版社。

杨菊华（2011），《关于我国生育政策与生育水平的几点思考》，《南京人口管理干部学院学报》第2期。

杨燕绥（2014），《中国老龄社会与养老保障发展报告（2013）》，北京：清华大学出版社。

曾毅（2004），《一门十分活跃的人口学分支学科——家庭人口学》，《中国人口分析》，北京：北京大学出版社。

翟振武、陈卫（2007），《20世纪90年代中国生育水平研究》，《人口研究》第1期。

张二力等（1998），《我国中长期人口发展趋势预测》，《全国和分地区人口预测》，北京：中国人口出版社。

第三章
"十三五"就业、人力资本与
收入分配重点问题

蔡 昉 张车伟 都 阳 高文书 王美艳

"十三五"时期是中国由中等收入国家向高收入国家迈进的冲刺阶段。按照2010年不变价计算，如果在"十二五"后期及"十三五"时期，人均GDP能够保持年均接近7%的增速，到2020年翻一番的话，按照世界银行公布的标准，中国将进一步接近高收入国家的水平。与此同时，根据国际经验，"十三五"时期中国也正处在经济增长减速期，中等收入陷阱危险加大。因此，全面深化改革以消除中等收入陷阱隐患，迫切需要解决结构性就业困难、培养人力资本和改善收入分配。

一 就业与劳动力市场的几个重点问题

劳动力市场出现的变化使今后一段时期的发展条件与快速增长时期迥然不同。妥善应对劳动力市场转折所引发的挑战，是"十三五"时期保持经济持续健康发展的重要条件。

（一）稳妥应对劳动力市场变化

劳动力市场出现的最明显的变化，就是劳动力短缺的频繁出现以及普通工人工资水平的加速上扬。普通工人的工资上涨，对于以劳动密集型行业为主的经济影响明显。一旦劳动力成本上升速度快于劳动生产率增长速度，则意味着比较优势的削弱。图3-1展示了近年来制造业单位劳动力成本（即人均劳动力成本与劳均产出之比）的变化与一些主要的制造业大国的比较，可见日本和韩国的制造业单位劳动力成本近年处于下降趋势，而中国从 2004 年的 31% 上升到 2011 年的 40%。创新能力没有形成，无法站在制造业微笑曲线的两端，很容易形成比较优势的真空，影响经济增长能力。

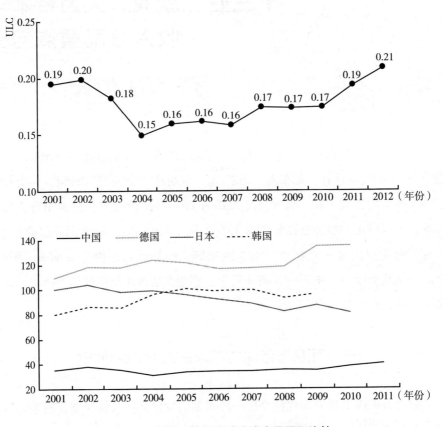

图 3 - 1　制造业单位劳动力成本及国际比较

资料来源：都阳（2014）。

在推动中国劳动力市场业已出现的变化因素中，人口因素发挥了基础性的作用。由于人口结构的变化具有稳定性，其变化趋势也容易掌握，我们可以预期，在"十三五"期间人口结构变化将持续发生作用，并导致劳动力供给偏紧的形势延续。图 3 - 2 描绘了 21 世纪头 50 年我国劳动年龄人口的变化情况，我们可以发现，以劳动参与率最高的年龄组 20 ~ 59 岁人口看，"十二五"时期是我国劳动力人口变化最迅速的时期,由以前每年超过 1000 万人的增幅,迅速下降到非常低的水平。而"十三五"时期的大部分年份,20～59 岁的劳动力年龄人口处于零增长或略有下降,其中,新进入劳动力市场的年轻劳动力的数量将呈减少的趋势。

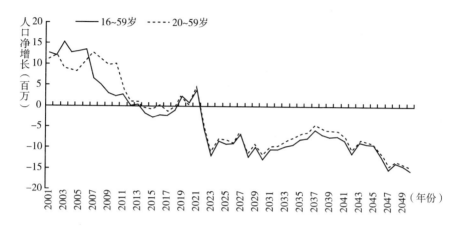

图 3－2 2001～2050 年劳动年龄人口的变化

资料来源:胡英(2009)。

根据我们的测算,最近五年非农部门的平均就业弹性为 0.27(即非农部门的 GDP 每增长 1 个百分点,就业增加 0.27 个百分点),且波动很小。以此为依据,如果经济增长速度保持在 7%,可以产生潜在的就业岗位 950 万个左右。可以预期,在就业弹性保持稳定的情况下,由于劳动力供给格局总体偏紧,目前出现的工资上涨和劳动力短缺的局面在"十三五"期间仍将延续。国际经验表明,从中等收入阶段成功跃入高收入国家的经济体(如日本、韩国、新加坡和中国台湾)与陷入"中等收入陷阱"的国家(如部分拉美国家和南亚国家)的本质区别在于,东亚经济体在中等收入阶段的后期更多地依靠全要素生产率推动经济增长,而陷入中等收入陷阱的国家则只依赖生产要素投入。

"十三五"时期要注意防范可能加大的结构性失业的风险。从世界范围看,20 世纪 80 年代开始,美国等发达国家由于劳动力成本的上升,资本和劳动相对关系发生变化,诱发了技术偏向型的技术变迁,劳动力市场对高技能者的需求不断增加，而低技能普通岗位则增长缓慢。有大学文凭的劳动者更受欢迎，形成了对个人人力资本投资的激励。而由人口因素推动的劳动力市场变化，所产生的效应则有很大的不同。目前，中国劳动力市场上普通工人工资的迅速上涨，增加了教育的机会成本。研究发现，贫困农村地区义务教育辍学率呈上升趋势。如果不充分考虑目前强劲的劳动力市场所隐含的风险，"十三五"时期结构型失业风险将会增大。

随着劳动力市场供求关系的转化，伴随着劳动力短缺和工资水平的不断上涨，劳动者在劳动力市场上的谈判力量日益增强，对工资水平和工作条件的预期也逐步提高，劳动力市场也随之进入矛盾多发期。可以预期，"十三五"时期，维持和谐的劳动力市场将面临更加紧迫的形势。

（二）通过教育发展实现生产率提升

面对工资的上涨和单位劳动力成本的上升，我们需要通过劳动生产率的改善来实现我国经济新的发展动力源泉。其中，为了提升劳动生产率水平，需要企业全要素生产率的改善以及劳动者受教育水平的提高来实现。在劳动生产率的增长变动中，源于劳动力在不同部门之间流动的结构效应已经日渐式微，而源于各产业自身生产率提高的效应，在2007年各行业自身生产率提高的贡献还不到60%，而在2010年和2011年则已经达到72%以上。因此未来劳动生产率提高更多地依赖于各个产业内部全要素生产率所带来的自身劳动生产率的提高。

得益于劳动力在部门之间重新配置，以及依赖于要素投入带来劳动生产率改善的机制效果已经趋于枯竭。在面对劳动力成本上涨的情况下，企业需要依靠要素价格信号调整自身的生产经营决策，通过提高自身的技术水平和全要素生产率并且得以雇用到更高素质更高受教育水平的劳动力来实现总体劳动生产率的改善。对制造业规模以上企业数据分析表明，在2000年以后我国制造业劳动生产率的增长平均每年20%以上，至2007年共增长了3.2倍。我们尝试把这期间的劳动生产率增长的来源进行分解。结果表明，在2000～2007年之间，依赖于资本和劳动等生产要素投入所带来的生产率提高已趋于消失，制造业劳动生产率的改善基本得益于自身全要素生产率的提高。

提高劳动生产率的另一个重要方面是提高劳动者的受教育水平。对于个人而言，其教育等人力资本水平的提高，可以使其在进行生产活动的过程创造出更多的产出，也就是说不同素质劳动力会有不同的劳动生产率表现。测算表明，如果以初中及以下学历的劳动者作为参照，具有高中学历的劳动者的生产率为初中及以下学历劳动者的 1.42 倍，大专及以上劳动者的生产率则为 2.31 倍。

（三）就业结构及其变化

发达国家经验表明，随着发展水平的提高，服务业比重会不断提高，劳动力将逐渐从制造业向服务业转移。经济结构的快速变化，也导致了失业率持续高涨。1980~2000 年，是西班牙经济结构转型最快的时期，失业率平均水平将近 20%。青年失业率在总体失业中所占的比重在 1976~1980 年期间为一半以上。随后，虽然西班牙经济结构变化迅速，但是青年失业占总失业的比重却开始下降。在经济结构转型时，青年陷入结构性失业风险的可能性要小于其他年龄组。主要的原因在于年轻人更容易学习新技能以满足新岗位的技能要求，这与周期性失业带来的失业问题不同。虽然中国目前的青年失业率要高于其他年龄组，但是与其他发达国家的历史进程一样，随着经济结构的快速变化，中国的青年失业在总失业中所占比重会逐渐降低，更严重的失业现象将出现在技能水平较低、年龄较大的群体中。

2000~2010 年，除农业、建筑业、住宿和餐饮业等个别行业以外，其他低人力资本行业对于低技能劳动力的需求都有较明显的下降。这说明更多的低技能劳动力集中到低端行业，低技能劳动力的就业面变得更窄。整体上看，无论是低人力资本行业还是高人力资本行业对劳动者技能的要求都有比较明显的增加。如果劳动力的人力资本不够或不能得到及时的提升并与产业升级相适应，就会伤害到未来的经济增长，可能在某一个时期这种结构性的就业问题就会表现出周期性的问题，或者说和经济增长强劲性相关的就业难题。

观察受过高等教育的劳动力在不同行业间的分布情况可以发现，大专及以上学历的劳动力集中分布在教育和公共管理等行业，但从 2000 年至 2010 年，高学历劳动力在这些行业中的占比已呈下降趋势，更多的高学历劳动力开始向农业、制造业、批发和零售业等行业扩散，产业升级对高技能劳动力的需求越来越高，高学历劳动力的就业面更加宽泛。农业的就业份额大幅下降的同时，二、三产业的劳动密集型产业就业比重从 2000 年的 26.8% 提高到 2010 年的 48.3%；二、三产业的资本密集型产业就业比重从 2000 年的 8.8% 提高到 2010 年的 11.3%。其中，制造业行业中劳动密集型产业的就业比重在总体就业中的增幅最大，超过了三产行业。因此可以预期，"十三五"时期，制造业的资本密集型产业的岗位和服务业中资本（知识）密集型产业的岗位需求会大幅增加，制造业的产业升级必然是低端制造业向以资本密集型、技术知识密集型产业为主的高新技术制造业发展，由此而产生的劳动力需求必然是以技能型和知识型以及生产技能和理论知识相结合的复合型人力资源为主。以人力资本密集程度、知识密集程度提高为特征的新型生产性服务业、商贸服务业会拓展目前受教育程度较高的大学生就业面，而不是像现在主要集中于公共管理、教育、卫生、信息业、金融业等行业。

2012 年外出农民工已超过 1.6 亿，农民工已经占到城镇全部就业的 1/3 多。农民工就业主要集中在制造业、建筑业、交通运输、批发零售、住宿餐饮及居民服务业等劳动密集型的行业，并且从事技能性比较低的工作岗位。从图 3-3 看，不同年龄段农民工的平均受教育年限，即使在最好的年龄段，20 岁上下的这个年龄段也仅仅受过 9 年的教育。这个教育程度恰好适合今天的岗位需求，即二、三产业劳动密集型的岗位。从今天二产的资本密集产业岗位和三产技术密集型岗位看，这些产业对人力资本的需求大幅度的增加，目前农民工的技能难以适应。

（四）政策建议

1. 构建灵活性与安全性统一的劳动力市场制度

以"劳动合同法"要求作为基准，中国劳动力市场规制的总体严格指数为 3.3，明显高于 OECD 国家的平均水平 2.3。劳动力市场制度的完善仍是"十三五"期间的重要任务，其根本的宗旨是实现劳动力市场灵活性与安全性更紧密地结合。劳动力市场制度的选择与完善必须紧密结合国情，特别是经济

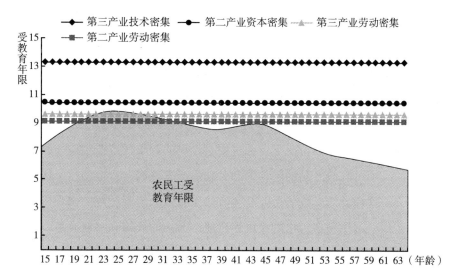

图 3 - 3　农民工受教育年限与市场需求

资料来源：根据 2005 年 1% 人口抽样调查微观数据 20% 样本计算得到。

发展阶段现实，同时，积极地借鉴市场经济先行国家已有的制度设计中有利的一面。

首先，要避免对劳动力市场制度的笼统认识，具体地分析规范就业关系的各个制度组成部分在保持灵活性和增强安全性中的具体作用。规范就业关系的制度主要包括三个方面：岗位保护、临时合同、集体谈判。发达国家的经验表明，造成劳动力市场僵化的主要是过度的岗位保护，而推动不同类型的劳动力市场制度的国家，在集体谈判方面的共识最大。但我们目前的制度设计恰恰强化了岗位保护，在集体谈判上的规范不足，需要在"十三五"时期进一步完善。

其次，劳动力市场制度也是对企业、个人与社会责任的规范。建立更为灵活的劳动力市场并保持其竞争性，需要将最基本的保护制度社会化，从企业的责任中分离出来；对于更高水平的保护和福利水平，则与劳动供给挂钩，通过企业与个人按照市场供求原则确立。这样，不仅可以避免劳动力市场的僵化，也可以避免非劳动收入增加对劳动供给形成负向激励。

最后，进一步完善和正确使用最低工资制度。最低工资制度的初衷是保证劳动力市场的公平有序，增强劳动力市场信息的透明性，杜绝恶意用工行为。

从这个意义上说，最低工资制度不应承担推动工资上涨、改善收入分配的功能。在"十三五"时期，要统一和规范最低工资标准的调整方式和范围，避免各地调整标准的攀比。鉴于劳动力市场形势已经发生较为明显的变化，不宜对最低工资的调整周期和水平作硬性规定。

企业是遵循利润最大化原则来选择其使用的技术结构进行生产经营行为的。在劳动力成本上升的情况下，通过要素比例的调整，产业结构的改变，以及新技术的采用可以使产品的附加值和劳动生产率提高，产业的竞争优势就可以延续下去。这样灵活有效的企业行为有赖于有效的要素配置的微观机制，即减少政府干预，避免要素价格的制度性扭曲，灵活的雇用和解雇决策，以及创新的就业创造作用。政府有责任针对未来劳动力需求来提前制定相应的教育、培训的方向，提高劳动需求与供给的匹配程度。

2. 应对重点群体的就业困难

随着产业结构加速调整，劳动者越来越多地面临结构性失业风险。不仅农民工技能会与企业需求拉大差距，即便受过高等教育的劳动者也将遭遇因人力资本与需求不匹配的就业困难。

首先，防止未来农民工面对就业风险的根本办法就是提高其人力资本。由于农民工群体不断有新成长劳动力加入，应创造良好的制度条件和激励机制，使新成长劳动力在进入劳动力市场之前，尽可能多地接受普通教育和职业教育。

其次，城镇户籍劳动力中有一个较大的比例，人力资本禀赋和积累明显不足，难以适应产业结构调整对技能的更高要求，经常处于结构性和摩擦性失业状态。对这个群体的政策应对，就是加强失业保护和再就业技能培训，用更多的社会保护体系覆盖他们。

最后，大学生群体也同样面临结构性就业困难。解决这一矛盾，政策应对的重点是综合运用劳动力市场竞争和社会保护两种机制。一方面，只有发挥市场力量，经过从寻职、待业到就业，从失业到再就业的过程，才可能实现大学生就业结构的更加均衡和多样化。另一方面，这一转变过程也是劳动者遭遇冲击的过程，需要劳动力市场制度建设和社会保险体系提供安全屏障。

二 中等收入阶段的人力资本积累

人力资本是全要素生产率提高的重要源泉，促进教育和培训是跨越中等收入阶段的必然选择。中国面临着教育激励下降、教育资源配置不均和高等教育机会不足等突出问题。借鉴日本和韩国在中等收入阶段人力资本积累的经验，中国亟待加大公共教育投入，优化教育投入结构，进一步普及高等教育，推进职业教育和在职培训，为跨越中等收入阶段提供坚实的人力资本基础。

（一）人力资本积累的突出问题

中国于 2004 年跨过了刘易斯转折点，人口红利也于 2011 年随着人口抚养比停止下降而趋于消失，以往支撑经济增长的源泉，即劳动力增长、资本形成和劳动力转移带来的资源重新配置效率，都逐渐趋于减弱，面临如何保持经济持续增长的挑战。现代经济增长和转型的一个基本方向是，在一定阶段上经济系统必须实现从传统要素投入拉动为主的增长模式，转向发挥人力资本要素的作用，并依赖其带来的创新和技术进步为主拉动增长。因此，人力资本积累是迈向高收入阶段的中国经济增长的重要引擎。下面，我们概述中国人力资本积累面临的主要问题。

首先，技能工人和非技能工人工资趋同，教育回报率相对下降，导致对正规教育的负激励。2001 年，具有高中和高中以上教育的农民工，其小时工资比具有初中教育的农民工分别高 80.4% 和 25.9%；而到 2010 年，这种教育的相对收益分别下降到 57.1% 和 16.9%。这种情况使得受教育激励显著降低，使低收入家庭年轻劳动力辍学并提前进入劳动力市场，甚至出现从义务教育阶段辍学的现象。

其次，高等教育机会不均等，减少了高中教育的激励。1999 年中国高等教育扩大招生以来，全国普通高校招生数、在校生数和毕业生数都在快速增长。但是，中国高等教育的毛入学率还不高，2012 年刚达到 30%，距离 50%以上的高等教育普及阶段还有非常大的差距。高校毕业生面临的就业困难，使很多父母看到大学毕业后就业前景不乐观，最多愿意让子女完成义务教育。而且，在高校尤其是重点大学中农村学生的比例不断下降，进一步削弱农村学生上高中的激励。

再次，中国年龄越大的劳动人口，人力资本水平越低。在24～64岁期间，年龄每增加1岁受教育年限平均减少10.2%；而越是在偏大的年龄上，这个受教育水平递减的趋势就越明显；44～64岁，年龄每增加1岁，受教育年限平均减少16.1%。如何利用培训，提高年龄较大劳动者的人力资本水平，使其适应劳动力市场的需要，是中国面临的巨大挑战。

最后，流动儿童和留守儿童面临教育不足。按现行政策规定，这些流动儿童有免费就读城市公立学校的权利。实际上，很多流动儿童进入城市公立学校就读仍不得不支付额外的费用，相当一部分流动儿童不得不在低质量打工子弟学校就读。农村留守儿童接受义务教育的教育质量不高也是面临的一个突出问题。

（二）积累人力资本的国际经验

经济发展的国际经验表明，很多国家陷入"中等收入陷阱"，主要是与新兴产业对应的创新能力和科技进步没有跟上造成的，而创新能力最终的载体实际上就是人力资本。因此，人力资本培养是跨越"中等收入陷阱"的必要条件。国际上公认的成功跨越"中等收入陷阱"的国家和地区有日本和"亚洲四小龙"，但就比较大规模的经济体而言，仅有日本和韩国实现了由低收入国家向高收入国家的转换。落入"中等收入陷阱"的国家虽然自然资源丰裕，但人力资本发展不足抑制了发展可持续性。例如，日本和韩国的教育支出占GDP的比重，一直比巴西和阿根廷的水平高，而且在跨越"中等收入陷阱"之前均有一个显著的攀升。

跨越中等收入阶段，日本既有成功经验，也有失败的教训。首先，在进入中等收入阶段前后显著加大了公共教育投入。日本公共教育支出占GDP比重，1971年为3.72%，1972年提升到4.08%。在1973年跨入中等收入阶段时，该比重达到4.11%，1975年达到4.75%，1980年达到5.15%，到1983年日本越过中等收入阶段时，该比率仍保持在5%左右。其次，日本在进入中等收入阶段之前，就已将义务教育年限由6年延长至9年，并基本实现初中教育的普及。再次，加强职业技术教育，推行终身教育和在职培训。最后，日本在高等教育发展方面犯了历史性错误。日本经历过高校扩招，也遭遇大学生就业难、工资下降和教育质量下降。文部省最后有意放缓了高等教育的速度，使得日本高等教育在 20 世纪 80 年代后期与美国的差距逐渐拉大，与日本失去的 20 年不无关系，即没有了创新能力。

韩国在 20 世纪 70 年代末普及了初中教育，1990 年普及了高中教育（毛入学率超过 90%），1995 年时高等教育毛入学率达到 48.9%，已基本进入高等教育的普及阶段。韩国的各级各类教育与不同时期产业发展方向和社会经济发展重点相适应，成功经验包括：①将人力资本培养作为国家战略。公共教育支出占 GDP 的比重，在 20 世纪 80 年代初即达 4% 以上，1982 年为 6%，1983 年为 4.5%，1984 年为 4.2%；在 1987～1995 年的中等收入阶段，这一比例有所降低，但基本保持在 3.3%～4.0%。②重视高等教育的战略地位，快速扩张高等教育。在整个中等收入阶段，韩国高等教育毛入学率每年提高近 2 个百分点，在世界上首屈一指。③在大学扩招的同时，大力发展职业教育并推进产学合作。在 20 世纪 80 年代，为了增加制造业技能工人的供给，大力发展职业教育，技校的发展推动了高中入学率由不足 50% 剧增至 80%。

（三）政策建议

1. 加大公共教育投入，优先保障基础教育

充分的公共教育投入是成功跨越中等收入阶段的重要条件。日本和韩国在跨越中等收入阶段的过程中，公共教育投入占 GDP 比重基本都在 4% 以上，部分年份甚至在 6% 以上。财政性教育经费支出占 GDP 的比例达到 4%，是世界衡量一国教育投入水平的基准线。中国在 2012 年实现了这个目标，即按照当年 GDP 计算，公共教育投入规模超过 2 万亿元。但是，在相同投入水平上，支出结构决定了使用效率从而推动教育发展。

公共投入优先发展基础教育还是高等教育，对跨越中等收入陷阱非常重要。教育的收益有私人收益率和社会收益率之分。劳动者通过教育而获得的技能等素质，可以通过就业获得回报，形成私人收益率。教育有着巨大的正外部性，表现为社会收益率。社会收益率越高的教育阶段越是需要政府投入。研究

表明，教育的社会收益率在学前教育阶段最高，其次为基础教育、较高阶段的普通教育，最后是职业教育和培训。而教育的私人收益率高低，恰好呈现与此相反的顺序。

从国际经验来看，重视基础教育有助于越过中等收入陷阱。较短时间内成功跨越中等收入阶段的韩国、中国台湾地区和中国香港地区，教育占财政支出的平均规模分别为26.1%、21.2%、17.8%，显著高于长期处于中等收入阶段的阿根廷（13.2%）和巴西（14.1%）。而且，这些国家和地区的教育支出主要投向基础教育，并且提供足够的经费确保教育质量。而拉美地区虽然教育事业发展很快，也进行了一系列的教育改革，但政府主要是投向高等教育。到1990年，拉美初等教育入学率只有50%，文盲人数不降反升。

中国义务教育已经全面普及，进入了巩固提高与内涵发展的新阶段。然而，由于历史与现实的诸多原因，群体间受教育机会不均等，区域、城乡、学校之间教育资源配置不均衡的现象依然广泛存在。今后的教育经费投入方向，应重点关注中西部农村贫困地区，通过不断增强的一般性教育转移支付力度，加强教育经费的科学化管理以提高经费使用效率，逐渐构建涵盖中央、省级、输入地与流出地等各级各地财政的教育保障机制，适时对进城务工人员随迁子女的义务教育经费进行合理分担。

2. 将学前教育和高中教育纳入义务教育

学前教育对幼儿的身心健康、习惯养成和智力发展，具有重要意义。研究表明，在各级教育中，学前教育的投资社会回报最高。与其他国家相比，中国学前教育的普及率很低，教育质量较差。西欧20个国家学前教育普及率已达到100%，而中国到2009年学前教育毛入园率才达到50.9%。重视和加强学前教育，已经成为大多数国家的普遍做法。在中国，将学前教育纳入义务教育，对于保证所有孩子都能接受到正规、高质量学前教育十分必要。

中国在2000年实现了基本普及九年制义务教育目标，但迄今尚未将高中教育列为义务教育。高中教育是一个重要的教育阶段和教育环节，它衔接着初中教育和高等教育，直接关系到国家的教育水平。如果不将高中教育纳入义务教育范畴，很多贫困家庭，尤其是农村地区的贫困家庭，因为经济能力不足，而使孩子丧失接受高中教育的机会，并进而失去接受高等教育的机会。

3. 坚定不移地普及高等教育

近年来,中国高等教育加速发展,使我国新成长劳动力的人力资本素质得到显著改善。但随着大学生就业难、起薪低等问题的出现,社会普遍批评我国高等教育发展太快、扩张太急。事实上这是缺乏依据的。实际的问题不是教育过度,而是教育没有能够转化成创业和就业技能。看似我国的产业结构对高学历需求不大,其实不然。如果按照技术职务、职业资格进行考察,需求量最高的还是那些技术职务最高、职业资格最高的人。中国的全部劳动就业人口中,大学生比重是10%,而美国是40%。从我国经济社会的长期发展需要看,进一步普及高等教育仍是必由之路。

中国普及高等教育任重道远。中国在2002年进入高等教育大众化阶段,下一个目标就是高等教育的普及化,即高等教育毛入学率达到50%以上。发达国家从高等教育的大众化到普及化,通常用25~30年的时间。我国高等教育毛入学率每年增长两个百分点,但增速已经下降,2006年以后年均增长0.8个百分点。假定以后高等教育毛入学率按照目前的速度增长,我国要到2042年才能实现高等教育的普及化。2010年我国三级教育总入学率比世界平均水平低8.7个百分点。要缩小教育与发达国家的差距,高等教育发展速度只能加快而不能减慢。

4. 大力发展职业教育和在职培训

中国需要一批具有较高技能的熟练劳动者队伍,要靠中等和高等职业教育来培养。应通过劳动力市场引导,大力发展职业教育。由于这个教育类别具有私人收益率高的特点,劳动力市场激励相对充分,因此,应该更多发挥家庭和企业投入的积极性,政府投入的力度应该低于普通高中。亚洲四小龙在20世纪70年代以前的标准化产品生产阶段,将教育的重点放在初中等教育和职业技术教育方面,到80年代以后的工业升级阶段则将重点转向高等教育,90年代基本普及了高等教育,并将教育的重点转向创新教育。

随着经济的发展和产业结构的变化,劳动力市场上的就业岗位对劳动力的知识和技能需求也随之不断变化,需要继续学习新的知识和技能。对于已经进入劳动力市场的劳动力而言,这个过程通常需要在职培训来完成。在职培训应该以企业为主,大力推进校企合作,与劳动力市场相关联。农民工职业稳定性较低，个人和企业对技能培训的动力都不足。因此，政府支持技能培训也有必要。

三　收入分配问题与改革方向

收入分配是世界各国必须面对的重大现实问题。中国收入分配问题与其他国家相比更加复杂，既带有经济发展过程的一般性特征，又有经济社会体制转型的特点，不仅表现为收入差距大，更表现为收入分配不公，加剧了社会分化，威胁社会稳定。解决中国的收入分配问题需要在优先消除分配不公的基础上，不断完善制度规则、健全市场机制，从而形成公平合理的收入分配格局。

（一）国际经验与启示：制度、市场与再分配

宏观上的国民收入分配格局变化，与微观上的居民收入差距变化具有紧密关联。过度依赖投资的增长方式通常伴随着国民收入中资本报酬份额上升、劳动报酬份额下降。由于资本要素报酬具有收入分配集中化倾向，劳动要素报酬具有收入分配均等化倾向，资本收入份额较高、劳动报酬份额较低的阶段，企业主能够获得更高回报，而普通劳动者和居民获得较少回报，收入差距倾向于扩大。从国际经验来看，要有效地缩小收入差距，以下几方面的经验值得借鉴。

1. 完善制度规则，奠定公平分配秩序

发达国家数百年间建立的一整套分配规则是公平竞争和公平分配的基础，普遍完善了劳动与资本、市场与政府、财政收入与支出、初次分配与再分配的分配关系，为公平分配建立了基础。在进入工业化中期后，普遍明确劳动者在政治和经济上的权利地位，保护劳工权利，规制垄断资本，限制超额利润，支持工会发展并建立最低工资制度，即适时建立并逐渐完善偏重于普通劳动者的制度和政策，使国民收入明显向有利于劳动要素的方向转变，收入差距不断缩小。各国将就业作为重要宏观政策目标，实施积极就业政策。同时，建立倾向于劳动者的再分配制度，通过税收、社会保障、反贫困、教育等政策，缩小收入差距和维护社会和谐。大多数发展中国家或是没有建立完整分配制度规则，

或是仅仅借鉴发达国家的再分配手段，而非工业化成功的整体经验。

2. 健全市场功能，形成合理分配机制

成熟的市场机制是初次分配公平有效的关键。在完善的制度规则和成熟的市场机制下，随着经济发展和工业化进程推进，市场机制可以公平、合理、有效地配置资源，改变资本和劳动要素关系，收入差距能够在市场机制的调节中实现逐步缩小。欧美传统发达国家正是通过完善制度规则和市场机制，比较成功地解决了工业化阶段的收入分配问题，顺利地刻画出一个完整的库兹涅茨曲线。

工业化早期，资本成为驱动经济增长的最主要的力量。因为社会生产力低下，工人和中产阶级的储蓄非常少，所以当时的国民收入分配向更有储蓄能力的企业主阶层倾斜。进入工业化中后期，发达国家开始保护劳工权利，规制垄断资本，支持工会发展并建立最低工资制度。美国1914年颁布的《克莱顿法》、1935年的《国家劳资关系法》、1938年的《公平劳动法案》，都是国家政策转变、分配制度完善的标志性事件。近年来，在全球化和虚拟经济推动下，资本金融化放大了资本杠杆效应，产业空心化加剧，实体经济遭受冲击，劳动者内部也出现分化，中产阶级遭到削弱，市场机制的收入差距调节功能逐渐丧失，再分配机制也出现了问题。

3. 依靠再分配手段，有效缩小收入差距

再分配手段是政府调节收入差距的直接手段，对于缩小收入差距发挥了重要作用。税收制度突出收入调节作用。建立以个人所得税为主体，辅之以遗产税、赠予税、个人财产税、个人消费税、社会保障税的税收调节体系。社会保障制度体现社会共济和再分配原则，建立以养老、医疗为核心的现代社会保障体系并发挥收入分配效应。反贫困政策对贫困人口或贫困地区进行救济、补贴或者扶贫开发，具有更直接的缩小收入差距作用。教育政策通过教育机会的均等来提高人力资本，成为解决长期不平等的重要途径。初次分配与再分配关系需要平衡。初次分配由经济发展方式和市场机制决定，效率应该首先得到尊重。再分配更加尊重社会公平，能够发挥收入调节作用，可以作为改善收入分配关系的重要手段，但是，过于强调再分配制度也会对财政负担、劳动力市场、经济增长带来负面影响。

（二）中国收入分配问题的表现

中国的收入分配问题异常复杂，从微观层次看，表现为收入差距扩大，社会分化严重；从宏观层次看，表现为收入分配格局不合理，劳动报酬增长慢于劳动生产率、居民收入占国民收入比重低；从分配规则看，表现为分配秩序混乱，收入分配在不同层面上所表现出来的问题既相互联系又相互影响。

1. 中国当前的收入差距大，具有发展的阶段性特征

世界银行等估算中国总体基尼系数在0.45~0.47区间，在考虑地区生活成本、住房、社会保障等因素后，基尼系数应处于0.48~0.49区间，根据国家统计局公布的数据，2008年基尼系数达到高峰0.491后，2012年为0.474。目前中国的收入差距在世界上处于比较严重的水平，仅次于巴西、南非、墨西哥等国。收入差距在城乡、地区、行业之间以及城市和农村内部均有表现，城乡收入差距从改革开放初期的1.8∶1扩大到目前的3∶1，农村内部基尼系数同期从0.20提高到2010年的0.38，城镇内部基尼系数从0.16提高到0.33，收入最高10%群体和收入最低10%群体的收入差距从7倍左右扩大到23倍，行业差距已经达到8倍多，地区差距也达到3倍。

2. 从最近趋势看，库兹涅茨转折点依稀可见

目前中国的劳动力市场正在发生深刻变化，工资出现趋同，这些都是库兹涅茨转折点的积极信号。总体基尼系数和城乡收入差距达到顶点后开始逐步下降。研究表明，城乡差距贡献了全国总体不平等的40%，随着城镇化不断推进和城乡一体化推进，城乡差距缩小直至消除将能够明显地削减总体不平等。结合当前发展阶段性特征来看，中国已经或即将走完库兹涅茨倒U形曲线的前半部分，市场机制下的收入差距转折阶段初现端倪。

3. 中国过大的收入差距还在于再分配手段作用不足

再分配制度能够让发达国家的基尼系数下降30%左右，而中国再分配后的基尼系数几乎没有变化，税收、社会保障等手段甚至还存在一定的逆向调节作用。中国的公共财政从收入和支出的角度看，都缺乏调整收入差距的功能，其中，税收制度以间接税为主，具有较强再分配效果的个人所得税占财政收入的比重仅为6%，纳税人数占工薪劳动者的比例不足20%，财政支出中用于教

育、医疗、养老等民生支出比重偏低，直接用于向中低收入群体的民生支出占GDP比重不足1%，再分配制度没有发挥"削峰填谷"的调节作用。再分配制度若能够发挥发达国家类似的效果，中国的收入差距将能够被控制在正常水平。

（三）中国收入分配问题的实质

中国收入分配的本质问题不在于收入差距本身，而是不公平的规则导致收入分配不公，对经济社会造成更大威胁和伤害。而且，中国收入分配不公比其他国家更具有复杂性。

合理分配机制缺失是收入分配不公的制度性根源，这种收入不公比起收入差距本身的危害性更大。在向市场经济转型过程中，生产资料和要素的资本化改变了我国拥有大量财富而缺乏资本的局面。然而，这个过程也成为分配不公的主要来源，即生产要素及其收入流不均等地分配到不同人群中。土地、矿产资源、国有企业、公共产品等领域资本化过程中创造了大量的新增财富，但作为资源要素的所有者，国家和全体国民并没有公平地享受到这一过程中创造的收益，大量财富被拥有经营权或实际控制权的少数人占有。

收入不公分别表现为初始资本化收益的分配不公和资本化收入流的分配不公。突出表现在以下几个方面：土地收益被开发商、地方政府及利益集团过度占有，农民和集体的利益被严重侵蚀；矿产资源收益主要被矿老板占有，形成暴富群体，国家和全民利益受损；国有企业收益被企业实际控制人、相关利益群体和内部职工瓜分，国家和全民没有得到合理分享，反而承担大量补贴；部分公共产品市场化使实际控制机构和内部职工得到超额收益，公众为此需要承担高额费用，权益受到严重侵害。如果把这部分隐性收入加入官方统计的收入数据中，如在图3-4中"估算的收入比"与"公布的收入比"进行比较可以看到，这种不公平的收入来源导致收入差距进一步扩大。分配不公导致的差距扩大是不合理、不合法的，比起一般的收入差距更为可怕，这也正是民众矛盾激发的焦点。

（四）政策建议

收入分配问题的"症结"在于分配不公。解决我国收入分配问题应该清

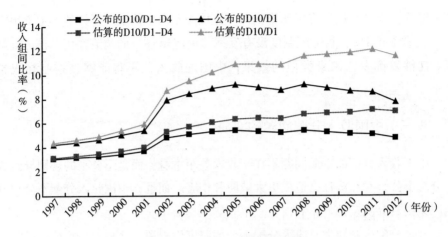

图3-4 公布和估算的收入差距

资料来源：公布的 D10/D1-D4 和 D10/D1 是根据国家统计局《中国统计年鉴》数据计算得到；估算的 D10/D1-D4 和 D10/D1 依据王小鲁（2013a，2013b）数据和国家统计局《中国统计年鉴》数据计算得到。

晰地认识到收入分配问题的本质，抓住主要矛盾和核心问题，将收入分配改革置于整体经济体制改革之中，首先应该把消除收入分配不公放在最优先的地位，完善制度规则，健全市场机制，对于不断扩大的收入差距，则可以通过加快经济发展、完善再分配制度予以逐步解决。

1. 完善制度规则，让公有财产收益公平地被全民分享

通过健全和完善相关法律、规则和制度，明确界定并有效保护各类主体的产权，特别是要保障公有财产资源收益能够公平合理地被全民分享，建立合理的分配秩序，形成良好的分配格局。推进户籍制度改革，消除就业歧视和行业壁垒，完善垄断部门和公共部门的岗位竞争机制，引导劳动力资源充分自由地流动；完善土地制度，明晰土地产权，改革集体土地征占用制度，提高农民分享土地增值收益的份额，将土地出让金纳入财政预算；完善矿产资源使用制度，尽快开征资源税，提高矿产资源使用税标准，建立矿产资源企业的利润分成制度；完善国有企业经营管理制度，加强监督管理，防止国有资产流失，提高企业利润上缴比例，国有企业收益尽快纳入国家财政预算，对于关系到生计、安全的公共事业、自然垄断和战略性资源行业应该谨慎上市；需要进一步规范公共产品的资本化运营，对于已经收回成本的高速公路、市政交通等企业应当尽快清理整顿，严格监管私人部门进入公共产品领域，降低公共产品服务费用；继续严格监管，打击寻租腐败和权力资本化。

2. 完善要素市场，加快推进资本市场改革

随着城乡劳动力市场逐渐完善，要素市场扭曲最严重的就是资本市场，利率管制、资本垄断、所有制歧视等突出问题导致资本要素价格高出边际产出，而资本具有更高的集中倾向，更容易扩大收入差距。因此，要素市场改革的重点就在于资本市场，当前迫切任务是加快利率市场化进程，消除资本市场垄断和行政干预，破除对民间资本的歧视和壁垒，充分发挥市场在资源配置中的决定性作用，消除非市场机制对于收入分配的重要影响。

3. 完善再分配体制

再分配制度需要更加重视社会公平，尽快调整存在逆向调节的相关政策。一是财政税收政策方面，逐步形成直接税和间接税双支柱的合理结构，建立有利于中产阶级壮大的税制体系。改革个人所得税制度，实行以家庭为基础的综合所得税制度，考虑家庭结构尤其是抚养系数差异；逐步实施财产持有环节的税种，在推进房产税和遗产税中切忌误伤刚刚成长起来的中产阶级。二是在社会保障和公共服务政策方面，增强社会保障制度的普惠性，发挥社会保障制度的正向再分配功能。建立统一的非缴费型公共养老金制度，保证全体居民都能够公平享受基本的福利保障；消除社会保险制度对劳动力市场的扭曲，降低企业和个人的缴费负担，确保流动人口的社会保险缴费贡献与权益享受对等；消除具有逆向再分配功能的社会保障制度，推进养老制度并轨。三是在公共服务均等化方面，加快户籍制度改革，全面推行居住证制度，将流动人口纳入城市公共服务体系中，特别要重视流动人口的教育公平。

参考文献

都阳（2014），《劳动力市场变化与经济增长新源泉》，《开放导报》第3期。
胡英（2009），《分城乡劳动年龄人口预测》，未发表背景报告。
王小鲁（2013a），《国民收入分配战略》，海口：学习出版社、海南出版社。
王小鲁（2013b），《灰色收入与国民收入分配：2013年报告》，《比较》第5期。

专题二
从人口红利到
改革红利转型

Topic Two：Transition from Demographic
Dividend To Reform Dividend

G.4

第四章
"改革红利" 对中国潜在
增长率的影响

蔡昉 陆旸

一 引言

"人口红利" 通常是指特定人口结构特征对经济增长产生的正向影响。具体来说，当一个国家经历人口抚养比下降、劳动年龄人口上升时，经济增长所需的要素供给如劳动力将迅速增加，资本回报率会保持较高水平，劳动力转移将带来资源重新配置效率，从而为一个经济体的增长带来了 "人口红利"。实际上，随着经济发展人口增长将经历三个阶段：①"高出生率、高死亡率、低增长率"阶段；②"高出生率、低死亡率、高增长率"阶段；③"低出生率、低死亡率、低增长率"阶段。而人口红利（或者人口结构转变）常常出现在第二阶段向第三阶段过渡的时期。很多国家的历史经验表明，经济发展的特定阶段通常都伴随了人口红利（Williamson，1997）。例如，日本在1990年前后以劳动年龄人口减少和扶养比上升为特征的"人口红利"消失时，日本经济增长率从之前的4%~5%下降到不足2%。虽然日本将长期低迷的经济增长归咎于1990年的泡沫经济，但是，如此漫长的经济低迷期，显然不是短期的泡沫经济所能够全部解释清楚的。不能正确认识经济增长放缓的真正原因，政府也就不能采取有针对性的措施改变现状，这也正是安倍经济学至今仍然错误地关注"需求"而不是通过改革逐步释放要素"供给"的主要原因。

实际上，从世界各国的经济发展历程来看，随着人口低生育率时代的到来，人口转型将是不可避免的。例如，人口老龄化和少子化现象，已经广泛地出现在了发达经济体中，并且在发展中国家逐渐开始显现。随之而来的问题是，人口抚养比上升和劳动年龄人口绝对数量的减少。此时，如果TFP保持不变，那就意味着，由于劳动力投入减少，每年新增产出会下降，而更少的生产者需要负担更多的非生产者（少儿和老人），进而导致每年新增产出（GDP）用于消费的比例开始增加，储蓄率和资本形成率减少，因此进入下一年的新增资本将逐渐减少。我们知道，经济增长的决定因素主要包括劳动力和资本，当发生上述人口转变特征时，劳动力和资本供给都会受到影响，最终影响一国的潜在增长率。

中国正在经历上述的人口转变。2011年，中国15~59岁的劳动年龄人口数量开始减少，如果按照15~64岁计算，2013年劳动年龄人口也开始下降，同时人口抚养比上升。中国"人口红利"消失对潜在增长率带来的影响已经得到经验证实。例如，虽然并没有特别强调人口因素的作用，高路易（Kuijs，2010）预测中国的潜在增长率将从1978~1994年的平均9.9%降低到1995~2009年的平均9.6%，以及2010~2015年的8.4%。充分考虑到人口结构的变化，Cai和Lu（2013）认为人口红利消失后中国的潜在增长率将从之前的10%下降到"十二五"时期的7.3%。如果加入人力资本并考虑到人口扶养比对资本形成率的影响，以及人口结构变化对劳动参与率和自然失业率的影响，中国在"十二五"时期的潜在增长率平均水平为 7.75%（陆旸、蔡昉，2014）。

"人口红利"对潜在增长率的影响显然不是中国特有的现象。Eichengreen 等（2011）采用多国数据的经验分析发现，当人均收入达到 17000 美元（2005 年不变国际价格，PWT 6.3 数据）时，实际经济增长率将急速下降至少 2 个百分点。按照这一标准，中国或在 2015 年前后出现经济减速。然而，他们的研究也同样指出，一些经济因素能够使减速点推迟或提前。例如，更高的老年人口抚养比增加了经济增长率下降的可能性，因为更高的老年人口抚养比通常与低储蓄率和放缓的劳动参与率相关。中国所具有的"未富先老"特征无疑导致经济增长减速提前到来。然而，Eichengreen 等（2011）也强调了"经济增长率下降并不是一个铁律"，"人均收入和经济增长率下降之间不可能是一个机械的关系"，"高速经济增长到底能够维持多久，还将取决于经济政策"。例如，阿根廷、新加坡、爱尔兰、以色列、挪威、葡萄牙、中国香港等国家和地区，通过经济改革又产生了一段时期的快速经济增长，只不过，一些国家随后又发生了第二次经济减速。

实际上，Cai 和 Lu（2013）与陆旸和蔡昉（2014）的估计结果是建立在两个基本假设基础上的，分别是：①劳动力供给持续下降；②TFP 增长率保持不变。或者说，假定了现有的制度障碍依然存在，由于"人口红利"的消失，中国未来潜在增长率可能出现的变化轨迹。然而，一些制度因素限制了生产要素供给和 TFP 的提高。通过改革可以清除这些障碍最终将有利于提高潜在增长率。实际上，存在的制度性障碍越大，改革越彻底，提高潜在增长率的效果就越显著，即所谓的"改革红利"。本文将对各种体制改革可能产生的增长效果进行模拟，即模拟增长核算方程中，通过改革措施能够提高潜在增长率的幅度，以及哪种改革措施在短期和长期条件下更加有效。最终我们要回答，在"人口红利"消失后，中国如何从"人口红利"转向"改革红利"，从而释放潜在增长能力并为长期可持续的经济发展提供保障。

二　改革红利的经济学基础

当讨论中国改革问题时，一种观点认为中国的改革和经济增长率之间会是一个"权衡"（trade-off）的关系，即要想推动改革则需要适当牺牲经济增长速度。很多持有这种观点的学者显然是以静态的眼光看待改革对经济增长可能产生的短期负影响，而忽略了改革可能带来的动态的长期正向影响。虽然这种观点占据了相当大的比例，然而，我们认为改革将有利于经济增长。这一观点背后的经济学支持是制度变迁理论。

制度变迁理论指出，通常只有当一项制度变化的收益大于成本时，即净收益大于零时，这种制度变迁才会发生。当然，这个理论判断指的是决策者所考虑的实施改革的政治成本和收益，即改革带来的政治支持（收益）是否大于因此而招致的政治反对（成本）。但是，一般来说，在经济意义上如果收益大于成本，就具有了说服政策决策者推行特定改革的充分理由。目前中国在相关领域的改革效果，可以说与此十分类似。例如，政府改革中所强调的提高资源配置效率、改善收入分配、增强基本公共服务均等化等改革措施，不仅仅是为了实现更加公平的社会目标，也是为了可以获得更加直接（和间接）的改革红利。这也是李克强总理所说的"向深化改革要动力"。

实际上，如果我们知道当前中国经济增长速度下滑的真正原因，也就可以预期哪些改革领域可以带来直接和间接的改革红利。正确认识改革能够带来的收益或改革红利，不仅对形成和凝聚改革共识十分必要，还能够增加改革方式和策略的选项，强化改革的动力。改革尽管能够获得净收益，但是，成本和收益却是不对称地在当事人之间进行分摊的。为了最大限度地使改革具有激励相容的性质，通常可以有两种方式可供选择：一是所谓"帕累托改进"，即这种改革可以在不伤害任何既得利益的前提下予以推进；二是所谓"卡尔多改进"，即虽然有利益群体会因改革而受损，但是，由于改革带来较大的净收益，其中可以拿出一部分对受损者进行补偿。当前中国所面临的改革任务，已经很少具有"帕累托改进"的性质，但是，如果我们能够认识到并且把握住改革的收益，就可以适当地运用"卡尔多改进"的方式，以减小改革阻力。本文在陆旸和蔡昉（2014）的基本模型估计基础上，通过模拟各种改革红利，指出中国未来具有的改革领域。模拟结果显示，改革总体上可以带来收益并直接提高潜在增长率。中国的改革和经济增长率之间是"促进"而非"替代"的关系。

三 "改革红利"的增长效应

可供我国政府选择的改革措施大体可分为两类：以提高劳动力供给为目标的改革。包括放松人口生育政策（增加长期劳动力供给）和提高劳动参与率等直接方式，以及增加人力资本（提高升学率或增加培训）等间接方式。提高全要素生产率。下面我们将分别对这几类改革措施所产生的"增长效应"进行模拟。通过对"增长效应"进行对比，政府可以直观地从增长率的角度判断改革的成本和收益，并根据成本收益分析确定最终的"改革优先序"。

（一）放松人口生育政策

在预测 2011～2050 年中国的潜在增长率时，我们首先假定 TFP 保持不变，而其他生产要素（包括资本、劳动力和人力资本）都随着人口结构发生变化。模型的具体设定和估计参见陆旸和蔡昉（2014）。实际上，人口预测又被称为"从现实中看得到的未来"。这就意味着，模型中除了 TFP 假设外，其他生产要素的变化轨迹都内生于人口结构变化。分年龄和性别的人口预测主要受"总和生育率"（TFR）的影响。例如，在目前"单独二孩"政策下，理论上TFR 不会超过 2（人口的更替水平）。本文使用的人口预测数据来自郭志刚（2013），他以中国第六次人口普查数据为基础，假定未来 TFR 可以分别维持在 1.6、1.77 甚至 1.94 时，对 2011～2050 年中国"分年龄和性别"的人口数量做出了预测。TFR 不仅影响了分年龄和性别的人口预测值，而且也将影响基于人口预测数据进行的潜在增长率预测值。理论上，放松人口生育政策将提高TFR，例如从"单独二孩"过渡到"全面二孩"，但是我们却并不清楚 TFR 提高的程度和此后的变化趋势，因为放松生育政策只能影响到那些有"生育意愿"的且双方均为非独生子女的家庭。然而，我们可以通过对比 TFR 从 1.6增加到 1.77（甚至 1.94）时，对潜在增长率的影响，大致估算出"放松生育政策"对潜在增长率产生的"改革红利"。

在理论上，放松人口生育政策对潜在增长率的影响有"短期"和"长期"的区别。首先，受到人口生育政策影响而新出生的婴儿，短期内只能作为被抚养人口而增加人口扶养比,而不能使劳动年龄人口有所增加。因此,短期内储蓄率会下降、消费率上升、资本形成率降低,与基准情景相比,放松人口生育政策将在短期内通过影响资本供给的途径使潜在增长率下降。其次,在长期条件下,由于新生人口终将进入劳动年龄阶段(需要 15 年的时间),进而扶养比下降的同时劳动力供给增加,从长期来看,放松人口生育政策能够通过增加资本和劳动力供给两个途径使潜在增长率上升。实际上,这也是所谓的"婴儿潮"对潜在增长率的影响机制。图 4-1 给出了不同的 TFR 对应的潜在增长率变化趋势,模拟结果符合我们的理论预期。如果中国政府能够进一步调整人口生育政策,使其尽快从"单独二孩"过渡到"全面二孩",不仅可以及时调整中国未来的人口结构,还能促进长期的潜在经济增长。我们看到,放松人口生育政策(TFR 从 1.6 上升到 1.94)在 2030 年之前产生的增长效应为负向,但是影响程度十分有限,程度最大的年份也不会超过 0.2 个百分点;但是从长期来看,中国的潜在增长率却能够提高 0.4~0.5 个百分点。

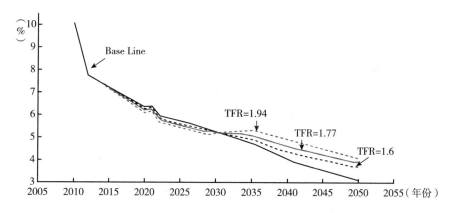

图 4-1 不同 TFR 水平下的中国长期潜在增长率

资料来源:陆旸和蔡昉(2014)。

(二)提高劳动参与率

放松人口生育政策可以使中国长期的劳动力供给增加,此外,提高劳动参与率也是增加劳动力供给的另一种途径。虽然在某种程度上,劳动参与率内生于经济增长,而且中国的劳动参与率与其他国家相比也一直处于较高的水平;

但是劳动参与率也是人口年龄的函数，随着中国人口老龄化程度的提高，中国未来的劳动参与率也会随之降低。因此，如何鼓励更多的人口参与到经济活动中，将成为中国政府未来需要解决的问题。面对这个问题人们首先会想到"延迟退休年龄"。当然，老龄人口的人力资本是否与劳动力市场匹配则是另外一个话题。如果抛掉这种担忧，延迟退休年龄在理论上的确可以延长那些本应退休人群的工作时间，推迟了他们进入养老保障体系的时间，从而与基准情景相比，降低了抚养比并增加了劳动力供给。这个机制与放松人口生育政策的长期机制相似，但是延迟退休年龄显然能够在短期内产生立竿见影的效果。例如，受到老龄化和劳动力短缺的影响，日本将男性退休年龄从60岁延长到65岁。

附表4-1中II.1的模拟结果是，在TFR=1.6的基准情景下，假设2011～2050年每年的劳动参与率分别增加1个百分点、2个百分点和5个百分点，中国潜在增长率的变化趋势。模拟结果显示，提高劳动参与率能够使潜在增长率上升。如果每年的劳动参与率可以在原有基础上增加1个百分点，那么"十二五"时期（2011～2015）的平均潜在增长率将提高0.2个百分点；如果每年的劳动参与率能够增加5个百分点，那么"十二五"时期的平均潜在增长率将上升将近1个百分点。

但是，我们同样发现，通过提高劳动参与率增加劳动力供给，虽然能够提高未来的潜在增长率水平，但是其产生的"增长效应"却是逐年递减的（见附表4-2）。例如，假设在2011～2050年期间，中国每年的劳动参与率都可以在原有基础上增加5个百分点，那么在"十三五"时期（2016～2020），中国的潜在增长率将比基准情景增加0.18个百分点；然而，到2045～2050年，与基准情景相比潜在增长率只能增加0.06个百分点。此时，由劳动参与率带来的"增长效应"将降低至之前的1/3水平。相同程度的"干预"（treatment）产生了递减的"增长效应"（见图4-2）。模拟结果显示，围绕劳动参与率的政策改革并不是我们可以长期依赖的"改革红利"。

（三）提高全要素生产率（TFP）

在新古典增长理论中，经济增长中一个不能为常规生产要素投入所解释的部分被称为全要素生产率。全要素生产率来自技术进步、资源配置和体制创新

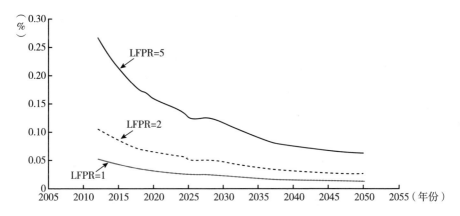

图 4 - 2 提高劳动参与率产生的潜在经济增长率
效应（基准情景 TFR = 1.6）

资料来源：Lu 和 Cai（2014）。

等一系列改进。在占据主流地位的新古典增长研究中，大量文献从实证角度得出结论，全要素生产率可以在很大程度上解释国家之间增长表现的差异（蔡昉，2014）。实际上，中国目前仍然有提高全要素生产率的诸多改进空间。首先，中国可以继续发挥后发优势，实现技术赶超。其次，通过户籍制度改革实现农民工市民化。这项改革不仅能够保障城市劳动力供给，而且当农业剩余劳动力从农业生产中分离出来时，也为中国农村提供了农业现代化生产的可能性，从而提高技术进步。最后，通过制度和体制创新中国还可以进一步提高生产效率。

　　附表 4 - 1 中Ⅲ.1 的模拟结果是，在 TFR = 1.6 的基准情景下，当其他因素保持不变时，假设 2011 ~ 2050 年全要素生产率分别增加 0.5 个百分点和 1 个百分点，中国潜在增长率的变化趋势（Ⅲ.2 是将 TFR = 1.77 作为基准情景）。我们看到，全要素生产率产生的"增长效应"非常明显（图 4 - 3）。以"十二五"时期为例，假设 TFP 每年都能够在原有基础上增加 0.5 个百分点，那么潜在增长率将比基准情景增加 0.568 个百分点；如果 TFP 每年增加 1 个百分点，那么在相同时期内，中国的潜在增长率将比基准情景增加 1.136 个百分点。值得注意的是，与提高劳动参与率所产生的递减的"增长效应"不同，全要素生产率产生的"增长效应"是递增的。在 TFP 的两种不同假设情景下，到 2045 ~ 2050 年，中国的潜在增长率将比基准情景分别增加 0.869 个和 1.751

个百分点，而"十二五"时期全要素生产率产生的增长效应分别是 0.568 个和 1.136 个百分点。模拟结果显示，围绕着提高全要素生产率的改革措施将是中国未来可以长期依赖的"改革红利"。

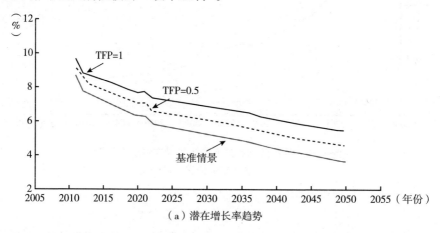

（a）潜在增长率趋势

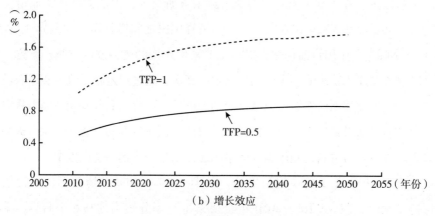

（b）增长效应

图 4 - 3　提高全要素生产率对中国长期潜在增长率的
影响（基准情景 TFR = 1.6）

资料来源：Lu 和 Cai（2014）。

（四）增加人力资本：提高升学率 vs 增加培训

人力资本是指劳动者受到教育、培训和实践经验等方面的投资而获得的知识和技能的积累，也称为"非物质资本"。由于知识和技能可以为个体带来工资回报，同时也能够作为另一种形式的资本对经济增长产生贡献，在劳动力数量和物质资本相似的情况下，人力资本的差异对国家之间的经济增长差异起到了关键的解释作用。例如，新经济增长理论模型的主要扩展之一就是将"劳动力"的定义扩大为人力资本投资。人力资本积累的途径通常有两种——教育和培训。然而，这两种人力资本积累方式的形成机制和所需时间都不相同，因此其产生的潜在增长效应也有一定的差异。

1. 提高升学率对潜在增长率的影响

接受正规教育时的年龄一般在 30 岁以内，超过一定年龄后个体将进入劳动力市场，此后，以受教育年限衡量的人力资本将不再随年龄有所增加。例如，6 年制小学毕业后就进入劳动力市场的人，其受教育年限为 6 年（不含特殊情况）；博士毕业进入劳动力市场的人，其受教育年限通常为 22 年。然而，如果我们用受教育年限衡量人力资本水平，那么当个体完成一定阶段的教育并进入劳动力市场后，他们的人力资本水平也就被定格了了一个固定值。理论上，以受教育年限衡量的人力资本取值范围在 0 ~ 22 岁。因此，政府可以通过提高入学率或升学率的方法，使个体延长受教育年限，进而提高人力资本水平。然而，这个过程可能是漫长的。针对年轻人口的教育政策，可能需要几年甚至十几年才能在劳动力市场中有所体现。假定在没有培训的情形下，我们模拟了提高升学率或入学率对中国潜在增长率的影响。模型中假设 25 岁以上的人口平均受教育年限保持不变，同时到 2050 年中国的儿童入学率、小学升学率、初中升学率和高中升学率相应提高——从之前的 99%、99%、95%、90% 的基础上分别增加到 99%、99%、98%、95%。模拟结果显示，通过提高受教育程度增加人力资本，对中国的潜在增长率产生了正向影响，但是其增长效应却是递减的趋势（见图 4 - 4a）。

2. 增加培训对潜在增长率的影响

通过培训的方式增加人力资本可能产生立竿见影的效果。培训针对的群体不仅涵盖年轻人，甚至还可以涵盖老年人。如果采用培训的手段解决延迟退休年龄所产生的技能匹配问题，那么培训对人力资本的贡献可能更加明显。培训项目的提供者可以是政府也可以是企业。首先，政府可以为那些处于工作搜寻中的个体提供专门的技能培训，例如，计算机和外语培训等；政府也可以为所有处于劳动力市场中的工人提供专项技能培训，例如，与新技术同时产生的新的技能。政

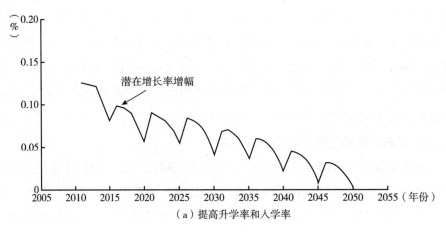

（a）提高升学率和入学率

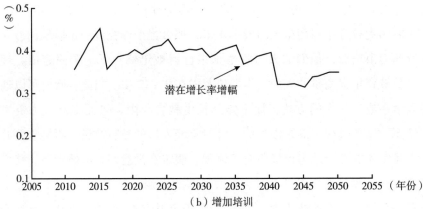

（b）增加培训

图 4 - 4　提高人力资本对中国潜在增长率的
影响（基准情景 TFR = 1.6）

资料来源：Lu 和 Cai（2014）。

府提供的那些有针对性的培训项目不仅有利于人力资本积累，也能够降低结构性
失业。其次，企业应该定期为员工提供培训和再深造机会。企业为员工提供专项
培训经费，在短期看虽然增加了企业的管理成本，但是长期来看不仅有利于提高
企业的生产效率，也有利于企业进行产品创新，甚至是管理创新，最终长期的回
报要远高于短期的投入。很多欧美企业都广泛采用了这类方法，然而与发达国家
相比，中国企业用于员工培训的投入相对不足。不过，正因如此，通过培训的方
式应该能够显著增加人力资本并最终有利于提高中国的潜在增长率。

　　为了对此进行验证，我们简单地假设劳动力市场中的个体每年平均都可以

拥有1.2个月的培训时间，因此，劳动力市场中每10个工人的平均受教育年限将增加1年；或者说，每个劳动力平均每工作10年其平均受教育年限会增加1年。这个假定暗含了不同年龄的劳动力会享受相同的培训概率，但实际上，培训概率在年龄上的分布是不均等的。为了简化问题我们选择这个假设并推算了2011～2050年中国的平均受教育年限，其中隐含的假设是，培训与教育相同，因此培训时间等同于受教育年限。

模拟结果显示，与提高升学率增加人力资本的方法相比，增加劳动力市场培训将对人力资本和潜在增长率产生更明显的促进作用。以"十二五"时期为例，如果劳动力市场中工人每年的培训时间达到1.2个月，将提高潜在增长率0.404个百分点（基准模型并没有考虑培训问题，因此每年的培训时间为0个月）。值得注意的是，由于劳动力在第 t 年所获得的培训增加了自身的人力资本，因此，由培训带来的新增人力资本可以代入第 $t+1$ 年及以后各期。

需要指出的是，由于影响机制中仅针对年轻人，因此通过提高入学率的方式增加未来的人力资本水平将是一个缓慢的过程，这就意味着，即使短期内入学率能够获得大幅提高，一个国家的平均人力资本水平的提高程度也会非常有限。然而，培训则覆盖所有劳动力，如果将培训视为另外一种提高受教育年限的方法，那么通过培训提高人力资本的方式将显著影响潜在增长率。根据我们的模拟结果，培训带来的增长效应并没有出现明显的递减趋势，如果从2011年开始执行培训项目，那么培训产生的增长效应到2045～2050年期间依然可以保持0.344个百分点（图4-4b）。如果政府和企业能够在未来提供更多的培训机会，那么培训项目将对潜在增长率产生更加显著的影响。

（五）政策组合效应

在上述"改革红利"的模拟过程中，我们假设在其他因素保持不变时，单一的改革措施对中国潜在增长的影响。然而在实践中，政府却可以在同一时期同时进行几项改革。"政策组合"可能产生更加显著的"增长效应"。附表4-1和附表4-2分别给出了"政策组合"对2011～2050年中国潜在增长率的影响。

图4-5给出了不同的"政策组合"所产生的增长效应。其中，黑色粗线为基准情景。模拟的是总和生育率如果能够维持在1.6的水平，同时政府在没

有执行任何改革措施的情况下，由于"人口红利"消失，2011～2050年中国潜在增长率的变化趋势。Scenario A 的模拟结果是在基准情景基础上，假设2011～2050年中国的劳动参与率比基准情景增加1个百分点，全要素生产率增加0.5个百分点，到2050年初中和高中升学率分别提高3个和5个百分点时，中国的潜在增长率变化趋势。我们发现，"政策组合 A"产生的增长效应可以促使2045～2050年中国的平均潜在增长率从3.84%提高到4.74%，"增长效应"接近1个百分点。Scenario B 是在基准情景基础上，假设2011～2050年中国劳动参与率增加1个百分点、全要素生产率增加0.5个百分点，并且通过增加培训项目（工人每工作10年获得1年的培训机会）的方式增加人力资本。与 Scenario A 的唯一区别在于人力资本的积累途径。我们发现，Scenario B 产生的增长效应要大于 Scenario A——到2045～2050年中国的平均潜在增长率可以从3.84%提高到5.07%，"增长效应"提高到1.2个百分点。Scenario C 假设在 Scenario B 基础上总和生育率可以从1.6的水平增加到1.94，而其他假设与 Scenario B 相同。我们在前面已经讨论过，放松人口生育政策对潜在增长率产生的"短期"负效应和"长期"正效应，在这里也同样适用。我们看到 Scenario C 产生的经济增长效应可以将2045～2050年期间的潜在增长率从3.84%提高到5.47%，"增长效应"超过1.5个百分点。

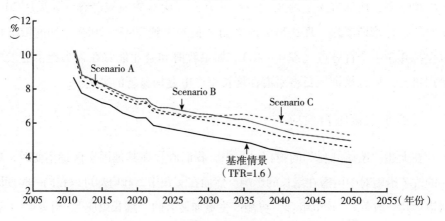

**图4-5 政策组合对中国长期潜在增长率的
影响（基准情景 TFR=1.6）**

资料来源：Lu 和 Cai（2014）。

四　确定改革的优先领域

中国的"人口红利"从 2010 年开始逐渐消失，即使执行了"单独二孩"政策也无法从根本上改变这一趋势。这就意味着，支撑中国经济高速发展的"人口红利"已经终结，中国的潜在增长率将逐渐降低。然而，这并不意味着中国政府面对不断下降的潜在增长率不能有所作为。中国政府应该尽早从依赖"人口红利"转向挖掘"制度红利"，通过具体的改革措施可以清除那些阻碍生产要素供给和生产率提高的制度障碍，从而提高生产要素供给和生产效率。这将是保障中国经济可持续发展的唯一路径。我们对各种可能的改革措施进行了模拟，结果发现提高全要素生产率所产生的"增长效应"非常显著，即使在长期条件下也没有出现改革的边际增长效应递减趋势。这与那些试图通过释放生产要素供给而提高潜在增长率的改革措施形成了明显对比。例如，提高劳动参与率只能在短期产生显著的增长效应，然而长期的增长效应逐渐减小。因此，通过对比各种改革产生的增长效应，我们提出了如下改革的优先领域和具体方式。

首先，通过户籍制度改革推进农民工市民化。这项改革可以从三种途径影响潜在增长率。第一种途径是通过增加城市劳动力供给提高潜在增长率；第二种途径是通过消除制度障碍增加劳动力流动性，从而继续创造资源重新配置效率，并提高全要素生产率和潜在增长率；第三种途径是有利于加速农业现代化生产，从而提高农业生产效率以及潜在增长率。此外，这项改革还可以缓解工资快速上涨的压力，为企业的产业结构升级赢得时间。因此，在这项改革道路上，政府需要遵循三条并行的路径：吸纳农民工使其成为城市户籍人口，为那些尚不具备条件成为市民的农民工提供与城镇居民同等的基本公共服务，实现社会保障体系对城乡居民的全面覆盖。我们可以预期，户籍制度改革可以成为收获改革红利的典型领域。唯其如此，改革的顶层设计应该解决改革成本在中央政府和地方政府之间的分担问题，形成激励相容。

其次，完善市场配置资源的体制和机制，创造平等进入和退出的竞争环境。根据 Foster 等（2001，2008）的研究，美国行业内的企业通过进入、退出、生存和消亡这种创造性破坏机制，对提高全要素生产率的贡献达到30% ~ 50%。Hsieh等（2009）认为中国部门内企业之间的生产率差异巨大，如果缩小到美国的水平，可以使中国的全要素生产率提高30% ~ 50%。这两项研究中提到的数字如此巧合，说明中国迄今为止还没有获得这种类型的全要素生产率。因此，如果允许更有效率的企业生存、扩大和发展，相应淘汰那些长期没有效率改进的企业，可以提高中国行业生产效率和整体经济的生产率水平，而与此相关的改革也是收益明显的领域。此外，通过混合所有制改革，允许非公有经济进入垄断行业，促进行业竞争并打破国有企业垄断可以提高行业的生产效率。混合所有制改革同样可以获得上述改革红利——通过提高生产要素流动，促进全要素生产率提高，并最终提高潜在增长率。依照相似的逻辑，中国政府还可以通过金融体制改革实现利率市场化，进而实现资本的配置效率。我们知道，在非市场化利率条件下，由于利率不能随着资本回报率浮动，生产效率和配置效率都低于最优水平，这将不利于全要素生产率的提高。然而，利率市场化是实现资本配置效率的最佳手段。

再次，政府和企业需要为员工提供专项培训。如前所述，随着技术进步产生的新技能，政府和企业需要提供专门的培训；而企业为了进一步提高生产效率和创新能力也需要为员工提供定期的培训和再深造机会。然而，从企业的角度来看，增加培训项目将提高企业的短期成本，然而收益是长期和不确定的，因为员工具有流动特性。然而，从员工的角度，如果不能在一个企业内部获得技能的提升，员工也会选择职业流动，而企业也将丧失长期的竞争力。理论上，不同类型的企业——大企业 vs 小企业、资本密集型 vs 劳动密集型，将根据企业自身的成本和收益曲线确定最终的培训数量。大企业和资本密集型企业提供的人均培训数量要相对多于小企业和劳动密集型企业。然而，企业在微观层面根据其成本和收益所确定的最优培训数量不一定正好等于国家需要的最优培训数量。此时，政府就需要成为第二类培训提供者。而政府也可以为失业者提供专门的技能培训，并为"工作搜寻"状态的个体增加人力资本。最终，通过政府和企业的培训项目可以显著提高潜在增长率。根据模拟结果，如果每个员工每工作10年都能获得1年的培训和再深造机会，那么中国的潜在增长率将提高0.3 ~ 0.4个百分点。

最后，政府还应该继续坚持"生育政策调整和完善"。在计划生育政策基础上，中国现行生育政策已经从"独生子女"政策转向了"单独二孩"政策。虽然放松人口生育政策并不会带来立竿见影的增长效应。例如，与独生子女政策相比，"单独二孩"政策在最初的 15 年对潜在增长率产生负向影响，但是这种负效应十分微弱。而从长期来看，放松人口生育政策有利于实现合理的人口结构，提高未来劳动年龄人口数量和比例，从而能够对潜在增长率产生正向影响。但是我们必须认识到，虽然人口生育政策会影响总和生育率，但是人口的生育率下降是经济社会发展的结果。随着经济发展，生育意愿不断降低乃大势所趋，不能指望有明显的逆转。越早调整人口生育政策所能产生的效果就越明显。因此，政府还应该尽快从现有的"单独二孩"政策过渡到"全面放开二孩"政策，并且能够根据人口发展现实进一步调整中国的人口生育政策。

综上，当面对"一揽子"改革项目时，政府应该更加关注"改革的优先序"问题。目前，经济学界对此的观点有"先易后难""达成共识先改""最小的一揽子改革"等。实际上，由于中国的人口红利已经逐步消失，中国未来的潜在增长率会不断降低。为此，在讨论"改革优先序"问题时，我们可以将"增长效应"作为基本原则，选择和确定改革的顺序和具体措施。例如，逐渐推进"农民工市民化"的改革，改革金融体系并深化国有企业改革，实现资源的配置效率，通过培训增加人力资本，逐渐从"单独二孩"过渡到"全面放开二孩"政策。实际上，这也符合李克强总理所说"制约经济社会发展最突出的问题改起"。

附表 4-1　在不同政策模拟下的中国未来潜在经济增长率：2011~2050 年

单位：%

时期	2011~2015 年	2016~2020 年	2021~2025 年	2026~2030 年	2031~2035 年	2036~2040 年	2041~2045 年	2046~2050 年
I．调整人口生育政策对潜在增长率的影响：2011~2050 年								
TFR=1.60	7.73	6.64	5.87	5.40	5.05	4.60	4.17	3.84
TFR=1.77	7.72	6.58	5.78	5.34	5.16	4.80	4.39	4.04
TFR=1.94	7.71	6.50	5.66	5.23	5.29	5.08	4.65	4.25

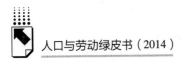

续表

时期	2011~2015年	2016~2020年	2021~2025年	2026~2030年	2031~2035年	2036~2040年	2041~2045年	2046~2050年
Ⅱ.1 在 TFR=1.60 的基础上，提高劳动参与率对潜在增长率的影响：2011~2050 年								
增加1个百分点	7.92	6.68	5.90	5.43	5.07	4.61	4.19	3.85
增加2个百分点	8.11	6.71	5.93	5.45	5.09	4.63	4.20	3.86
增加5个百分点	8.68	6.82	6.01	5.52	5.15	4.68	4.24	3.90
Ⅱ.2 在 TFR=1.77 的基础上，提高劳动参与率对潜在增长率的影响：2011~2050 年								
增加1个百分点	7.91	6.62	5.81	5.36	5.18	4.82	4.40	4.05
增加2个百分点	8.10	6.65	5.84	5.39	5.20	4.83	4.42	4.07
增加5个百分点	8.67	6.76	5.92	5.46	5.26	4.88	4.45	4.10
Ⅲ.1 在 TFR=1.60 的基础上，提高全要素生产率对潜在增长率的影响：2011~2050 年								
增加0.5个百分点	8.30	7.32	6.62	6.20	5.88	5.44	5.03	4.71
增加1个百分点	8.87	8.01	7.37	7.00	6.72	6.30	5.90	5.59
Ⅲ.2 在 TFR=1.77 的基础上，提高全要素生产率对潜在增长率的影响：2011~2050 年								
增加0.5个百分点	8.28	7.26	6.52	6.13	5.99	5.65	5.25	4.92
增加1个百分点	8.85	7.94	7.27	6.93	6.83	6.52	6.13	5.80
Ⅳ 提高升学率对潜在增长率的影响：2011~2050 年								
TFR=1.60	7.84	6.73	5.94	5.47	5.11	4.64	4.20	3.86
TFR=1.77	7.83	6.66	5.85	5.40	5.22	4.85	4.42	4.06
Ⅴ 增加培训对潜在增长率的影响：2011~2050 年								
TFR=1.60	8.14	7.02	6.28	5.80	5.45	4.98	4.49	4.18
TFR=1.77	8.12	6.96	6.18	5.73	5.54	5.17	4.70	4.37
Ⅵ 综合模拟：劳动参与率增加1个百分点、全要素生产率增加1个百分点、提高升学率								
TFR=1.60	9.18	8.13	7.48	7.10	6.80	6.36	5.95	5.62
TFR=1.77	9.16	8.06	7.38	7.03	6.91	6.58	6.18	5.83
TFR=1.94	9.15	7.98	7.26	6.92	7.05	6.88	6.46	6.05
Ⅶ 综合模拟：劳动参与率增加1个百分点、全要素生产率增加0.5个百分点、提高升学率								
TFR=1.60	8.60	7.45	6.72	6.29	5.96	5.51	5.08	4.74
TFR=1.77	8.59	7.38	6.63	6.23	6.07	5.72	5.30	4.95
TFR=1.94	8.58	7.30	6.51	6.12	6.21	6.01	5.57	5.16
Ⅷ 综合模拟：劳动参与率增加1个百分点、全要素生产率增加1个百分点、增加培训								
TFR=1.60	9.48	8.44	7.82	7.45	7.16	6.72	6.25	5.96
TFR=1.77	9.46	8.37	7.73	7.37	7.25	6.92	6.47	6.17
TFR=1.94	9.45	8.29	7.60	7.25	7.37	7.20	6.74	6.38
Ⅸ 综合模拟：劳动参与率增加1个百分点、全要素生产率增加0.5个百分点、增加培训								
TFR=1.60	8.90	7.75	7.06	6.63	6.31	5.85	5.37	5.07
TFR=1.77	8.89	7.68	6.97	6.56	6.40	6.05	5.58	5.27
TFR=1.94	8.88	7.60	6.85	6.44	6.52	6.32	5.84	5.47

资料来源：Lu 和 Cai（2014）。

附表 4－2　各种政策措施对中国未来潜在经济增长率
产生的净效应：2011～2050 年

单位：%

时期	2011～2015 年	2016～2020 年	2021～2025 年	2026～2030 年	2031～2035 年	2036～2040 年	2041～2045 年	2046～2050 年
Ⅰ 模拟当 TFR 达到 1.94 时对中国潜在增长率的影响								
基准情景（TFR = 1.60）	－0.024	－0.140	－0.204	－0.168	0.241	0.485	0.477	0.413
基准情景（TFR = 1.77）	－0.009	－0.076	－0.114	－0.103	0.135	0.279	0.259	0.209
Ⅱ.1 模拟在 TFR = 1.60 的基础上，提高劳动参与率对潜在增长率的影响								
增加 1 个百分点	0.190	0.036	0.029	0.025	0.021	0.017	0.015	0.014
增加 2 个百分点	0.381	0.072	0.058	0.050	0.042	0.033	0.029	0.027
增加 5 个百分点	0.952	0.177	0.142	0.123	0.101	0.080	0.071	0.064
Ⅱ.2 模拟在 TFR = 1.77 的基础上，提高劳动参与率对潜在增长率的影响								
增加 1 个百分点	0.190	0.036	0.029	0.026	0.021	0.016	0.014	0.012
增加 2 个百分点	0.381	0.071	0.057	0.052	0.042	0.031	0.027	0.024
增加 5 个百分点	0.951	0.176	0.140	0.126	0.101	0.076	0.065	0.059
Ⅲ.1 模拟在 TFR = 1.60 的基础上，提高全要素生产率对潜在增长率的影响								
增加 0.5 个百分点	0.568	0.680	0.748	0.797	0.828	0.844	0.858	0.869
增加 1 个百分点	1.136	1.364	1.502	1.602	1.666	1.700	1.728	1.751
Ⅲ.2 模拟在 TFR = 1.77 的基础上，提高全要素生产率对潜在增长率的影响								
增加 0.5 个百分点	0.567	0.679	0.745	0.794	0.830	0.851	0.865	0.875
增加 1 个百分点	1.135	1.360	1.496	1.597	1.672	1.714	1.743	1.764
Ⅳ 模拟提高升学率对潜在增长率的影响								
TFR = 1.60	0.111	0.084	0.077	0.069	0.059	0.047	0.032	0.019
TFR = 1.77	0.111	0.084	0.077	0.067	0.060	0.047	0.031	0.017
Ⅴ 模拟增加培训机会对潜在增长率的影响								
TFR = 1.60	0.404	0.381	0.408	0.402	0.400	0.383	0.319	0.344
TFR = 1.77	0.404	0.380	0.406	0.393	0.385	0.370	0.309	0.333
Ⅵ 综合模拟：LFPR 增加 1 个百分点、TFP 增加 1 个百分点、TFR 上升到 1.94、提高升学率								
TFR = 1.60	1.419	1.340	1.394	1.518	2.006	2.285	2.284	2.216
TFR = 1.77	1.433	1.403	1.483	1.582	1.899	2.079	2.066	2.012
Ⅶ 综合模拟：LFPR 增加 1 个百分点、TFP 增加 0.5 个百分点、TFR 上升到 1.94、提高升学率								
TFR = 1.60	0.848	0.658	0.644	0.717	1.159	1.410	1.395	1.321
TFR = 1.77	0.863	0.721	0.734	0.781	1.052	1.205	1.178	1.117

续表

时期	2011～2015年	2016～2020年	2021～2025年	2026～2030年	2031～2035年	2036～2040年	2041～2045年	2046～2050年
Ⅷ 综合模拟：LFPR增加1个百分点、TFP增加1个百分点、TFR上升到1.94、增加培训								
TFR = 1.60	1.72	1.64	1.73	1.85	2.33	2.61	2.57	2.54
TFR = 1.77	1.73	1.71	1.82	1.91	2.22	2.40	2.35	2.33
Ⅸ 综合模拟：LFPR增加1个百分点、TFP增加0.5个百分点、TFR上升到1.94、增加培训								
TFR = 1.60	1.15	0.96	0.98	1.04	1.47	1.72	1.67	1.64
TFR = 1.77	1.16	1.02	1.07	1.11	1.36	1.52	1.45	1.43

注：人力资本的基准假设与陆旸和蔡昉（2014）相同，在此我们假设当其他条件不变时，中国到2050年的学龄儿童入学率、小学升学率、初中升学率和高中升学率在原有的99.98%、99.95%、95%、90%的基础上分别增加到99.999%、99.999%、98%、95%。其他年份的数据采用平均法补充。

资料来源：Lu 和 Cai（2014）。

参考文献

蔡昉：《破解中国经济发展之谜》，北京：中国社会科学出版社，2014。

郭志刚：《2011～2050年中国人口预测》，工作论文，2013。

陆旸、蔡昉：《人口结构变化对潜在增长率的影响：中国和日本的比较》，《世界经济》2014年第1期。

Cai, Fang & Yang Lu（2013）. Population Change and Resulting Slowdown in Potential GDP Growth in China. *China & World Economy*, 21（2）：1-14.

Eichengreen, Barry, Donghyun Park & Kwanho Shin（2011）. When Fast Growing Economies Slow Down：International Evidence and Implications for China. *NBER Working Paper*, No. 16919.

Foster, Lucia, John Haltiwanger & Chad Syverson（2008）. Reallocation, Firm Turnover, and Efficiency：Selection on Productivity or Profitability? *American Economic Review*, 98（1）：394-425.

Foster, Lucia, John Haltiwanger & C. J. Krizan（2001）. Aggregate Productivity Growth：Lessons from Microeconomic Evidence. In Charles R. Hulten, Edwin R. Dean & Michael J. Harper（ed.）. *New Developments in Productivity Analysis*. Chicago：NBER/University of Chicago Press.

Hsieh, Chang-Tai & Peter J. Klenow（2009）. Misallocation and Manufacturing TFP in China and India. *Quarterly Journal of Economics*, 124（4）：1403-1448.

Kuijs, Louis（2010）. China through 2020 – A Macroeconomic Scenario. *World Bank China Research Working Paper*, No. 9.

Lu, Yang & Fang Cai（2014）. China's Shift from the Demographic Dividend to the Reform Dividend. In Ligang Song, Ross Garnaut & Fang Cai（ed.）. *Deepening Reform for China's Long Term Growth and Development.* Canberra：ANU E Press.

Williamson, Jeffrey（1997）. Growth, Distribution and Demography：Some Lessons from History. *NBER Working Paper Series*, No. 6244.

G.5
第五章
中国经济结构失衡与再平衡

王小鲁

中国经济存在结构失衡，需要进行再平衡；目前对此已经大体上形成社会共识。但关于结构失衡是怎样产生的，再平衡主要需解决哪些问题，却仍然有很多不同甚至互相冲突的看法。这些问题不讨论清楚，就难以形成有效、一致、完整的宏观经济政策和结构调整政策，难以顺利实现再平衡。本文主要讨论经济结构失衡的表现形式、原因和实现经济再平衡的途径。

长期以来中国经济结构失衡的最主要表现，是消费率逐年下降并已大幅度低于国际通常水平，而储蓄率和资本形成率持续上升并已过高[①]。大规模投资使生产能力迅速扩张，而消费增长速度赶不上资本投入和生产能力的扩张速度，因此出现了相对于供给能力而言的持续的国内需求不足，带来生产能力严重过剩。在这种情况下，继续用货币刺激政策和投资扩张政策拉动经济增长，将造成更严重的问题。如果这种结构失衡状况不改变，经济增长将因为需求不足而逐渐失去动力，过去30多年来的经济高速增长趋势将无法继续。

自2008年全球金融危机以来，中国经济增长逐渐放缓的趋势已非常明显。20世纪80年代，中国经济增长率比改革前明显加快，达到年均9.3%。90年代，增长率平均为10.4%。2001~2007年期间，年均增长率进一步上升到10.8%。但从国际金融危机发生后就呈持续减缓的势头，2008~2011年平均降到9.6%，2012年和2013年都只有7.7%，2014年前三季度降到7.4%（国

[①] 本文中的消费率定义为最终消费占GDP的比重；储蓄率和资本形成率分别定义为按支出法国内生产总值计算的总储蓄（GDP – 最终消费）和资本形成占GDP的比重。

家统计局，2014）①，全年可能为 7.3% 左右。增长放缓的外部原因是国际市场需求疲软，出口减速，而内部原因则是经济结构失衡造成的内需不足。目前，出口超高速增长的阶段已经成为过去，我们必须承认这个事实，把注意力集中到内需问题上来。

中国的内需不足具有明显的结构性特点，表现为长期以来投资增长快于消费增长，使最终消费占 GDP 的比重不断下降，目前已经过低。在这种情况下靠投资扩张拉动经济增长的作用越来越短期化，效果越来越差，副作用越来越大。结构失衡的根本原因是收入分配失衡，主要表现为收入差距过大，而且政府、企业、居民之间的收入分配不平衡。收入分配失衡又与一系列体制弊端紧密相关。

近年来，特别是党的十八大以来，中央加大了结构调整和体制改革的力度来解决这些结构性和制度性问题。这些努力已经显现出初步效果。最近两三年来，居民收入和消费增长加快，大体上赶上或超过了 GDP 增长，从而使最终消费率自 2011 年以来出现了连续小幅回升，2013 年达到 49.8%，比 2010 年回升了 1.6 个百分点。预计 2014 年可以继续轻微回升到 50% 左右。同时，第三产业比重过低的情况有所改变，其占 GDP 的比重于 2013 年超过了第二产业（该年一、二、三次产业比重分别为 10.0%、43.9%、46.1%）。

但这仅仅是开始，要实现调整和改革的决定性进展，还有很长的路要走。如果未来这些结构调整和体制改革能够顺利推进，那么可以预计在未来几年中，经济增长速度下滑的趋势将逐渐被制止，而且很可能在两三年后发生增长的再加速，使年增长率至少恢复到 8% 左右。在今后 10~20 年中，中国经济增长将仍然有足够的潜力继续保持相对较快的速度。当然，这种乐观情况绝不是靠传统的刺激投资的老办法能够实现的，而要取决于结构调整和体制改革的进展。

本章第一部分分析过去最终消费率不断下降的趋势及其原因，探讨收入分配失衡对该趋势的影响。第二部分讨论结构失衡对经济发展的影响，以及中国陷入中等收入陷阱的可能性。第三部分讨论适度降低储蓄率、提高消费率的可

---

① 本文以下未注明出处的数据均来自国家统计局网站，年度数据，2014 年下载。

能性和作用。第四部分简要归纳需要重点推进哪些方面的体制改革来实现经济结构再平衡。

一　收入分配对消费－储蓄结构的影响

根据中国支出法 GDP 核算数据，中国在 1952～1978 年间的计划经济时期，总储蓄率逐渐提高，最终消费率逐渐降低，从 78.9% 下降到 62.1%。改革开放开始后的 20 世纪 80 年代前半期，消费率一度回升至 66% 以上，但随后再次缓慢回落，2000 年为 62.3%。

尤其突出的是此后的 10 年间（2000～2010 年），消费率大幅度下降到48.2%，降低了 14 个百分点；其中居民消费占 GDP 的比重从 46.4% 下降到了34.9%，降低近 12 个百分点。这两者都是从 20 世纪 50 年代以来从未有过的低点。储蓄率上升到 GDP 的 51.8%，也是世界上罕见的情况（其他国家数据见世界银行，2012）。只是在最近几年，消费率才出现了轻微的回升。图 5－1显示了中国这半个多世纪以来最终消费率下降、总储蓄率上升的趋势。

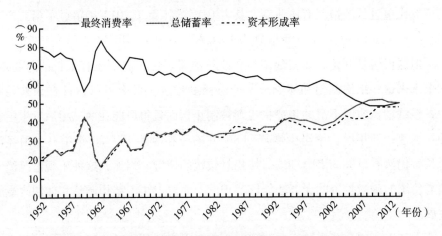

图 5－1　中国 60 年来的消费率和储蓄率（占 GDP 的比重）变化

资料来源：国家统计局（2014），支出法 GDP 核算。

图 5－1 还显示，资本形成率基本上随总储蓄率的上升而同步上升，并在大部分时间与储蓄率基本重合。但大致在储蓄率攀升到接近 40% 之后，两者

开始发生分离，资本形成率赶不上储蓄率的上升。两者之间的差额，是由净出口来弥补的。而中国制造业的生产能力过剩问题，也恰恰是在这一时期变得越来越严重。这说明，中国过去一个时期贸易顺差不断扩大的趋势，一个主要原因是国内消费需求不足，迫使生产者到国外市场寻找出路，靠拼价格打开销路。而近年来国际市场需求疲软，把依赖超常的出口增长维持高增长的路也堵死了。在这种情况下，继续依靠扩张性政策，通过刺激投资来扩大总需求，不仅不能根本解决总需求不足的问题，反而使供给加速扩张，导致产能过剩趋于严重。

不错，在过去30多年间的大部分时间，我国的高储蓄率为投资提供了充足的资金，给经济增长提供了强大的动力。高储蓄和高投资无疑是这期间中国经济高速增长的主要动力之一。但情况已经发生变化，储蓄率和投资率已经过高，不能再用旧的逻辑简单推演。2000年以后，消费率加速下降、储蓄率和资本形成率超常增长，使固定资本存量的增长率从过去的10%左右上升到18%左右，但并没有带来经济增长的进一步加速，相反在最近5～6年间出现了经济增长连续减速。在超高的储蓄率和投资率条件下，内需不足在加剧，使得经济效率明显下降，增长动力日渐疲软。这说明一个国家的储蓄率和资本形成率并不是越高越好，消费率更不是越低越好。

中国的消费率在计划经济时期（1952～1978年）的下降主要是政府行为，是中央政府为推行工业化而强制进行资本积累造成的。而在市场化导向的经济改革开始以后，消费率经历了先上升后下降的过程。从20世纪80年代中期以后的消费率下降趋势，与其间收入分配格局的变化密切相关，主要有下面几个原因。

第一，这期间居民收入增长落后于经济增长，导致居民收入占GDP的份额下降，因此最终消费占GDP的份额下降。出现这种情况的一个重要原因是刘易斯所描述的"二元经济"状态（Lewis, 1954）。在传统农业和现代工业并存的情况下，过剩的农村劳动力源源不断地向城市转移，使城市经济面临"劳动无限供给"的局面。劳动力市场长时期处于饱和状态，会压制非农产业部门工资水平的上升，导致劳动报酬在收入分配中的比重不断下降。这也必然导致居民消费的增长滞后于经济增长。从1985年到2010年的25年中，这种情况在中国具有典型性。这期间中国的人均 GDP 增长了 8.4 倍，而城镇和农村居民人均收入分别只增长 6.3 倍和 3.6 倍，全国人均消费仅增长 4.4 倍（均按不变价格计算）①。

最近几年来，上述情况正在发生改变，农村劳动力向城市尤其是向东部地区转移的速度开始放慢，局部地区出现了劳动力短缺。有学者指出中国正在经历"刘易斯拐点"（蔡昉，2010）。除了劳动力供求关系的改变，近年来社会保障的改善和收入再分配力度加大等因素，也加快了城乡居民收入和消费增长。在 2011 ~ 2013 年期间，城镇居民和农村居民人均收入年均增长率分别为 8.3% 和 10.5%（不变价格），超过了同期 7.7% 的人均 GDP 增长率。有迹象表明这期间居民消费增长略低于居民收入增长，但也应该超过了人均 GDP 的增长。

但是应该注意到，所谓"刘易斯转型"在中国并未完成，还将持续一个较长时期。这是因为中国目前还有近一半人口居住在农村，虽然青壮年劳动者大量进城打工，但留在农村的中年以上劳动人口数量仍然很大；很多进城打工的青壮年劳动者由于面临户口、社保与福利、住房等方面的制度障碍，难以在城市安家落户，不得不把子女和父母留在农村，而且很多人在城市打工多年后不得不返回家乡。目前劳动力在城乡间转移放慢的现象，一定程度上是这些制度性障碍造成的。如果这些障碍能够通过户籍制度改革、社会保障和公共服务等方面的制度改革逐渐消除，农村还会有相当多的劳动力可以继续转移出来。

第二，由于改革开放，政府收入占 GDP 的份额在 20 世纪 80 年代和 90 年代前半期迅速下降，但自 90 年代中期税改后以来，政府收入增长持续快于 GDP 增长，占 GDP 的比重不断上升。同时在政府支出中，增长最快的是用于固定资产投资的部分。在 2003 ~ 2012 年期间，国家预算资金用于固定资产投资的部分以年均 22% 的速度（不变价格）增长，占财政预算支出的比重从 9.6% 上升到 15.1%；而同期用于公共服务、社会保障和转移支付等民生支出增长则相对较慢。这加剧了政府收入和居民收入之间的分配不平衡，因此也加

① 人均 GDP 增长据国家统计局 GDP 核算数据计算，居民收入和消费增长据国家统计局城乡居民家庭人均收入和消费统计数据计算（国家统计局，2014）。

剧了总储蓄率不断上升、居民消费占 GDP 和国民收入份额相对下降的趋势。

第三，居民收入差距日益扩大，是导致消费率下降的重要原因。由于边际消费倾向递减的作用，富人的储蓄率远高于穷人。表 5－1 显示，根据国家统计局 2011 年数据，城镇最低收入居民的储蓄率不到 7%，而最高收入居民储蓄率则超过了 40%。

表 5－1　城镇居民家庭储蓄率（按收入分组，2011 年）

单位：%，元

指标\级别	最低收入户	较低收入户	中等偏下户	中等收入户	中等偏上户	较高收入户	最高收入户
占总户数的比重	10	10	20	20	20	10	10
人均可支配收入	6876	10672	14498	19545	26420	35579	58842
储蓄率	6.5	20.3	25.0	28.2	31.3	32.8	40.2

资料来源：国家统计局（2014），城镇住户调查数据。

从 1985 年到 2012 年，中国的收入分配基尼系数从 0.31 上升到 0.47，已经进入世界上少数收入差距很大的国家之列。收入差距扩大，意味着富人收入增长快于穷人，国民收入的分配向少数人倾斜。这必然导致居民消费率下降、储蓄率上升。居民收入统计显示，仅在 2000～2012 年间，全国居民储蓄率（城乡居民加权平均）就从 23% 上升到 31%。而根据资金流量表数据，同期居民储蓄率从 26% 上升到 40%。

需要指出的是，收入不平等和居民消费率下降的实际情况比居民收入统计数据所反映的更严重。这是因为一部分高收入居民有大量来源不明的灰色收入，并没有反映在居民收入统计数据中。根据笔者基于全国范围城镇居民收入调查进行的研究，城镇最高收入和最低收入各 10% 的家庭之间，2011 年人均可支配收入之比为 20.9 倍，而按官方统计只有 8.6 倍。高收入居民的实际储蓄率也显著高于统计数据。收入差距急剧扩大与腐败关系极大，并与一系列深层次的制度原因相关，包括财税制度和行政管理制度不健全、透明度低、缺乏社会监督，导致公共资金使用不当和贪污腐败；资本市场和土地市场管理不善；垄断性行业收入分配不合理等等，导致公共资金大量流失、腐败和不公平的分配（王小鲁，2010、2013）。

第四，中国在改革中，工资水平从政府管制转向了由市场供求关系决定，这带来了就业的灵活性和效率提高。但保护劳工的立法，以及社会保障和公共福利等弥补市场缺陷的制度没有随之健全起来。在保障制度缺失的情况下，劳动者的收入和消费增长速度显著落后于经济增长速度。近些年来，这方面情况已经有了不少改善，但一个突出的问题是进城农民工的社会保障状况改善不大。

据国家统计局最新数据，2013年城镇就业3.82亿人，但城镇职工参加基本养老保险的人数只有2.42亿人，参加基本医疗保险2.74亿人，失业保险1.64亿人，工伤保险1.99亿人。上述社会保险对城镇就业人员的实际覆盖率分别只达到了63%、72%、43%和52%。没有被城镇社保体系覆盖的一亿多到两亿人，主要是进城的农民工（国家统计局，2014）。由于缺乏社会保障，这些劳动者为了应对未来的失业、养老、疾病、工伤、子女教育等风险，不得不压缩当前消费，尽量提高储蓄。

第五，各级地方政府对促进经济增长、追求高GDP有强烈冲动，常常为大型投资项目和大企业提供各种优惠，对一些垄断性行业提供行政性保护，而劳动密集型小微企业经营环境相对较差，处于不利的竞争地位，也因此扩大了收入差距，加速了消费率下降。根据全国经济普查数据推算，在1998年到2008年期间，全部"规模以下"小型和微型工业企业在工业总产值中的比重从31%下降到7%，"规模以下"企业从业人员占全部工业从业人员的比重从47%下降到25%[①]。这说明该期间小微企业发生了萎缩。因为小微企业在为中低收入居民提供就业机会和收入方面发挥着特别重要的作用，它们的减少对就业和收入分配的影响都是不利的。

最近几年，一般工薪阶层工资收入和农民收入增长相对加快，社会保障覆盖面和公共服务有所扩大，加上农业增收、农产品价格上涨和政府的惠农政策，促进了劳动者收入水平提高和居民消费增长。这使最终消费率出现了小幅度回升。这是一个可喜的变化，但仅仅是结构调整的开始。

---

① 这期间"规模以下"企业的划分标准是年主营业务收入500万元以下（1998年数据中未包括主营业务收入500万元以下的国有工业企业，但对数据影响不大）。这包括了一部分小型企业和绝大部分微型企业。

二 消费需求不足与结构失衡

进入21世纪以来的头十年，总储蓄率持续上升，消费率不断下降，使总需求结构发生明显变化，经济增长越来越依赖投资和国外市场的需求拉动，导致了结构失衡。特别是在2008~2010年全球金融危机期间，出口大幅下滑，促使政府采用大力度的扩张性财政和货币政策，靠刺激投资来拉动经济增长，使投资率越来越高，结构失衡明显加剧。近年来的结构失衡主要表现在以下方面。

（一）过度投资与产能过剩

从2000年到2011年，中国资本形成占GDP的份额提高了13个百分点，从35%升至48%。其中仅在2008~2011年金融危机影响期间就上升了近7个百分点，很大程度上是过度宽松的货币政策和超大规模的政府投资导致的。金融危机期间，中国政府推出了4万亿元的扩张性投资计划，同时银行贷款大幅度增加，仅2009年一年就增发贷款10万亿元，增发量是正常情况的两三倍。同时，地方政府纷纷建立融资平台进行大规模融资，增加投资十几万亿元。这导致了一个时期货币供应极度宽松和投资规模急速扩张，资本形成率大幅度上升。

投资高速增长，在短期内的确带动了经济增长，抵消了金融危机对中国经济的冲击，但事后看，负面影响非常严重。增加投资引起生产能力迅速扩张，尤其是像钢铁、水泥、平板玻璃、有色金属等高能耗的、与投资密切相关的投入品产能，近些年来扩张非常迅猛。但居民消费并没有与投资同步增长，因此消费品行业对生产资料投入的需求相对滞后。一旦扩张期结束，投入品产能的扩张在产业链的中下游就遇到了梗阻，在国内找不到相对应的市场，很快就造成众多行业产能过剩。不同研究机构和学者的研究显示，近年来中国工业产能过剩问题日趋严重，产能利用率不断下降（见图5-2）。

为了避开产能扩张的难题，近年来各地政府对基础设施建设和鼓励房地产开发投入了非常高的热情。基础设施投资并不直接导致产能扩张，但这类政府

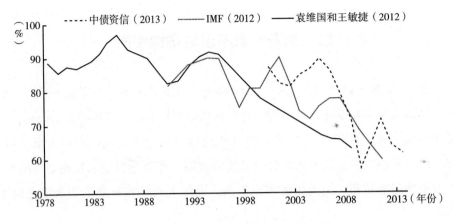

图 5-2　中国工业产能利用率的不同估算

资料来源：中债资信评估有限责任公司（2013）。

投资同样带动了对钢铁、水泥等投入品的需求，刺激了这些部门的产能扩张。在扩张政策结束后，产能过剩就凸显出来。

2013 年 10 月，《国务院关于化解产能严重过剩矛盾的指导意见》指出："我国部分产业供过于求矛盾日益凸显，传统制造业产能普遍过剩，特别是钢铁、水泥、电解铝等高消耗、高排放行业尤为突出。2012 年底，我国钢铁、水泥、电解铝、平板玻璃、船舶产能利用率分别仅为 72%、73.7%、71.9%、73.1% 和 75%，明显低于国际通常水平。"

尽管近年来国务院年年都提出淘汰过剩产能的任务，中国的粗钢产能扩张势头仍然不减，2014 年上半年已达到 11.4 亿吨，超过 2013 年实际粗钢产量 3.6 亿吨。这说明过度投资、刺激产能不断扩张的机制仍然存在。在这种情况下，用行政命令的方式淘汰过剩产能，基本上是扬汤止沸，不是解决这一难题的有效出路，而且这种不断扩大产能，又不断淘汰过剩产能的情况，带来了投资资金和资源、能源的大量浪费。

与此同时，过度投资在房地产业也带来了泡沫，很多城市的房屋空置率过高，新房销售困难，甚至出现了不少"空城"和"鬼城"。在基础设施领域，在一些地方也出现了不少低效或无效投资的情况。

很明显，在储蓄率和资本形成率已经非常高的情况下，不断采用凯恩斯主义的投资扩张政策来拉动需求，只能有非常短暂的效果，随后供过于求的状况将更加严重。这样的扩张政策已经走进死胡同。同时，与高投入相伴的高消耗、高排放、高污染，以及资源和环境破坏，也正在成为制约未来经济增长的因素。

（二）增长乏力和资本回报率下降

过度投资导致产能过剩，意味着一部分投资成为无效投资。表 5 - 2 对 2000～2013 年期间中国经济增长率和固定资本存量的年增长率进行了计算和比较。从表中可见，在 2000～2009 年期间，由于急剧的投资扩张，全国资本存量的年增长率从 9% 逐步上升到接近 18%，差不多增加了一倍；随后几年增速仍然大致保持在 16% 以上的水平。而同期经济增长率不仅没有提高，却出现了明显下降，目前的 GDP 年增长率比 2003～2007 年期间降低了 3 个百分点以上，远远低于资本存量的增长率。这说明投资效率在不断下降[①]。

表 5 - 2 中国资本存量的增长率、资本产出比的变化

年　份	GDP 增长率（%）	资本存量增长率（%）	资本产出比	增量资本产出比
2000	8.4	9.2	2.16	2.34
2001	8.3	9.3	2.18	2.41
2002	9.1	10.0	2.20	2.39
2003	10.0	11.8	2.23	2.57
2004	10.1	12.6	2.28	2.78
2005	11.3	13.6	2.33	2.75
2006	12.7	14.6	2.37	2.68
2007	14.2	15.0	2.39	2.51
2008	9.6	14.6	2.49	3.61
2009	9.2	17.7	2.69	4.80

① 资本存量由笔者根据全社会固定资产投资（更早年份是基本建设投资和更新改造投资数据）和固定资本形成数据，以永续盘存法按 2000 年不变价格计算。之所以合并采用了固定资产投资和固定资本形成两类原始数据，是综合考虑了两者的口径差异和可靠性等因素。考虑到篇幅有限，这里不做更详细的解释，对 1978 年以前时期采用了 5% 的综合折旧率。考虑到改革开放期间资本折旧加速，设定折旧率从 1979 年到 2008 年平滑提高到 9.5%。该计算参考了 Chow（1993）、张军等（2004）等文献。

续表

年　份	GDP 增长率(%)	资本存量增长率(%)	资本产出比	增量资本产出比
2010	10.4	17.4	2.86	4.47
2011	9.3	16.7	3.05	5.13
2012	7.7	16.7	3.31	6.67
2013	7.7	16.8	3.59	7.22

资料来源：国家统计局（2014）。

表5－2 也计算了资本产出比（资本存量/GDP）和增量资本产出比（Δ 资本存量/ΔGDP）的变化。这两个指标是平均资本生产率和边际资本生产率的倒数。它们的数值越大，显示资本生产率越低。在 2000～2013 年期间，资本产出比从 2.16 上升到 3.59，而增量资本产出比则从 2.34 上升到 7.22。这显示过去十几年间中国的资本生产率发生了急剧的、大幅度的下降。

在图 5－3 中，笔者根据宾夕法尼亚大学"世界表"数据计算了中国与经济合作与发展组织（OECD）23 个发达国家（平均）在 1950～2011 年这 62 年期间的资本产出比。一般而言，发达国家因为资本供给充裕，资本产出比较高是正常的。但图 5－3 显示，中国的资本产出比在过去十几年间直线上升，已经超过了 OECD 发达国家的水平。说明中国的资本生产率已经低于发达国家。作为一个中等收入国家，这是不正常的。

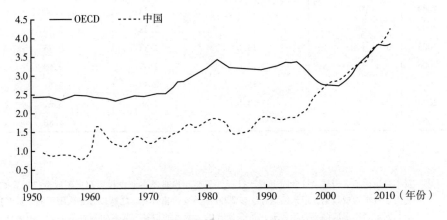

图5－3　中国与 OECD 国家的资本产出比长期变化

注：图中中国的资本产出比数据与图 5－2 数据有一定出入，是因数据来源不同导致的。
资料来源：根据宾夕法尼亚大学世界表（Penn World Table）数据计算。

上述情况，除了与全球金融危机时期我国财政和货币政策扩张过度有关，更与各级政府过分热衷于追求 GDP 增长、过分积极推动和从事固定资产投资有关。很多地方政府往往为了吸引外来投资而通过减免税、廉价转让土地等方式压低投资项目成本，或者不计成本大量借债进行政府投资，这些都会导致过度投资。如果这些情况不能改变，目前结构失衡和内需不足的状况都很难改变，甚至可能变得越来越严重，经济增长有可能进入持续下行、长期乏力的状态，甚至陷入中等收入陷阱。

另外，中国经济仍然有巨大的增长潜力。其一，目前城市化率刚超过50%，城市化仍然是一个强大的增长引擎，未来还可以有 20 年的城市化迅速发展阶段。其二，产业升级换代的进程方兴未艾，服务业发展仍然不足，两者都还有很大发展空间。其三，人力资源素质有待继续提高，技术进步远未达到理想速度，与发达国家相比还有很大的"技术后发优势"。如果能进一步改善教育体制和技术创新体制，提高全要素生产率将有巨大潜力。

但要使这些潜力转变为发展的推动力，需要跨越结构失衡的障碍，完成结构调整和发展方式转变。其中关键在于使储蓄率和资本形成率降到合理的水平，促使居民收入和消费提高到一个更加合理的比例，使内需成为带动经济持续增长的强有力引擎。

三　有没有一个"黄金储蓄率"？

凯恩斯主义理论认为，构成一国经济总需求的，是三个可以互相替代的部分：消费、投资、净出口。当出现总需求不足的情况（总投资＜总储蓄），导致经济萧条时，无论是扩大消费，还是用扩张性的财政政策增加政府投资，或者以宽松的货币政策刺激私人投资，都能够提升总需求。但由于居民的消费—储蓄行为不由政府决定，因此凯恩斯强调的财政政策和货币政策，主要着眼于调节投资需求。也就是说，当出现消费需求不足或外需不足时，都可以用扩大投资需求来代替。

中国在受到 1998 年亚洲金融危机和 2008 年国际金融危机影响，出现出口下降、需求减少的时候，都采用了凯恩斯主义的需求扩张政策，大幅度增加投资，当时也都起了明显拉动经济增长的作用。但是后一次的大幅度扩张之后出现的严重产能过剩和经济增长率节节下滑，使我们不得不对凯恩斯主义政策在中国的远期有效性和适用性进行反思。

（一）投资扩张政策的适用条件

凯恩斯理论在实践中有很多成功的先例，但他并没有进一步探讨总投资小于总储蓄的情况，是在什么条件下产生的？宏观经济分析说明，总投资和总储蓄并非两个互不相关的独立变量。如果金融市场是充分有弹性的，那么当社会储蓄率高，资金供给充分时，利率会保持在低水平，从而使投资规模自动保持在高位。但如果此时投资仍然低于储蓄，那么这很可能是由于市场饱和，生产能力过剩，投资者没有盈利空间。对中国这样一个低消费、高储蓄、高投资的经济而言，这种情况表现得特别明显。

在这种情况下，如果政府进行干预，直接扩大政府投资，或者以宽松的货币政策来刺激投资，能否创造新的需求？答案是，短期可以。新的投资项目必然产生对投入品的新需求，创造更多的购买力，带动短期经济增长。但是这个过程并没有结束。因为新的投资项目完成后，生产能力就会扩大。因此在经过了一轮短期的需求扩张之后，未来的供给会进一步扩张。如果此时消费需求仍然不变，或者消费增长滞后于产出的增长，就意味着总储蓄率不降反升，而新的储蓄又需要更大规模的投资才能与之平衡。于是需要再次启动更大规模的扩张性财政或货币政策，进入下一个循环。

不需要更深奥的经济学分析就可以直接看出，在消费需求增长慢于投资需求增长的情况下，这种以投资拉动投资的自我循环方式，是不可能长期持续的。因为政府创造的投资需求只有以几何级数不断膨胀，才能维持总供给和总需求之间的平衡；而这种爆炸式扩张很快就会面临政府巨额赤字和高通胀的限制，或者货币政策面临流动性陷阱的限制，使总投资无法继续与总储蓄同步增长。经过一个短周期后，新的总需求不足又产生了，而且可能情况更严重。因此不难理解，为什么凯恩斯主义的扩张政策，常常能够在短期收到良好的效果，而在中、长期却往往效果不断递减，导致滞胀并存的困难局面。

在这种情况下，政府有没有更好的选择？答案是：有的。如果政府只推动基础设施投资，而不影响生产性投资，情况会好得多。因为基础设施投资并不创造新生产能力，不直接导致产能扩张。在这个意义上，应对生产过剩型的经济危机，财政政策比货币政策更有效。因为财政政策可以局限在基础设施领域，而扩张性货币政策则不分对象地刺激全社会投资，因而导致总供给进一步增加。

但即使是单纯的财政扩张，并只用于基础设施建设，也存在一个合理的限度。首先，超过实际需要的基础设施投资会导致资源长期闲置和浪费，实际上也是一种产能过剩。这带动的是虚假的 GDP 增长，并不带来国民福利的增加。其次，扩大基础设施建设规模必然扩大对投入品的需求，并沿着产业链将需求扩展向上游传递。如果力度很大，也会引发相关行业的进一步投资和产能膨胀。一旦扩张期结束，这些新形成的生产能力也会变为过剩产能。

中国在 20 世纪 90 年代由政府推动的基础设施建设，确实显著促进了经济增长。但近些年来更大力度的基础设施领域也带来了过剩，例如在缺乏需求的地方修建的高速公路、机场等设施。而且大力度的政府投资还一度引起钢铁、水泥等投入品需求旺盛、价格上涨，给这些产业传递了错误的信号，促使他们进行大规模投资以扩大产能。同时，过度宽松的货币政策又给这类投资提供了充分的资金。这是导致这些投入品行业产能过剩的主要原因。

（二）有没有一个储蓄和投资的"黄金律"？

上述这种情况，说明消费需求和投资需求之间并不总是完全替代的关系。储蓄率越高，要维持供求平衡，所需要的投资率也就越高，生产能力扩张的速度也越快。而同时消费率低和消费增长太慢，不足以吸收产能扩张所增加的最终产品，就会不断形成新的供求失衡。因此在储蓄率高到一定程度的情况下，投资需求无法替代消费需求。

低收入国家经常遇到的问题是储蓄率和投资率过低，经济发展缓慢。一部分发达国家如美国和某些高福利的南欧国家，也同样面临储蓄率过低、消费率过高的问题。但今天中国遇到的是另一类问题，即储蓄率和投资率过高带来的有效需求不足、低效率和社会福利总水平受损。

研究增长理论的经济学家罗伯特·巴罗和萨拉-伊-马丁（Barro & Sala -

i－Martin，1995）证明，在稳态增长条件下，存在一个最优的储蓄率，能够保证长期居民消费水平的最大化。他们称之为"黄金律储蓄率"（Golden Rule saving rate）。但该储蓄率并不是一个确定的数值，它取决于劳动力增长率和资本折旧率等若干外界条件。

这里不必复述这两位经济学家的数学推导过程。让我们采用一个更直观的方法，通过一个简单的两部门模型来考察储蓄率和经济增长的关系。

假设一国经济由两个基本生产部门组成。A 部门为全社会生产消费品，B 部门为 AB 两个部门生产所需要的资本品。整个社会每年将 70% 的社会总产出用于消费，并储蓄 30% 的产出用于投资。因此社会总产品由 70% 的消费品和 30% 的资本品构成。为简单起见，我们假定两个部门的要素边际生产率相同并等同于它们的平均生产率；它们的资本密集度和劳动密集度也相同；在初始点上整个经济处于供求均衡状态。因此 A 部门应当拥有全社会 70% 的资本和劳动力，而 B 部门拥有其余 30%。资本和劳动力可以在两部门间自由流动。

现在假定由于某种外部原因，全社会的储蓄率从 30% 上升到 50%。消费减少使总需求下降 20 个百分点。消费需求下降首先造成 A 部门生产下降 28.6%（0.2/0.7），导致产能过剩、盈利状况恶化。资本和劳动力会根据市场信号，从 A 部门向 B 部门转移，使 A 部门产能收缩，B 部门产能扩大。

不过，这一结构调整过程不可能完成，而且在经过一段时间后 B 部门同样会出现严重的产能过剩。这是因为随着 A 部门的产出下降，A 部门对资本品的需求在经过一段时间延迟后也会按同比例下降，使全社会对资本品的需求下降 20%。这不仅会迫使 B 部门首先缩减生产 20%，并且会进一步减少 B 部门自身对资本品的需求（20%×0.3），使全社会对资本品需求的下降幅度达到 26%。两个部门都会出现产能过剩和生产下降。在第一轮下降中，总需求萎缩了 27.8%（即消费需求和投资需求降幅的加权平均），而由此带来的失业和收入下降，又将导致对消费品的需求进一步萎缩。如果没有外来因素干预，这种恶性循环将使整个经济陷入螺旋形下降，爆发经济危机。

现在假定政府在第一轮下降后立即实行扩张性的货币政策来刺激投资需

求。为了补偿此前27.8%的总需求下降，使之恢复到下降前的水平，需要把对资本品的需求提高92.7%（以下降前的资本品需求为100%）。假设这一目标能够实现，则总产出会恢复到危机前的水平。但这只是短期效应。大规模投资会带来B部门产能急剧扩张。在经济刺激引发的投资周期完成后，总需求不再扩大，而新增产能使投资品供给大幅度上升，远超过危机前的水平。这将导致新一轮的产能过剩，经济会再次面临总需求不足的危机。除非全社会的储蓄率能够降低到原来的水平，或者社会能够把一部分产品出口到其他国家，并长期保持贸易顺差。否则，宽松的货币政策在中长期是无效的。

现在我们考虑另一种场景，在上述模型中增加一个公共部门C，并假设政府不采取货币扩张政策刺激投资，而仅仅采取扩张性财政政策，由C部门进行适度的基础设施投资。在这种情况下，有效需求会因投资扩大而增加，但投资不会引起产能的进一步扩大，仅仅改变AB两部门的比例关系；经济能够从危机中摆脱出来，情况会好于前一种情况。但恢复到危机前的水平后，消费需求仍然只占总产出的50%，另外50%的总产出仍然要靠投资需求来实现。而扩大内需的公共投资已经完成，社会对资本品的需求不可能维持在扩张期的水平，总需求会再次回落。如果社会不能对储蓄率和消费率进行调整，一旦扩张性的公共投资停下脚步，经济还是会再次面临总需求不足的困境。这将迫使政府继续依赖赤字财政不断进行投资扩张，最终走向滞涨。

上述分析说明，在一定条件下，存在一个最优消费率和最优储蓄率。如果消费率过高，储蓄和投资不足，会导致经济增长缓慢。而如果消费率过低，储蓄率过高，会出现总需求不足，同样制约经济增长。在中长期，过低的消费不可能持续地由投资扩张政策来替代。

上述分析的政策含义是，当消费需求过低时，无论是放松货币供应的刺激措施还是扩大政府投资，都不能解决根本问题。更关键的是通过制度变革和政策调整来改变过低的消费率。当前在中国，关键在于改善收入分配。这需要改革不尽合理的财政和税收体制，使政府支出合理化，改革行政管理体制以改善政府行为并促进要素合理分配，改善社会保障、公共服务和收入再分配体系，缩小过大的收入差距。

"二战"前后，所有发达国家都基本完成了在社会保障和公共服务方面的制度变革，并改善了政府管理。它们在保持市场经济基本制度的同时，建立了社会保障、公共服务体系和收入再分配制度，保障了每个公民在教育、医疗、就业、收入、失业和养老保险等方面的基本权利。这改变了早期资本主义的收入分配两极分化状况，在很大程度上改变了传统资本主义周期性经济危机的内在机制。

今天在某些西方国家出现了相反的情况，即过高的社会福利、以高负债维持的超前消费，以致酿成了一些欧洲高收入国家的严重债务危机。这说明过度消费与消费不足都是有害的。美国也是一个超前消费的国家，其政府、居民、企业和金融机构债务合计已经达到其 GDP 的 3 倍以上。这也是引发 2008 年世界金融危机的基本原因。但美国拥有国际货币发行国的特殊地位，其货币扩张政策的后果将由全世界分担，使其能够避免债务危机的尴尬局面。

当今世界上，关于公平和效率哪个更重要、公共福利和市场自由哪个更重要，仍然是一个广泛争论的话题，没有一个公认的结论。但历史也告诉我们，发达的市场经济国家正是因为 20 世纪在收入分配和社会福利制度方面的变革，才获得了新的生命，缩小了收入差距，减缓了社会冲突，也避免了 20 世纪 30 年代大萧条的不断重演。由此可以看到，公平和效率之间并不仅仅是单纯的替代关系。一个很不公平的社会必然影响经济效率和发展。在由于收入分配差距过大和大众消费不足导致经济结构失衡的时候，改善收入分配，提高社会公平程度，不仅不会损失效率，反而会促进效率提高，有利于经济持续发展。

最近法国学者托马斯·皮凯蒂（2014）的研究发现，自 20 世纪 80 年代以来，美国等发达国家的收入差距重新出现扩大，财富不平等程度增加。这种情况对经济效率和发展产生了什么影响，还有待进一步研究。但也需要指出，这一反向变化在程度上并没有使发达国家回到贫富差距极大的早期资本主义时代。

四　靠改革实现结构再平衡

中国在纠正经济结构失衡方面已经取得了一些初步成果，表现在居民收入保持较快增长，腐败和收入分配混乱现象受到初步遏制；社会保障和公共服务正在改善，最终消费率小幅回升；第三产业增长加快，比重超过第二产业；能源和原材料消耗增速放缓，单位 GDP 能源强度下降；等等。

这些现象给我们传递了积极的信号。尽管目前经济增长下行趋势仍在继续，我们有理由相信，未来在经过几年结构调整的阵痛后，中国经济将有能力恢复活力，逐步进入一个更加可持续的发展轨道。但前提是结构调整需要持续推进，尤其需要通过广泛的体制改革消除导致结构失衡的制度性原因，从根本机制上促进结构改善。

哪些方面的改革对结构再平衡有重要作用？下面笔者尝试对一些需要改革的重点领域作一个简要的梳理。

财税体制改革对结构调整至关重要。目前全口径政府收入约占 GDP 的1/3。公共资金管理有没有一套严格的规矩，钱能否用在该用的地方，对遏制腐败、改善收入分配关系极大。

财税体制改革第一要尽快实现各级政府全口径财政公开透明，细化公开内容，强化公众监督。第二应着力建立统一的财政体系，规范土地收入和其他政府收入。第三应制定各级政府行政支出和各项公共服务支出标准，改善政府支出结构、控制支出规模；尤其需要减少行政支出和三公消费，减少不必要的政府投资，增加和充实社会保障和公共服务支出。第四要改革财政转移支付制度，协调各级政府事权与财权关系，公平分配财力。第五应改革资源税，开征房地产税和针对垄断利润的税种，减轻小微企业负担，均衡个人所得税税负，缩小收入分配差距。

土地制度改革应与财税体制改革协调推进，改变地方政府过度依赖土地财政、土地收益分配不合理的局面。应改革土地征用和出让制度，逐步开放全国土地市场，促进各类土地合理流转，合理调整国家、农民和各类经济实体之间围绕土地的利益分配关系。

需要继续进行市场化改革，简政放权，扩大竞争，减少行政垄断，限制垄断行业的特权，建立和完善市场运行规则，改善小微企业经营环境，促进公平的市场竞争。

户籍制度改革和完善社会保障非常重要，要加快推进，解决进城农民工的安家落户、社会保障和公共服务问题，做到应保尽保，让农村转移人口能够在城市安家落户，为城镇化健康发展铺平道路。

经济和社会管理方面的各项改革，都离不开法治化和民主化的政治体制改革进程。首先需要改革现行的行政体制，厘清政府职能，消肿减负，建设服务型政府。其次要全面依法行政，规范行政规则，公开透明，接受公众监督，防止滥用职权、以权谋私，并逐步推进民主制度的建设，把权力关进制度的笼子。

上述这些改革，大部分都已经在党的十八届三中全会决定中提出，有些已经进入实施阶段，有些尚未开始推进。关键在于排除阻力、有效落实。未来如果能够逐步推进和落实这些改革措施，将能够大大改善收入分配状况，也将有效解决结构失衡问题，避免经济陷入中等收入陷阱。

设想在此基础上，在未来若干年中能够把最终消费率从目前的接近50%提高到60%~65%，资本形成率从目前的48%降至35%左右，将有效化解产能过剩和内需疲软问题，经济效率将显著提高，经济增长将得到更有力的内需拉动，更可持续。加上人力资本贡献和创新驱动，中国经济有希望在未来10~20年的较长时期继续保持中高速增长，顺利进入发达国家行列。

这样一个中长期的持续增长，将在相对较少的投资、较少的浪费、较少的资源和能源消耗、较少的环境代价、更高的居民收入和消费水平、更高的社会福利总水平的条件下实现。这将是一个更可持续、更有效率、更理想的增长途径。

参考文献

蔡昉：《人口转变、人口红利与刘易斯转折点》，《经济研究》2010年第4期。

世界银行：《世界发展指标》，王辉等译，北京：中国财政经济出版社，2012。

托马斯·皮凯蒂：《21世纪资本论》，巴曙松等译，北京：中信出版社，2014。

王小鲁：《灰色收入与国民收入分配》，《比较》2010年第3期。

王小鲁：《灰色收入与国民收入分配：2013年报告》，《比较》2013年第5期。

张军、吴桂英、张吉鹏：《中国省际物质资本存量估算：1952~2000》，《经济研究》

2004 年第 10 期。

中债资信评估有限责任公司：《我国制造业产能过剩程度的量化判断——基于最优投入决策模型》，专题报告 2013 年第 40 期。

Barro，R. & X. Sala－i－Martin（1995）. *Economic Growth.* New York：McGraw－Hill.

Chow，G. C.（1993）. Capital Formation and Economic Growth in China. *Quarterly Journal of Economics*，108（3）：809－842.

Lewis，W. A.（1954）. Economic Development with Unlimited Supplies of Labor. *The Manchester School*，22（2）：139－191.

G.6

第六章
劳动力市场变化与经济增长源泉：
寻求 TFP 推动的增长

都 阳

一　导言

　　如果从历史的视角看，中国改革开放后 30 余年的经济增长必将产生意义深远的影响。根据麦迪森（2003）的研究，尽管中国经济在历史上长期在世界经济中占有很大的比重，但从人均产出的角度观察，却一直徘徊在贫困线的边缘。中国经济从总体上摆脱贫困，正是改革开放以后的事。尤其是在劳动力市场跨越了刘易斯转折点后（蔡昉，2010），中国经济的发展也从典型的二元经济过渡到新古典增长的形态。

　　对陷入"中等收入陷阱"的国家和成功跨越中等收入阶段的高收入经济体（如一些东亚经济体）的对比可以发现，二者在中等收入阶段推动经济增长的方式有着根本的差别。前者在进入中等收入阶段后，仍然依靠生产要素的积累推动经济增长；而后者则致力于让全要素生产率（TFP）在经济增长中发挥更重要的作用。

　　后中等收入阶段，经济增长的另一个突出特点是，经济结构逐步由专业化向多元化转变。根据 Imbs 和 Wacziarg（2003）的观察，在经济发展的初级阶段，伴随着就业向工业部门的集中，经济结构的专业化程度逐步提高，但到了中等收入阶段后，经济结构的多元化重新出现，并对经济增长方式和人力资本水平提出了更高要求。

　　近年来，在中国劳动力市场上出现的变化，既给经济增长速度和方式的转变带来挑战，也使得 TFP 推动的增长和经济结构转变的环境逐渐形成。一方面，依赖要素积累的方式推动增长的可能性越来越小，迫使包括各级政府在内的经济主体寻求新的增长源泉；另一方面，生产要素相对价格的变化，将改变生产要素的相对稀缺关系，并诱导企业实现技术变迁和升级。而企业行为的变化则是产业升级和经济结构变化的微观基础。

二 劳动力市场的新变化

近年来，中国劳动力市场的变化体现了经济发展从二元经济时代向新古典阶段转变的一般特征。我们可以将劳动力市场在最近几年出现的变化总结为如下几个方面，并在随后，观察这种变化如何通过影响要素市场进而影响中国经济增长的速度、源泉和可持续性。

（一）农村剩余劳动力的枯竭

劳动力市场在近年来出现了结构性变化，越来越多的农村劳动力由原本低生产率的部门向高生产率的部门流动。而当劳动力流动的规模达到一定程度后，劳动力市场的结构性转换的特征就得到了体现。从数量上看，农村剩余劳动力的数量逐步减少；从价格上看，农业工资和非农工资之间的差距也将逐步缩小。

农业劳动力在非农部门的就业不仅扩大了就业，也带来收入的改善。而一旦非农工资水平开始迅速上涨，就会相应地提高农业劳动的机会成本。如果以农业雇工工价来反映农业劳动投入的成本，我们不难发现，农民工非农劳动的工资水平与农业雇工工资水平已经呈现出趋同的局面。如图 6-1 所示，自 2003 年以后，农民工工资与农业雇工工资的比重，基本呈下行趋势，2012 年约为 1.11，二者的水平已经非常接近。这不仅意味着城乡间劳动力市场一体化程度在逐步提高，同时也表明农村剩余劳动力已经非常有限，进一步的劳动力转移所带来的配置效率改善也将逐步下降。

上述分析指出，单位劳动力的转移，在目前所能带来的效率提高已经小于在劳动力大量剩余的时期。此外，从数量关系上看，可供转移的劳动力数量逐

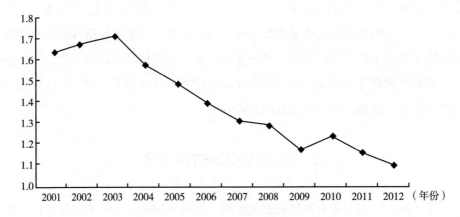

图6-1 农民工工资与农业雇工工价比

资料来源：根据《全国农产品成本收益资料汇编》及农村住户调查资料计算得到。

渐减少，也意味着利用劳动力再配置促进增长的余地越来越小。在二元分割的社会经济形态下，农业剩余劳动力是一个静态的、绝对的概念，即特定的技术水平和农业生产条件下，除了农业需求的劳动力，其余的劳动力都可以称为农业剩余劳动力。而在城乡之间产品和要素市场相互联系的情况下，农村剩余劳动力则成为一个动态的、相对的概念。农户的劳动力配置不取决于农业部门的实际劳动力需求，而是取决于劳动力配置于农业部门和非农部门的边际收益大小。在这种情况下，农村劳动力的绝对数量和农业需求劳动力水平，就不能成为估计农村剩余劳动力规模的依据。

我们通过具有全国代表性的微观数据资料，分析农村劳动力资源的配置状况，基于个体特征，对农村劳动力的转移可能性和农村剩余劳动力数量进行估计。农村劳动力的个体特征和家庭特征，是决定其是否从事非农就业和外出就业的重要因素。我们使用农民工监测调查数据，运用 Probit 模型，估计农村劳动力的非农就业和外出就业决策过程。根据农村劳动力的个体特征、家庭特征和农村劳动力外出就业决策模型，我们可以预测农村劳动力的外出就业概率。根据分析结果，农村劳动力中，40 岁至 64 岁者占 58.9%，50 岁以上者占 29.7%，30 岁以下劳动力占农村劳动力的比例仅为 23.4%。可见，由于农村劳动力转移就业规模的逐年增加，滞留在农业中的劳动力的老化现象已经非常明显。

从可供外出就业的数量看，如果非农部门的需求和劳动力市场的制度因素不出现大的变化，农业中可转移就业的劳动力数量已经非常有限。2011 年可供转移就业的农村劳动力总量约为 7689 万人。此外，从未来非农劳动力的供给源泉看，随年龄增长的"倒 U 形"趋势非常明显。16～19 岁和 20～29 岁的年轻劳动力虽然受教育水平较高，但未转移的数量已经有限（分别为 616 万和 2650 万人）。在目前的劳动力市场条件下，仍可能转移就业的数量，分别为 365 万人和 1488 万人；40～49 岁和 50～64 岁以上劳动力，虽然目前未转移的数量仍然可观，分别为 6317 万人和 8553 万人，但他们的平均受教育水平相对较低、外出的概率也最低，转移意愿不足，可供转移就业的数量分别为 2430 万人和 2043 万人；30～39 岁组的劳动力数量为 7069 万人，转移就业的概率尽管低于 30 岁以下的年轻人，但高于 40 岁以上的劳动力，该年龄组可供外出就业的数量为 1362 万人。

农村剩余劳动力逐渐枯竭，是近年来劳动力短缺频繁出现的主要原因，而这一变化已与短期的需求波动无关，预示着中国经济增长方式必将发生转变。

（二）工资增长、趋同与劳动力成本上升

近年来，由于劳动力短缺的频繁出现，普通工人的工资及劳动力成本的上升显著呈加速化趋势。以农民工工资为例，扣除价格水平因素，2001～2006 年，农民工平均工资的年复合增长率为 6.7%；而 2007～2012 年，年复合增长率则达到了 12.7%。除了工资成本以外，企业雇用工人的其他成本也呈加速增长的趋势，如社会保障支出、雇用解雇成本的增加、工资以外其他福利支出等。虽然这些成本的增加是劳动力市场变化的必然结果，但成本的快速上扬对企业经营产生的影响是不言而喻的。劳动力价格的变化必然改变资本和劳动这两种最主要的生产要素的相对价格关系，从而引致生产技术类型的变化。而后者正是转变经济增长方式的基础。

工资水平的上涨，必然推动劳动力成本的上升。而一旦劳动力成本的上升快于劳动生产率的增长，劳动密集型产业的竞争优势就会下降。单位劳动力成本，即工人的平均劳动力成本与平均劳动生产率之比，就是衡量这一趋势的重要指标。从短期看，一旦企业面临劳动力成本的上涨，可以通过调整工作时

间、增加劳动强度、提高技术效率等措施应对，但这些方法都不能应对劳动力成本的长期、持续增长。企业一旦面临劳动力成本的持续增长，就必须通过改变技术类型，尤其是资本/技术和劳动的投入变化，来适应劳动力成本的上升。生产技术方式的变化，正是经济结构调整的重要内容和转变经济增长方式的前奏。

我们综合利用多个数据来源，仔细度量了在不同部门就业的劳动力数量、产出及其劳动力成本，计算出2001~2012年中国制造业单位劳动力成本变化情况，结果如图6-2所示。图中调整前的曲线，反映的是工资成本与劳动生产率之比，而调整后的曲线则是考虑了社会保障等相关劳动力成本后的全部劳动力成本变化情况。从图6-2中可以看出，在中国经济达到刘易斯转折点后，单位劳动力成本就呈上升趋势。2004年，中国制造业单位劳动力成本水平约为美国的31%，到2012年上升至40%。而同期一些主要制造业大国的单位劳动力成本却呈下降趋势。虽然，从水平上看，中国的劳动力成本优势仍然存在，但劳动力成本快速上升对经济发展的影响则需要积极应对。

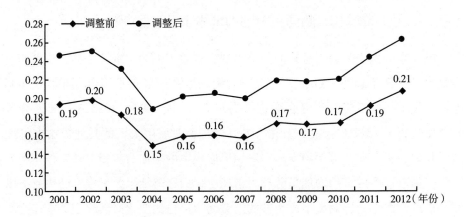

图6-2 2001~2012年中国制造业单位劳动力成本变化

资料来源：都阳（2014）。

劳动力市场结果的变化除了促进工资水平和劳动力成本的上升以外，也推动劳动力市场的一体化，工资趋同在城乡之间、不同产业之间、不同地区之间和不同人群之间开始出现（Cai & Du，2011）。工资趋同一方面体现了中国经济在整体上摆脱了二元经济发展的状态，劳动力市场的一体化程度提高；另一方面也意味着劳动力流动和重新配置所能带来的效率提升的余地在逐步缩小，中国经济增长需要寻求新的增长方式和新的源泉。

（三）转向新古典的增长方式

劳动力市场由二元经济形态转向新古典状态的另外一个突出特点，就是经济增长方式必须发生根本的改变，开始遵循新古典形态的一般规律。在二元经济发展阶段，由于劳动力的无限供给，现代部门的扩张（资本积累），总能获得劳动力要素的匹配。换言之，在进入新古典增长方式之前，劳动力和资本两种生产要素有条件同时积累，而经济发展也因此可以避免报酬递减规律的制约。因此，在劳动力市场达到刘易斯转折点之前，要素积累的经济增长模式，可以支撑高速增长。

随着劳动力市场达到刘易斯转折点，劳动力要素的稀缺性日益得以体现，继续维持要素积累的方式，尤其是继续依靠投资、提高资本产出比的方式来维持经济增长，将由于劳动供给水平处于不变，甚至减少，而受到报酬递减规律的制约。除非经济效率的提升能抵消资本回报率的下降，否则，经济增长速度将不可避免地下降。要提升经济效率，最重要的方式就是提高全要素生产率在经济增长中的作用。

劳动力市场基本形势由供给所主导，与需求推动的劳动力市场变化有很大不同。供给方因素的变化与需求因素主导的劳动力市场变化不同，前者很可能降低经济的潜在增长水平。近年来，由于劳动力成本的持续上升，制造业等一些主要行业的单位劳动力成本开始较快上扬，这意味着劳动力成本的上升速度已经赶不上劳动生产率的上升速度。如果不为生产率的显著提升提供动力，中国经济的竞争力将会下降，经济的潜在增长水平也会降低。

三　增长的源泉与持续性

如前所述，在劳动力市场出现了转折性变化之后，推动经济增长的源泉将发生根本的变化。我们可以用以下一个简单的模型，来说明这一变化过程。

$$\hat{Y}_{it} = \hat{L}_{it} + \hat{y}_{it} = \hat{L}_{it} + (\frac{\alpha}{1-\alpha})\frac{\hat{K}_{it}}{Y_{it}} + \hat{A}_{it} + \hat{x}_{it} + \hat{\varphi}_{it}$$

上式表明，总产出的变化来源于两个部分：劳动力市场规模的变化 $\hat{L}_{it}$，以及劳均产出（劳动生产率）的变化 $\hat{y}_{it}$。其中，劳均产出的变化又来源于以下四个部分：（1）以资本产出比 $\frac{\hat{K}_{it}}{Y_{it}}$ 反映的资本密集程度；（2）全要素生产率的变化 $\hat{A}_{it}$；（3）平均工作时间的变化 $\hat{x}_{it}$；（4）以单位劳动生产率加权的技术密集指数 $\hat{\varphi}_{it}$ 的变化。

根据国家统计局公布的数据，2013 年 16 周岁以上至 60 周岁以下（不含60 周岁）的劳动年龄人口 91954 万，比上年末减少 244 万。尽管仍然存在通过深化户籍制度改革、消除劳动力流动的障碍，提高劳动参与、增加劳动供给的潜力，但从总体上看，靠扩大劳动力市场规模，促进经济增长的余地越来越小。

从劳均产出的几个来源看，提高劳动时间、提高资本产出比和提高技术密集指数，都难以成为促进长期经济增长的动力。长期经济增长将不可避免地依赖全要素生产率的提升。提高全要素生产率可以通过优化生产要素的配置的方式获得，也可以通过技术进步和管理水平的提升，使得现有的生产要素有更高的产出，并进而提升全要素生产率。

改革开放以来，中国实现的经济增长奇迹，既有生产要素迅速积累的原因，也有劳动力流动导致的再配置效应，所带来的生产率提升。在二元经济时代，由于农业中劳动的边际生产率水平很低，劳动力从农业向非农部门的转移就可以带来劳动边际生产率的提升和配置效率的改善，提升全要素生产率。在改革开放头 20 年，由劳动力再配置带来的经济增长份额占每年经济增长的20% ~25%（世界银行，1998；蔡昉、王德文，1999）。

然而，由于劳动力市场在近年来发生的显著变化，工资趋同日益明显。农业的劳动投入由于机会成本的增加，而变得越来越昂贵，农业机械对劳动投入的替代越来越明显，农业劳动的边际生产率也由于农业剩余劳动力的转移逐步提升。这意味着农业劳动力进一步的转移不仅意味着农业产出的损失，其带来的效率收益，也远低于典型的二元经济时期。换言之，通过劳动力流动和再配置，获得全要素生产率的可能性越来越小。

　　我们以农业雇工工资作为农业工资的替代，并反映农业劳动投入的边际生产率，以外出农民工的平均工资作为其在非农部门劳动边际生产率的替代。这样，我们可以计算出平均每个转移劳动力贡献的生产率。结合外出农民工数量统计，可以计算出农业转移劳动力对经济增长的贡献，结果如图 6 - 3 所示。我们看到，由于农业部门和非农部门的工资趋同，劳动力流动的再配置效应对经济增长的贡献逐渐减少，最近几年尤其明显。2001 ~ 2006 年，经济的平均年增长率为 10.3%，其中来自劳动力流动的贡献平均每年 2.1 个百分点；2007 ~ 2012 年，年均增长率为 10.1%，而来自劳动力流动的贡献，下降到平均每年 1.0 个百分点。要维持全要素生产率的增长，必须提高已经转移的劳动力在新的岗位上的生产率水平。

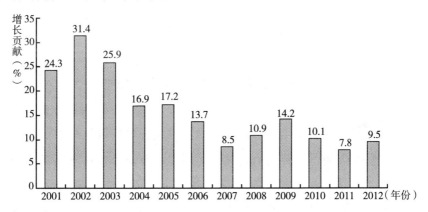

图 6 - 3　2001 ~ 2012 年劳动力再配置对中国经济增长的贡献

资料来源：都阳（2014）。

　　正是由于全要素生产率的来源发生变化，维持高速经济增长也越来越困难，或者说，要维持与以前大致相当的经济增长速度，需要付出更加高昂的代价。我们对全国 250 多个地级以上城市 2005 ~ 2010 年间增长进行增长账户分解，可以得到如表 6 - 1 所示的结果。这些城市在五年间以不变价计算的地区增加值增长了约 91%，其中约有 47 个百分点来自劳动力市场规模的扩大，约44 个百分点来自劳动生产率的提升。如果进一步观察人均产出的几个构成，则会发现资本产出比的提高占绝对主导地位，而全要素生产率在这一时期呈下降趋势。显然，在资本产出比已处高位的情况下，今后的增长已无法继续依赖投资的增长。追寻新的全要素生产率的源泉，已经迫在眉睫。

表6-1 2005~2010年地级以上城市的经济增长与来源

单位：%

	2005~2010年增长	增长来源
GDP	90.7	100
就业规模	46.6	51.4
人均GDP	44.1	48.6
其中：		
TFP	-21.2	-23.4
K/Y	66.6	73.4
时间	-02.6	-2.9
技能指数	01.3	1.4

四　推动后中等收入阶段的增长

劳动力市场出现的变化对中国经济增长方式和可持续性产生了深远的影响。我们的分析表明，在劳动力短缺日益明显、劳动力价格不断攀升的情况下，中国经济的增长方式必须发生深刻的变革，其中，最主要的变化就是需要从要素积累的增长模式转向以改善经济效率为主的经济增长方式。本文揭示了这样的事实，在过去一段时期内，中国全要素生产率呈现负增长，经济增长已过度依赖投资及其推动的资本产出比的提升。要寻求新的增长源泉，必须全面深化改革，以下几个领域尤其重要。

首先，经济效率的提升依赖于灵活、有效的生产要素市场。一方面，需要生产要素市场产生正确、及时的价格信号；同时，也需要完善和提高要素配置功能，提高生产要素的使用效率。然而，无论是资本市场还是劳动力市场，限制生产要素自由流动的障碍仍然大量存在，需要彻底改革。

其次，除了有灵活的要素价格形成机制以外，企业对价格机制的灵敏反应是提高经济效益的微观基础。只有不同行业、不同所有制和不同经济部门的企业，都在唯一的、竞争性的价格信号下参与竞争，才能激发经济的活力，提升经济效率。这就要求对微观经营机制进行更为深刻的变革。

最后，全要素生产率增长将更多依赖于工人在现有岗位上的效率提升，劳动者素质的不断提高，将是获取全要素生产率的重要基础。要达到这一目标，不仅需要继续加大人力资本投资，更重要的是对人力资本积累部门进行全面改革，使其顺应经济发展对人力资源的需求。

参考文献

蔡昉：《经济发展与刘易斯转折点》，《经济研究》2010 年第 4 期。

蔡昉、王德文：《中国经济增长可持续性与劳动贡献》，《经济研究》1999 年第 10 期。

都阳：《劳动力市场变化与经济增长新源泉》，《开放导报》2014 年第 3 期。

麦迪森：《世界经济千年史》，伍晓鹰译，北京：北京大学出版社，2003。

世界银行：《2020 年的中国：新世纪的发展挑战》，北京：中国财政经济出版社，1998。

Imbs, J. & R. Wacziarg（2003）. Stages of Diversification. *American Economic Review*, 93 (1)：63 – 86.

Cai, Fang & Yang Du（2011）. Wage Increase, Wage Convergence, and the Lewis Turning Point in China. *China Economic Review*, 22 (4)：601 – 610.

G.7

第七章

全面深化户籍制度改革的收益

都阳 蔡昉 屈小博 程杰

一 户籍制度改革的内涵

户籍制度鲜见于其他经济体。尤其是发达国家，大多在工业化阶段就已经实现了国内人口和劳动力自由流动。不过，迁移与生产率关系的案例仍可见之于跨国的人口流动，如美国的移民以及欧盟各国之间的人口流动等。较早期的研究主要关注移民的流入对劳动力市场结果的影响，尤其是移民对本地居民的影响，如移民是否会损害本地居民的工作机会，是否会压低流入地的工资水平等。大量实证研究的结果表明，在开放竞争的劳动力市场上，移民的流入并没有损害本地人的就业机会以及压低市场工资水平（Borjas，1994）。这意味着，伴随着劳动力市场规模的扩大，包括劳动力在内的要素使用效率也可能提升。新近的研究开始关注迁移与加总经济绩效的关系，尤其是对技术选择（Lewis，2005）和生产率的影响（Peri，2009）。

户籍制度作为计划经济时代的制度遗产，对中国的社会经济结构产生了深远的影响。因此，尽管户籍制度改革的方向和目标非常清晰，但不仅改革的进程是渐进式的，户籍制度改革的难度也由于其涉及人群广泛而成为改革的深水区之一。

虽然户籍是每一个中国人都熟悉的制度，但大家对户籍制度内涵的理解却不尽相同。正是由于对户籍制度内涵理解的差异性，使得对改革内容、改革进程、改革难度、改革的成本与收益估算都会产生很大的差别。即使在相关文件的正式文本中，我们也很难发现对于"户籍制度"的明确定义。我们无意在此提出规范性的概念，但对户籍制度的内涵作更明确的讨论，可以使我们的分析更确切地瞄准改革的对象。

户籍制度所包含的内容首先是人口登记与管理。1958 年，全国人民代表大会通过了《中华人民共和国户口登记条例》，确定在全国实行户籍管理制度。由此看来，户籍制度最初履行的功能是人口登记与管理。其实，对人口登记与管理是很多国家普遍采用的制度，如果户籍制度仅仅承担这样的社会治理功能，那么，户籍制度的改革难度也会小得多。正因为如此，自 20 世纪 90 年代各地纷纷开始的户籍制度改革，也大多以改变户籍登记方式，实行城乡居民统一的户籍登记为内容。显然，这种改变没有触及户籍制度的实质，延续至今、阻碍人口迁移和劳动力流动的基本制度框架仍然没有根本改变。而户籍制度与很多其他国家实行的居住地登记制度的最大不同，是把城乡人口的分布和劳动力配置固化为不同的居民"身份"，并与就业及一系列福利待遇相关联。

虽然人口登记与管理在户籍制度体系中产生的作用最小，但也对户籍制度的改革进程产生了影响。例如，在主导户籍制度改革时，户籍管理的主管部门（公安部）往往被赋予主要的角色。最新的户籍制度改革目标，"到 2020 年建立新型户籍制度"就是由公安部提出的。

较之于人口登记与户籍管理而言，与户籍挂钩的一系列其他制度安排，对劳动力流动和经济发展产生了更深远的影响。在相当长的时间内，由于户籍制度附着的身份识别功能，持有什么样的户口一度成为鉴别就业机会的依据。因此，当大规模的农村劳动力开始向城市转移的时候，农村户籍曾经是他们获取公平就业机会的障碍。一些劳动力输入地政府，还对就业岗位分门别类，限制外地户籍的劳动力获得某些岗位的就业机会。因此，与户籍制度相关的政策问题首先是如何在劳动力市场上公平对待迁移人口，让他们获得公平的就业机会。虽然，在整个改革过程中政策取向几经反复，但以 2006 年国务院出台《关于解决农民工问题的若干意见》为标志，不同户籍的劳动力公平就业的问题基本解决了。

然而，如果附着在户籍上的福利差异没有根本消除，仅仅从劳动力市场制度上弥合不同户籍人口间的差异是远远不够的。目前，城乡居民之间、不同地区之间在社会保障和社会救助水平、基本公共服务等方面仍然存在着非常明显的差异。也正因为如此，人口由农村向城市的流动的主要形式是劳动力流动，推进人口流动与城镇化的主要动力是就业需求。这也就使得城镇化过程与"以市民化为核心"的新型城镇化目标相去甚远。由此，也对社会结构产生了负面影响。

一方面，由于农民工社会保护（由社会保障、社会救助和基本公共服务三个方面组成）的缺失，他们难以享受城市生活所应当获得的服务，成为真正意义上的城市居民。这使得农村劳动力流动具有很大的选择性：一旦他们难以在城市劳动力市场上获得成功，返乡就成为无奈的选择。

另一方面，纯粹的劳动力流动扭曲了农村地区的人口结构。由于30岁以下的农村人口迁移率很高，因此，考虑农村人口流动之后，农村人口的年龄结构将会出现新的变化，产生所谓的留守老人和留守儿童现象。同时，由于男性相对于女性而言具有更高的外出倾向，农村常住人口中女性的比例也更高。面对日益严峻的老龄化态势，农村地区脆弱的社会养老体系将难以承受巨大的挑战。

因此，如果把户籍制度看作人口登记、就业管理和社会保护三位一体的制度体系，那么，针对户籍制度的改革需要真正触及其核心的部分，即统筹城乡的社会保障、社会救助和公共服务体系，使户籍回归其人口管理的原始功能。

在这种局面下，通过改革释放制度红利、提升全要素生产率、促进经济增长已成共识。全面深化户籍制度改革就是其中重要的方面。一直以来，对户籍制度改革的讨论大多着眼于户籍改革的成本多寡。因此，户籍制度改革应包括的内容、财政承受能力、中央和地方的义务等成为考量的重点。实际上，我们还应看到，如果把户籍制度看作人口登记、就业管理和社会保护三位一体的制度体系，对其进行全面彻底的改革，必将进一步改善劳动力市场环境，刺激劳动力的流动与供给，创造出新的制度红利，并由此继续推动经济健康、可持续地发展。本文所指的全面深化户籍制度改革是指正触及其户籍体系核心内容的改革举措，即统筹城乡的社会保障、社会救助和公共服务体系，使其最终消除在不同人群之间的差异性，让户籍回归其人口管理的原始功能的改革方案。本文讨论的重点是，如果户籍制度得到了及时、全面、彻底的改革，劳动力进一步流动，将给中国经济增长带来多大的收益。而我们希望对于这一问题的实证研究，可以更加坚定全面推进户籍制度的决心。

二　为什么深化户籍制度改革可以获取增长红利？

深化户籍制度改革，或者更简单地说，实现社会保护体系的一体化，意味着劳动力市场的开放性和竞争性的加强。一个更加开放的劳动力市场，对经济发展会产生什么样的影响？针对其他经济体的研究已经做出了回答。Peri（2009）研究了美国各个州移民对各个州生产率变化产生的影响，结果表明移民的增加显著提高了生产的专业化水平和全要素生产率，从而有利于所在州的经济增长。同时，移民的存在也没有对本地人的就业和工作时间产生挤出效应。

需要指出的是，中国目前由农村向城市迁移的人口，与该文所讨论的情形有很人的相似性：没有流入地的社会保护、受教育水平和技能低于本地居民等。使用类似的分析方法，我们可以认为深化户籍制度改革所带来的增长红利来源于以下几个方面。

（一）扩大劳动市场规模

根据新古典理论，产出（GDP）的增长有两个来源：就业规模的扩大和人均产出水平的增加。显然，在劳动供给日益成为经济增长的制约因素的情况下，深化户籍制度改革可以进一步刺激劳动供给，从而增加劳动力市场和经济的总体规模。

从前面的分析我们可以看到，虽然劳动力市场上就业公平的程度越来越高，但由于户籍制度和社会保护没有彻底剥离，劳动力市场上对就业者的选择性仍然很强。特别是对农村劳动力而言，从农村向城市的流动必须以就业为前提，因此，只有那些年轻、受教育程度高的劳动力才愿意和能够向城市流动。根据我们对农村剩余劳动力年龄结构的分析，在目前的劳动力市场条件和户籍制度下，农村可转移的剩余劳动力数量为7622万，但主要以中老年劳动力为主，其中40岁以上者占59%。如果没有实质性的制度变革，这部分劳动力的

转移将非常困难。

那么，怎么才能推动他们向城市的流动呢？一方面，市民化本身就可以带动这一部分劳动力的转移；另一方面，当与社会保护相关联的各项制度实现了一体化后，这一群体转移的后顾之忧也得以消除，这将降低他们的保留工资水平、提高劳动参与的可能性。

目前，劳动力的短缺更多地表现为普通劳动力的短缺。因此，促进仅存的剩余劳动力进一步转移，不仅可以让更多的农村劳动力分享工资水平上涨的成果，也有利于抑制劳动力成本的过快上扬。

（二）增加人均产出的水平

除了通过增加总体就业规模，使产出水平提高以外，深化户籍制度改革还可以增加人均产出的水平。人均产出水平的提高来自以下几个途径：资本产出比的提高、全要素生产率的提高、人均工作时间的增加等。其中，全要素生产率（即经济效率）的提升对于人均产出水平的提升最为关键。

首先，由于农民工处于劳动供给曲线的低端，他们的工作时间也更长。我们的调查显示，城市本地户籍的工人平均周工作时间为45小时，而农民工则长达57小时。因此，进一步促进劳动力流动，将有利于人均产出的增长。

更重要的是，进一步深化户籍制度改革可以提升全要素生产率，促进经济增长。如前所述，经济发展跨越刘易斯转折点之后，劳动力市场供求关系的转变促使经济增长的动力越来越依赖于经济效率的提升。那么，为什么说深化户籍制度改革有利于促进生产率的提升呢？借助于发生于其他经济体的一些事实，可以使我们得到启发。对美国各州的实证分析表明，外来移民（尽管他们大多属于低技能的群体）的增加，推动了本地人在劳动力市场上的专业化程度，并使全要素生产率提升了一半以上。另外一些研究结果也表明，由于移民大多集中于劳动密集型的岗位，这使得其他劳动者的技能得以更有效率的配置。因此，移民的流入促使本地工人更多地配置于技能、知识密集的行业。所以，更高水平的专业化和竞争使移民流入成为提升经济效率的源泉。

可惜的是，其他国家发展经验所揭示的事实在一定程度上为我们所忽视。在户籍制度改革的进程中，有很多城市仍然采取提高门槛的方式，对落户进行数量限制和类型的甄别，其理由往往是本地的经济发展不需要"低素质"的劳动力。显然，在分割的劳动力市场上，我们很难收获效率提升的红利。

（三）优化经济结构

通过深化户籍制度改革，促进人口合理的流动与分布，也有利于促进经济结构的优化。以人为核心的城镇化过程，将更好地发挥城市的服务功能，促进经济结构在第二产业和第三产业间更合理地配置。同时，有鉴于目前农村和城市在公共服务水平上的巨大差异，通过人口流动，在城市实现公共服务的集中供给有利于提高经济效率，并促进第三产业的发展。

三　对户籍制度改革的收益的实证分析

在户籍制度尚未彻底改革之前，中国的人口流动与前述的人口跨国流动有很大的相似性：尽管在劳动力市场上发挥了积极的作用，新进入的移民并没有完全享受本地居民的社会保护和公共服务。因此，我们沿用 Peri（2009）分析美国各州移民对州生产率时使用的理论框架，讨论外来劳动力对所流入城市生产率的影响。本文的主要目的是观察劳动力转移对城市经济发展，尤其是生产率的影响。因此，我们的主要分析手段是观察迁移劳动力的变化对劳动力市场规模以及劳均产出的各个组成部分的影响。

（一）数据

城市是我们的基本分析单位。由于中国城市具有"城市级别"这样特殊的治理结构，需要仔细定义"城市"的范围。例如，在行政区划上，地级城市或更高级别的城市往往下辖县级市。在本文中，我们使用"市辖区"的口径，因此，没有包括城市所辖县及县级市。由于县级市的部分指标难以获得，我们只分析地级以上城市。

1. 产出与资本存量

产出与资本存量的数据根据历年《中国城市统计年鉴》整理。"产出"即市辖区的"地区生产总值"，根据省级"地区生产总值平减指数"消除价格因

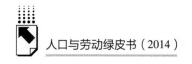

素的影响，得到以 1990 年不变价计算的各城市地区生产总值。

"资本存量"根据各城市历年"固定资产投资"，按永续盘存法估算。我们按照以下步骤估算城市水平的资本存量。

首先，确定基期的资本存量 K_{i0}。根据永续盘存法，如果基期年份选择越早，基期资本存量估计的误差对后续年份的影响就会越小。本研究关注的是地级城市市辖区，目前最早可追溯到 1990 年，因此我们选择这一年份为基期，部分城市的数据缺失，我们以可追溯的最早年份为该城市的基期。此外，我们还需要确定基期的资本产出比（K/Y）。基期资本存量一般采用假设的资本产出比（K/Y）倒推得到，早期研究（如 Chow，1993）假定 1952 年左右的资本产出比在 2.5～3.0，相关学者也较多采用这一假定，按照王小鲁和樊纲（2000）的估算结果，K/Y 基本保持在 2.0 左右，张军和章元（2003）估算结果达到 3.0 以上，但 20 世纪 90 年代前后呈现下降趋势。综合相关学者研究，考虑到本研究确定的基期年份距离当前较近，我们确定 2.0 作为基期年份的资本产出比，以此推算基期的资本存量。

其次，确定折旧率 δ_t。相关学者一般将中国固定资产的折旧率确定为 5%～10%，如 Perkins（1988）、王小鲁和樊纲（2000）假定为 5%，Young（2003）假定为 6%，刘明兴（2002）、龚六堂和谢丹阳（2004）假定为 10%，单豪杰（2008）假定为 10.96%，张军等（2004）解释了永续盘存法中折旧率 δ_t 的理论含义，采用法定残值率代替资本品的相对效率，将全社会固定资产投资划分为建筑安装工程、设备器具购置和其他费用三个部分，并考虑三类资产存在的明显寿命差异，分别按照各自的寿命期计算折旧率然后加权平均，得到各省的折旧率为 9.6%。本文参照张军等（2004）的估算结果，将 9.6% 作为折旧率参数。

最后，确定投资水平。大部分研究采用的资本形成总额或固定资本形成总额，但是统计部门只核算并公布了全国和省级层面的数据，地级城市层面数据无法获得。因此，本研究选择全社会固定资产投资总额作为衡量当年投资 I_{it} 的指标。

在确立了上述几个主要参数及变量以后，我们根据 $K_{it} = I_{it} + K_{it-1}(1 - \delta_t)$ 计算相应年份各城市的资本存量。

2. 迁移与就业

迁移劳动力对产出各个部分的影响，是本研究注重关注的问题，因此，需要对各个城市的迁移劳动力进行准确的定义和度量。我们将"本市以外户籍，在本市工作半年以上的劳动力"，定义为迁入劳动力。数据来源于 2005 年 1% 人口抽样调查和 2010 年第六次全国人口普查长表的微观数据。

上述微观数据还包含了就业以及其他反映个人特征的信息，因此，可以加总出城市总体就业水平、迁移劳动力占总就业的比重等。两次调查还提供了周工作时间的信息，使我们得以计算 X_{it} 及 x_{it}。根据劳动者的受教育水平，可以计算各个城市受教育程度在高中以上的劳动力与受教育程度在高中及以下的劳动力的工作时间，在总工作时间中所占的比重，即 s_{it} 和 $1 - s_{it}$。

3. 工资与技能密集指数

反映技术偏向程度的技能密集指数 φ_{it} 根据我们收集的数据库计算而得。由于需要知道不同受教育程度的劳动力的工资水平作为生产率的权重，而 2010 年第六次人口普查的长表数据并没有工资信息，所以我们利用国家统计局城市住户调查数据，计算了 2005 年和 2010 年各个城市高中以上劳动力和高中及以下的劳动力的平均工资水平，w_{it}^{s} 和 w_{it}^{l}。并以此计算技能密集指数 φ_{it}。

4. 参数 σ 和 α

在计算技能密集指数 φ_{it} 以及全要素生产率 A_{it} 时，需要确定高技能工人和低技能工人的替代弹性 σ。根据 Ciccone 和 Peri（2006）的综述，长期看该替代弹性值在 1.5 和 2.0 之间，因此 Peri（2009）在其估计中，将替代弹性 σ 的参数值确定为均值 1.75。需要指出的是，中国正在经历着劳动力市场的转变，其中一个突出的特点就是从二元经济结构下的刘易斯模式，向新古典模式的转变。在劳动力市场的竞争性得到充分发挥之前，上述替代弹性的值可能低于对于发达国家的估计。都阳（2013）使用中国制造业企业调查数据的研究发现，至少从短期看，替代弹性值要小于针对成熟经济体的研究结果。在本研究中，我们将使用 1.75 作为基准的估计参数，并观察当使用 1.5 和 1.25 时全要素生产率的变化情况。

参数 α 实际上反映了生产函数中资本和劳动的相对重要性。结合多项针对中国经济发展的实证研究，我们将该参数值确定为 0.68。

表7－1列示了本文研究所涉及的主要变量的描述性统计值以及其在两个不同时间点的变化情况。

表7－1　主要变量的描述统计

	2005(a)	2010(b)	变化(b-a)
GDP(亿元,1990年价格)	220(440)	408(794)	188
就业(万人)	71.34(95.24)	94.53(146.91)	23.19
劳均产出(万元,1990年价格)	3.35(1.75)	4.32(1.93)	0.97
移民就业份额(%)	27.2(23.4)	35.5(24.3)	8.3
周劳均工作小时(小时)	47.8(3.64)	46.4(2.62)	-1.4
外来劳动力(小时)	52.3(4.63)	49.7(3.05)	-2.6
本地劳动力(小时)	46.1(3.07)	44.7(2.38)	-1.4
资本产出比	1.65(0.46)	2.12(0.62)	0.47
劳均产出(元/小时)	17.33(8.75)	23.20(10.24)	5.87
TFP(元/小时)	5.94(9.39)	3.82(6.60)	-2.12
φ	1.143(0.05)	1.153(0.05)	0.01
β	0.277(0.177)	0.325(0.175)	0.048
$S(\%)$	16.3(8.4)	19.2(8.3)	2.9

注：括号中的数字为标准差。

资料来源：笔者根据本研究所整理的数据库计算得到。

（二）估计模型

如前所述，本研究的主要目的是观察劳动力向城市的迁移对产出水平和经济效率的影响及其路径。因此，主要的解释变量是 $\Delta L_i^m / L_i$，即由于外来劳动力的流入引起的就业变化占总就业的比重。类似于 Peri（2009）的经验回归分析模型，本研究的主要目的是通过估计以下一组方程，来观察相应的弹性值 η_b。

$$\dot{b}_i = \gamma + \eta_b \frac{\Delta L_i^m}{L_i} + \varepsilon_i \qquad (7-1)$$

式中左边的变量 b_i 分别为总就业水平 L，资本产出比 K/Y，全要素生产率 A，平均工作时间 x，以及技能密集指数 φ。

正是由于解释变量和被解释变量互为因果关系，因此使用 OLS 回归会导致我们估计的弹性有偏。为此，我们选择了工具变量，对上式使用 2 SLS 估计方法。工具变量包括如下两类：前期已经安置下的移民占就业的比重以及城市到最近的交通枢纽的铁路里程。交通枢纽城市包括北京、上海、广州、西安、成都。

（三）估计结果

表 7 - 2 列出了主要的回归结果。如前所述，我们需要观察主要的解释变量"外来劳动力的流入引起的就业变化占总就业的比重" $\Delta L_i^m/L_i$，对劳动力市场规模（就业）和劳均产出的影响，根据式（7 - 1），对劳均产出的影响又可以进一步分解为对资本产出比、TFP、工作时间以及技术密集指数的影响，而技术密集指数又主要涉及两个参数 β 和 S。表 7 - 2 中每一行是上述变量之一对我们感兴趣的解释变量 $\Delta L_i^m/L_i$ 回归的结果，每一列反映了设定的变化。表 7 - 2 的每一个单元格报告了估计的弹性 η_b。我们在下一节将着重分析这些弹性值的含义。

表 7 - 2　主要回归结果

	OLS		2SLS	
	基本设定	滞后被解释变量	基本设定	滞后被解释变量
就业	1.08(0.033)***	1.10(0.034)***	0.837(0.098)***	0.994(0.077)***
劳均产出	-0.525(0.054)***	-0.34(0.05)***	-1.00(0.167)***	-0.493(0.306)**
劳均产出的构成				
资本产出比	-0.153(0.038)***	-0.201(0.037)***	-0.731(0.141)***	-0.759(0.136)***
TFP	-0.138(0.099)***	-0.077(1.06)	0.598(0.291)***	0.906(0.39)***
工作时间	-0.027(0.066)	0.026(0.057)	-0.061(0.018)***	-0.043(0.018)***
技术密集指数	0.0003(.005)	-0.036(0.047)	-0.0088(0.014)	-0.0026(0.012)
技术密集指数的构成				
β	-0.383(0.158)	-0.355(0.370)	-1.225(0.443)***	0.139(0.352)
S	-0.011(0.064)	-0.033(0.055)	-0.412(0.183)***	0.207(0.581)
观察值数	251	251	251	251

注：表中第一列为被解释变量，所报告结果为对 $\Delta L_i^m/L_i$ 的回归结果。所有的回归方程都按照 2010 年城市的就业规模加权。*** 表示在 1% 的水平上显著，** 在 5% 的水平上显著，* 在 10% 的水平上显著。

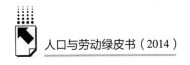

四 户籍改革可以获得多少红利？

随着城乡间劳动力市场一体化程度的逐步提高，农村转移劳动力已经成为城市劳动力市场上劳动供给的主要来源。根据国家统计局的农民工监测调查，2013 年外出农民工总量已经达到 1.66 亿，占城镇就业总量的 43%。然而，在放松劳动力市场管制，但缺乏全面的户籍改革的条件下，人口流动是以劳动力流动为主。由于户籍改革的滞后，以劳动力流动主导的城镇化进程不可避免地带来人口结构与经济结构的扭曲，并制约经济发展。

由于人口流动和城镇化以劳动力流动为主导，在城市化水平刚刚过半的情况下，就出现了劳动力短缺。由于劳动力市场的选择性，首先利用劳动力市场机会的总是人力资本水平更高的劳动力。因此，纯粹的劳动力流动取决于家庭及个人的禀赋，并使得劳动力流动模式呈现出非线性特征：即只有人力资本水平和家庭禀赋条件达到临界水平的劳动力才可能利用劳动力市场（Du et al.，2005）。当禀赋条件位于临界水平之上的劳动力转移殆尽的时候，尽管我们仍然能看到农业中有大量剩余人口，但刘易斯转折点仍然来临（蔡昉，2010）。

这种形式的城镇化扭曲了城乡的人口结构。由于 30 岁以下的农村人口迁移率很高，因此，农村常住人口的年龄结构出现新的变化，所谓的"留守老人"和"留守儿童"现象日渐突出，并引发了教育、养老及其他一些社会问题。同样，以常住人口定义的城镇化率与以户籍人口定义的城镇化率的差距越来越大，2012 年达到 17.3 个百分点（《国家新型城镇化规划 2014 - 2020》）。

（一）扩大劳动力市场规模

从现有的农村劳动力资源分布看，由于前述的选择性流动，剩余的劳动力资源数量随着年龄增长而增加，如图 7 - 1 所示。由于保留工资水平更高，40 岁以上的劳动力通过劳动力市场实现转移的难度增加。2009 年 30 ~ 64 岁的未转移农村劳动力总量为 1.78 亿，占全部未转移农村劳动力的 84.5%。那么，这些劳动力是否可以在城市劳动力市场上进一步发挥作用呢？答案是肯定的。

首先，目前出现的劳动力短缺，主要是低技能的劳动力供给短缺。因此，

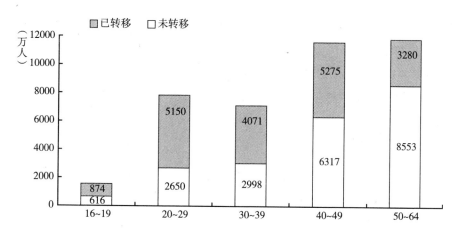

图 7 - 1　2009 年农村劳动力资源的分布

资料来源：根据"国家统计局 2009 年住户调查"微观资料推算得到。

低技能劳动力供应的增加，无疑可以使他们获得更好的就业机会，同时延续中国经济的竞争力，为结构调整赢得时间。其次，普通劳动力与城市现有的高技能劳动力之间存在互补的关系，低技能劳动力的流入，有助于强化高技能劳动力的分工和专业化水平，提升经济效率。最后，其他国家的经验（Oldenski，2012）已经表明，就业结构的变化往往呈现两极化趋势，低端岗位在结构调整过程中也不断增长。如此，城市劳动力市场将对 40 岁以上的农村劳动力产生持续的需求。

　　具体到我们所讨论的问题，很容易从回归结果发现，城市的就业规模已经主要取决于劳动力流入的多寡，其弹性值高达 0.99。根据新古典增长理论，由于资本产出比不能无限制地提高，就业规模的扩大和 TFP 的增长几乎决定了长期经济增长的全部。

（二）提高 TFP

　　Peri（2009）对美国各州的实证分析表明，外来移民（尽管他们大多属于低技能的群体）的增加，推动了本地人在劳动力市场上的专业化程度，并使全要素生产率提升了一半以上。另外一些研究结果也表明，由于移民大多集中于劳动密集型的岗位，使得其他劳动者的技能得以更有效率的配置。因此，移民的流入促使本地工人更多地配置于技能、知识密集的行业。所以，更高水平的专业化和竞争使移民流入成为提升经济效率的源泉。

表7-1已经展示了TFP水平在两年间的变化，从2005年到2010年，城市平均的TFP水平下降了36%。然而，这一时期TFP下降的主要原因，在于要素积累的经济增长模式非但没有得到转变，而且愈演愈烈。如表7-1所示，城市的平均资本产出比由2005年的1.65上升到2010年的2.12，提高了28%。而图7-2的上方两图显示，资本产出比与TFP水平存在明显的负相关关系，即越是依赖投资刺激经济增长的城市，其经济效率也越低。图7-2的下方两图展示了迁移与TFP的关系，即便在没有控制其他因素的情况下，也可以观察到劳动力市场越开放的城市，其经济效率也越高。

表7-2中使用工具变量的回归结果显示，城市就业中迁移劳动力数量的变化的确对经济效率的提升有积极影响。在控制TFP初始水平的情况下，其弹性值达到0.91，而且在统计上处于显著水平。

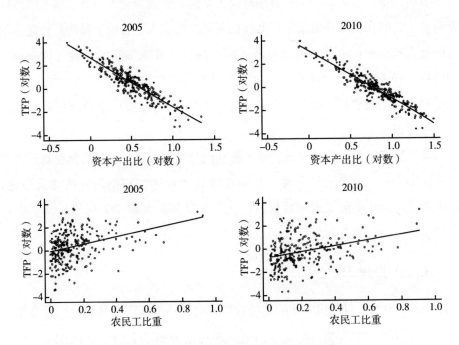

图7-2　TFP与资本产出比及移民的比重

资料来源：根据相关数据计算得到。

为了观察替代弹性 σ 取值大小对 TFP 的影响，我们还给 σ 分别赋值 1.5、1.25 以及 0.5，以观察弹性值 η 的变化情况。使用同样的工具变量、回归方法和设定，η 值分别为 0.99、0.75 和 0.18，且都在 1% 的水平上显著。

（三）资本产出比、工作时间与技能密集指数

根据新古典理论，从长期看，当经济增长达到稳态水平，劳均产出的增长仅仅取决于 TFP 的增长，而资本产出比、工作时间和技能密集指数都将保持不变，因而，不会对劳均产出的增长有贡献。然而，就处于结构调整前夜的中国经济而言，我们仍然可能观察到这些因素对劳均产出的影响。特别是我们的数据观察各个城市从 2005 年到 2010 年增长绩效的变化，其间经历了金融危机后的大规模刺激计划，资本产出比也有显著提升。

1. 资本产出比

如表 7-1 所示，资本产出比在我们观察的期间经历了显著的上升。但我们的回归分析表明，外来劳动力的流入显著降低了资本产出比，其弹性值为 -0.76，这一结果与 Peri（2009）对美国各州移民的分析符号一致。鉴于中国经济的发展已经过度依赖投资，资本产出比已经达到较高水平，从一定程度上说，资本产出比的下降与转变经济增长方式的总体目标是一致的，也有利于中国经济持续健康地发展。

2. 工作时间

由于城市劳动力市场上两部分劳动力的工作时间存在差别，总体上看，平均工作时间的变化 ΔT，取决于以下几方面因素：本地工人工作时间的变化（ΔT^L），迁移劳动力和本地工人工作时间的差异（T_{2005}^{ML}）及其变化（ΔT^{ML}），以及迁移劳动力占总就业的比例（s_{2005}^M）及其变化（Δs^M），即：

$$\Delta T = \Delta T^L + \Delta s^M T_{2005}^{ML} + s_{2005}^M \Delta T^{ML} + \Delta s^M \Delta T^{ML} \qquad (7-2)$$

较之 2005 年，城市劳动力市场上工人的平均周工作时间下降了 1.37 小时。普查数据表明，无论是本地工人还是外来劳动力，工作时间都有所下

降。根据式（7-2），我们可以对变化来源进行分解。结果表明，工作时间的下降主要来源于城市本地职工工作时间的减少，占102%；外来劳动力和本地工人工作时间差的缩小占28%；而外来劳动力占总就业比重的增加使得周平均工作时间增加了0.41小时，占30%。这意味着如果其他条件不变，仅仅观察劳动力流动对平均工作时间的影响，将会发现其有利于平均工作时间的增加（见表7-3）。

表7-3　2005～2010年城市周平均工作时间变化的来源

	周工作时间（小时）	占比（%）
ΔT	-1.37	100.0
ΔT^L	-1.40	102.1
$\Delta s^M T_{2005}^{ML}$	0.50	-36.8
$s_{2005}^M \Delta T^{ML}$	-0.39	28.0
$\Delta s^M \Delta T^{ML}$	-0.09	6.6

从总体上看，我们的数据表明劳动时间呈减少的趋势，回归结果表明，迁移增加也使得平均周工作时间略有减少，其弹性值为-0.043。

3. 技能密集指数

技能密集指数在2005年和2010年间变化甚微。而且，劳动力流动对技能密集指数的影响也在统计上不显著。这可能与我们的观察间隔时间相对较短有关。因此，在以下的分析中，我们将忽略技能密集指数变化对收益的影响。

（四）改革的净收益

《国家新型城镇化规划2014～2020》明确提出了如下的发展目标，到2020年"常住人口城镇化率达到60%左右，户籍人口城镇化率达到45%左右，户籍人口城镇化率与常住人口城镇化率差距缩小2个百分点左右，努力实现1亿左右农业转移人口和其他常住人口在城镇落户"。常住人口城市化率达到60%，意味着有7.4%（约1亿）的人口由农村转移到城市。在农村青壮年劳动力转移已经充分的情况下，实现这一目标只能通过户籍制度的全面改革。

以到 2020 年再转移 1 亿农村人口计算，平均每年的新增转移人口为 1667 万，考虑到新转移的农村人口构成将不再以青壮年劳动力为主，我们假定其劳动参与率水平为 2010 年非农劳动参与率的平均水平 65%（都阳、陆旸，2013）。根据本文估计的弹性值，我们可以推算，通过深化户籍制度改革，实现上述目标所带来的经济收益。如表 7-4 所示，未来 6 年中扩大劳动力市场规模和全要素生产率的提升带来的经济收益，每年各约为 4~5 个百分点。但由于人口的流动，资本产出比将下降，而劳均工作时间也会减少，并使得收益为负。关于技术密集指数的回归不显著，因此不考虑其影响。总体来看，人口流动的净收益为正，初期可以获得每年约 2 个百分点 GDP 的净收益，随后下降，到 2020 年仍然可以获得约 1.6 个百分点的净收益。即便假定未来几年的 GDP 增长速度下降到 5.5%，每年的净收益（2013 年价格）仍然超过 1 万亿元，如表 7-4 中最后一列所示。

表 7-4　全面户籍改革的净收益

年份	劳动力市场规模(%)	TFP(%)	K/Y(%)	工作时间(%)	净收益(%)	净收益(亿元)
2014	5.56	5.06	-8.24	-0.24	2.14	12200
2015	5.26	4.80	-7.80	-0.23	2.03	12132
2016	5.00	4.56	-7.41	-0.22	1.93	12098
2017	4.76	4.34	-7.05	-0.21	1.84	12095
2018	4.54	4.14	-6.73	-0.20	1.75	12119
2019	4.34	3.96	-6.44	-0.19	1.68	12169
2020	4.16	3.79	-6.17	-0.18	1.61	12243

注：以《国家新型城镇化规划 2014-2020》确定迁移目标，经济增长率水平假定为 5.5%。
资料来源：笔者根据估算结果推算得到。

需要指出的是，以全面深化户籍制度改革为基础所推动的新型城镇化，将使中国经济的发展更加健康。资本产出比的下降和人均劳动时间的下降产生的负面影响，被劳动力更全面地利用以及生产效率的提升所抵消。如果这些目标

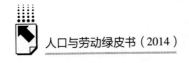

得以实现，中国不仅可以避免中等收入陷阱，经济增长的质量也由于摒弃了要素积累的增长模式，而更加健康。

五　结论

改革进入深水区，全面的户籍制度改革当是改革攻坚的重要内容。然而，在以要素积累为特征的传统经济增长方式被发挥到无以复加的程度时，深化改革与持续增长是兼容的。甚至唯有改革，才能为中国经济发展注入新的活力，使中国避免中等收入阶段的发展难题，步入高收入经济体的行列，为中华民族的伟大复兴奠定坚实的物质基础。

全面的户籍制度改革，不仅提供了城乡统筹发展、让更多人分享改革开放成果的机遇，所带来的增长潜力，也将成为中国经济持续发展的重要动力。而户籍制度改革所能带来的红利，以前往往为我们所忽视。本文综合利用多个具有全国代表性的数据库，考察了移民流入对城市经济发展的影响。结果发现，移民的流入是劳动力市场规模扩大的主要源泉，并对经济增长发挥着重要贡献。更重要的是，劳动力的自由流动，提升了经济效率，而后者将是中国在未来能够获得长期经济增长的主要源泉。虽然移民的增加对于资本产出比有负面影响，但在转变经济增长方式的需求日渐强烈的情况下，这一变化也与我们的改革目标相兼容。

《中共中央关于全面深化改革若干重大问题的决定》以及《国家新型城镇化规划 2014－2020》明确了未来几年与户籍制度相关的改革目标。2014 年 6月 30 日，中共中央政治局召开会议，审议通过了《关于进一步推进户籍制度改革的意见》，提出了"积极推进城镇基本公共服务由主要对本地户籍人口提供向对常住人口提供转变"的工作思路。全面的户籍制度改革的着力点，应该是对与户籍相联系的福利体系、公共服务的全面改革，为劳动力的进一步、充分流动创造条件。从改革方式上看，也需要超越以往地方试验、分类改革的形式，通过更系统的顶层设计，在不同类型城市和地区之间更全面地推进户籍制度改革。

然而，让改革进程付诸实施所带来的挑战将是前所未有的。希望本文的实证研究结果能让更多的人认识到，尽管所谓户籍改革的"成本"，实际上是使发展成果惠及更广大的人群，但仅仅把目光集中于改革所需要付出的"成本"是狭隘的，改革带来的收益才是推动中国经济持续发展的源泉。

参考文献

蔡昉（2010），《经济发展与刘易斯转折点》，《经济研究》第 1 期。

都阳（2013），《制造业企业对劳动力市场变化的反应：基于微观数据的观察》，《经济研究》第 1 期。

都阳、陆旸（2013），《经济发展新阶段的劳动供给形势与政策》，载蔡昉主编《2013 中国人口与劳动问题报告》，北京：社会科学文献出版社。

龚六堂、谢丹阳（2004），《我国省份之间的要素流动和边际生产率的差异分析》，《经济研究》第 1 期。

刘明兴（2002），《1952－1999 年中国经济增长数据》，北京大学中国经济研究中心 CCER 经济发展论坛，研究报告。

单豪杰（2008），《中国资本存量 K 的再估算：1952－2006 年》，《数量经济技术经济研究》第 10 期。

王小鲁、樊纲（2000），《中国经济增长的可持续性——跨世纪的回顾与展望》，北京：经济科学出版社。

张军、吴桂英、张吉鹏（2004），《中国省际物质资本存量估算：1952－2000》，《经济研究》第 10 期。

张军、章元（2003），《对中国资本存量 K 的再估计》，《经济研究》第 7 期。

Borjas, George（1994）. The Economics of Immigration. *Journal of Economic Literature*，32（4）：1667－1717.

Chow, Gregory（1993）. Capital Formation and Economic Growth in China. *Quarterly Journal of Economics*，108（3）：809－842.

Ciccone, Antonio & Giovanni Peri（2006）. Identifying Human－Capital Externalities：Theory with Applications. *Review of Economics Studies*，73（2）：381－412.

Du, Yang, Albert Park & Sangui Wang（2005）. Migration and Poverty Reduction in China. *Journal of Comparative Economics*，33（4）：688－709.

Lewis, Ethan（2005）. Immigration, Skill Mix, and the Choice of Technique. *Federal Reserve Bank of Philadelphia Working Paper*，No. 05－08.

Oldenski, L.（2012）. Offshoring and the Polarization of the U. S. Labor Market. *Handbook of Labor Economics*，Volume 4. Amsterdam：North Holland Press.

Peri, Giovanni（2009）. The Effect of Immigration on Productivity: Evidence from US States. *NBER Working Paper*, No. 15507.

Perkins, Dwight（1988）. Reforming China's Economic System. *Journal of Economic Literature*, 26（2）: 601 – 645.

Young, Alwyn（2003）. Gold into Base Metals: Productivity Growth in the People's Republic of China during the Reform Period. *Journal of Political Economy*, 111（6）: 1220 – 1260.

第八章

延伸义务教育：为迈向高收入积累人力资本

都 阳

　　"十三五"期间的经济发展，在中华民族伟大复兴的道路上具有里程碑的意义。在过去30余年的发展历程中，中国经济的快速增长已经成就了人类经济发展史上的奇迹。中国不仅在非常短的时间内实现了人类历史上最大规模的减贫，而且，按照世界银行提出的标准，已经成为上中等收入国家，离高收入国家的下限也并不遥远。根据世界银行的测算，按照购买力平价，中国以2005年价格计算的人均GDP水平，在2010年已经达到6804美元。以2010~2013年的经济增长速度推算，2013年中国的人均GDP水平已经达到8626美元（购买力平价、2005年不变价）。如果中国经济在"十三五"期间，能保持年均6%的增长速度，到2020年，以购买力平价计算的人均GDP水平将达到13000美元左右，大致进入高收入国家的行列。

　　然而，这看似可以轻而易举实现的任务，并非可以一蹴而就。纵观人类经济发展史，在迈向高收入经济体的道路上，成功的案例并不多见，在中等收入阶段出现增长停滞的国家却屡见不鲜。有学者甚至预言，经历了较长时期快速增长的经济体，增长速度回归均值是非常可能的统计现象（Pritchett & Summers，2014），并据此对亚洲一些快速发展的经济体的增长前景做出了不令人乐观的预测。一项针对100多个国家的跨国研究表明，长期的"增长停滞"发生于中等收入阶段的概率，要明显高于低收入阶段和高收入阶段（Aiyar et al.，2013）。虽然决定经济绩效的因素非常复杂，但对成功的跨越者与陷入中等收入陷阱国家的比较发现，是否在中等收入阶段有效地积累人力资

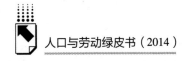

本，并通过人力资本的提升促进全要素生产率的增长，进而推动经济增长，是其中非常重要的环节。

在过去30年时间里，中国的人力资本积累是卓有成效的。快速、全面地普及九年义务教育为中国的工业化进程积累了大量合格的产业工人，已成为不争的事实。正是由于这一时期的人力资本积累，确保了中国制造业的长足发展和劳动密集型经济的国际竞争力的提升。在最近十年来，高等教育的超常规扩张，也对提高劳动者的总体素质发挥了积极的作用。即便一些大学毕业生在短期内面临就业困难，然而，劳动者素质的提升也必将为未来经济结构的全面转型与升级打下人力资源的基础。

在中国经济发展面临重要挑战的"十三五"时期，继续保持人力资本积累的趋势，既对经济的持续发展有重要的意义，也面临着严峻的挑战。这其中，义务教育的延伸应该成为新一轮规划工作的重点。通过将高中阶段教育纳入义务教育体系，可以进一步促进人力资本积累，为中国迈向高收入经济打好人力资源的基础。

一　突破中等收入陷阱需要更高的人力资本积累

普及九年义务教育使中国在较短时间内积累了有效的人力资本，促成了中国经济在较长的时期内实现高速增长，并为初步实现工业化积累了充足的人力资源。在中等收入阶段向高收入迈进的过程中，经济发展所面临的制约日益明显，尤其是经济增长的源泉将越来越依赖于经济效率（生产率）的提升，对人力资本也提出了更高的要求。这一方面需要进一步深化经济体制改革，创造更加有利于要素有效配置的市场环境；另一方面也要继续发挥政府在人力资本积累方面的能动性，以及市场难以替代的作用。从"十三五"期间中国经济发展的内在要求看，通过延伸义务教育、加强人力资本积累的迫切性依然很强，主要体现在以下几个方面。

（一）全要素生产率推动的经济增长是突破中等收入陷阱的关键

国际经验表明，从中等收入阶段成功跃入高收入的经济体（如日本、韩国、新加坡和中国台湾）与陷入"中等收入陷阱"的国家（如部分拉美和南亚国家）的本质区别在于，东亚经济体在中等收入阶段的后期更多地依靠全要素生产率（TFP）推动经济增长并顺利进入高收入阶段，而陷入中等收入陷阱的国家则继续依赖生产要素的简单积累。

从全要素生产率的来源看，既可以通过改善包括劳动力在内的各种生产要素的配置效率获得，也可以通过提高工人在既定岗位上的生产效率获得，而这两个来源在经济发展的不同阶段扮演着不同的角色。同时，获得这两种不同类型的全要素生产率，所对应的政策手段也有很大的差别。

改革开放以来，中国实现的经济增长奇迹，既有生产要素迅速积累的原因，也有劳动力流动导致的再配置效应所带来的生产效率提升。在二元经济时代，由于农业中劳动的边际生产率水平很低，劳动力从农业向非农部门的转移就可以带来劳动边际生产率的提升和配置效率的改善，提升全要素生产率。在改革开放头20年，由劳动力再配置带来的经济增长份额占每年经济增长的20%～25%（世界银行，1998；蔡昉、王德文，1999）。

然而，由于劳动力市场在近年来发生的显著变化，不同地区的劳动者，以及城乡劳动力市场上的工资趋同日益明显。农业的劳动投入由于机会成本的增加，变得越来越昂贵，农业机械对劳动投入的替代越来越明显，农业劳动的边际生产率也由于农业剩余劳动力的转移逐步提升。这意味着农业劳动力进一步的转移不仅导致农业总产出的损失，其带来的效率收益，也远低于典型的二元经济时期。换言之，通过劳动力流动和再配置，获得全要素生产率的可能性越来越小。

我们以农业雇工工资作为农业工资的替代，并反映农业劳动投入的边际生产率，以外出农民工的平均工资作为其在非农部门劳动边际生产率的替代。这样，我们可以计算出平均每个转移劳动力贡献的生产率。结合外出农民工数量统计，可以计算出农业转移劳动力对经济增长的贡献，结果如表8-1所示。我们看到，由于农业部门和非农部门的工资趋同，劳动力流动的再配置效应对经济增长的贡献逐渐减少，"十二五"期间尤其明显。由于"十一五"和"十二五"时期劳动力市场出现的转折性变化，农业剩余劳动力逐渐枯竭，农业部门和非农部门的工资（边际劳动生产率）趋同，通过劳动力再配置提升全要素生产率、推动经济增长越来越困难。在"十五"期间，劳动力再配置对经济增长的平均贡献率为23.1%，到"十一五"期间下降到12.4%，"十二五"前期为8.6%。

随着劳动力市场变化的加剧，在"十三五"时期通过劳动力再配置获取TFP将更加艰难，经济增长将越来越依赖于提高已经转移的劳动力在新岗位上的生产效率。这就意味着仅仅靠以初中教育为主体的产业工人不足以在"十三五"及其以后的时期保持全要素生产率的提升，提升产业工人的总体素质的要求越来越迫切。同时，在TFP的源泉主要来自劳动力流动的再配置效应时期，其对应的主要政策举措应该是鼓励劳动密集型产业的发展以及增强劳动力市场的流动性、竞争性和灵活性。但当TFP主要依赖于既定岗位上生产率的提升时，人力资本的进一步积累就显得更加重要。而后者也是"十三五"期间所面临的主要挑战。

表 8-1　劳动力再配置对经济增长的贡献

单位：%

年份	经济增长率	再配置贡献	再配置贡献占增长比重
2001	8.3	2.02	24.3
2002	9.1	2.86	31.4
2003	10.0	2.59	25.9
2004	10.1	1.71	16.9
2005	11.3	1.94	17.2
2006	12.7	1.74	13.7
2007	14.2	1.20	8.5
2008	9.6	1.04	10.9
2009	9.2	1.30	14.2
2010	10.4	1.06	10.1
2011	9.3	0.72	7.7
2012	7.7	0.73	9.5

（二）经济结构转型需要更高的人力资本积累

中国已经进入工业化的中后期。在后中等收入阶段，经济增长的一个突出特点是，经济结构逐步由专业化向多元化转变。根据 Imbs 和 Wacziarg（2003）的观察，在经济发展的初级阶段，伴随着就业向工业部门的集中，经济结构的专业化程度逐步提高，但到了中等收入阶段后期，经济结构又重新开始出现多元化趋势，并对经济增长方式和人力资本水平提出了更高要求。

中国经济结构和就业结构的转变也体现出了类似的特征。改革开放以来的经济高速增长主要是通过农业劳动力大量的非农化进程推动的。劳动密集型产业的发展不仅创造了大量的就业机会，也强化了制造业等劳动密集部门的分工，扩大了市场范围，使中国在短短几十年时间内成为世界工厂。同时，经济结构的专业化程度逐步提升。

但最近几年来，就业结构多元化趋势开始出现。根据具有全国代表性的微观资料，我们把按二位码分类的行业和按二位码分类的职业进行组合，观察包含行业和职业特征的岗位情况，共 5034 个岗位。按照每个岗位的工资水平排序，我们将所有岗位十等分。图 8-1 展示了按岗位质量十等分的就业分布情况。该图的右图显示，2005 年最低端岗位占全部非农就业岗位的 2/3。图 8-2 左图显示的是按质量十等分的岗位所对应的平均受教育年限。最低的 30% 岗位所需要的人力资本大约为 9~9.4 年，与这一时期劳动者的平均受教育年限吻合。从一定意义上说，就业结构不仅与经济结构相关，也取决于人力资本供给的结构。

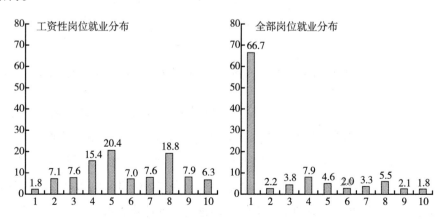

图 8-1 按非农岗位质量十等分的就业分布

资料来源：根据 2005 年 1% 人口抽样调查资料计算。

囿于资料的限制，我们无法观察更近一段时期即"十一五"和"十二五"期间，按岗位质量分的就业变化情况。但我们根据其他微观资料的观察表明，2005 年以来，就业结构的确在发生变化，工资性岗位在不断增加，就业的正规性也在逐步提升。即便不考虑就业结构的升级，仅仅观察同一时期工资性岗位的分布，就可以看到产业结构和就业结构变动对人力资本的需求。图 8 - 2 的左图显示，工资性就业主要集中于中等就业质量的岗位，所需要的人力资本在 10 ~ 12 年之间。换言之，如果"十三五"期间就业结构逐步升级，那么其岗位所对应的人力资本应该通过高中阶段的教育完成。

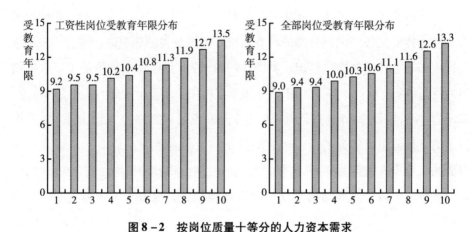

图 8 - 2　按岗位质量十等分的人力资本需求

资料来源：根据 2005 年 1% 人口抽样调查资料计算。

（三）劳动力成本的持续上升需要通过人力资本投资提高生产率

"十一五"和"十二五"时期，劳动力市场出现的最明显的变化，就是劳动力短缺的频繁出现以及普通工人工资水平的加速上扬。2001 ~ 2006 年，农民工平均实际工资的年复合增长率为 6.7%；而 2007 ~ 2013 年增长到 12.7%。普通工人的工资上涨，对于以劳动密集型行业为主的经济影响明显。一旦劳动力成本的上升速度快于劳动生产率的增长速度，则意味着劳动力密集型行业的比较优势的削弱，在这种情况下，经济结构的转换与升级的压力将大大增加，转变经济增长方式刻不容缓，提升劳动生产率的要求也更加迫切。

由于劳动力成本的上升在很大程度上是由供给方面的因素（尤其是人口结构等在中长期稳定的因素）推动，因此，在未来一段时期内工资水平仍然可能保持稳定上扬的趋势。要保持中国经济的增长潜力与国际竞争力，唯有提高劳动生产率。而提升劳动生产率的最基本的手段，就是提高劳动者的人力资本水平。

（四）高中教育仍然有明显的劳动力市场回报

姑且不论"十三五"及其以后的时期经济结构变化对技能会产生新的需求，目前，高中及大学教育的劳动力市场回报仍然明显（图8-3）。我们以微观资料估算不同时期的工资方程发现，在控制了其他个人特征和劳动力市场因素以后，接受高中阶段教育的劳动者获得的回报高出初中阶段教育17%左右。大学及以上教育的相对回报由于大学毕业生的供给增加而递减，在2010年高出接受初中阶段教育者约57%。

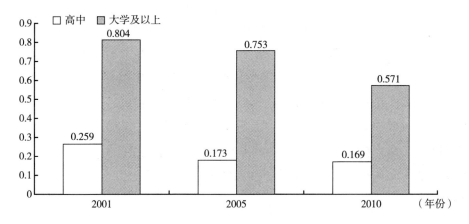

图8-3　高中和大学及以上教育相对于九年义务教育的回报

资料来源：根据"中国城市劳动力市场调查"资料计算。

由此可见，从总体上看，将义务教育延伸至高中阶段即便在目前的劳动力市场供求结构下，仍然可以获得经济效率的改善以及较好的劳动力市场回报。考虑到人力资本投资应该超前于经济结构的变动，在"十三五"时期将义务教育延伸至高中阶段可谓恰逢其时。

（五）九年义务教育体制已经落后于中国的发展阶段

成功跨越中等收入的经济体几乎都采取了教育先行的发展战略。从中国的发展经验看，普及九年义务教育也是确保中国跨入中等收入阶段的重要战略措施。然而，发达国家的先行经验表明，九年义务教育体制已经落后于中国的发展阶段。现代经济增长和增长转型的一个基本方向是，在发展到一定阶段经济系统必须实现从传统要素投入拉动为主的增长模式，转向发挥人力资本要素的作用，并依赖人力资本积累带来的创新和技术进步为主拉动增长。步入中等收入阶段的中国，单纯依靠劳动力和资本等要素投入已不再能够保持经济增长的可持续性，未来经济发展必须依靠人力资本，以及由此带来的技术进步与生产率的提高。人力资本积累是经济增长特别是落后国家赶超发达国家的重要引擎，这也是发展经济学和经济增长理论中广泛的共识。

韩国和日本等成功跨越中等收入阶段的经济体，在经济起飞前高中入学率已接近100%。随后，仍然保持对各阶段教育的投资。发达国家的人力资本水平已普遍较高，以25～64岁人口的受教育年限（中位数）为例，美国和加拿大为13.3年，澳大利亚和新西兰为11.9年，欧洲为11.8年左右。

目前，中国的高中阶段的入学率仍然落后于OECD国家30年前的水平。由于城乡之间教育发展的不平衡，农村的高中教育尤其落后。教育的不平衡状况以及义务教育结构，与一些在中上等收入徘徊的国家，如墨西哥的情形，非常相似。考虑到农村地区的劳动力将是未来中国劳动供给的主要来源，如果不将高中教育义务教育化，其在农村的萎缩将对未来的人力资本积累产生更严峻的挑战。

二 义务教育延伸是教育发展战略的自然延续

改革开放以来，中国的教育事业取得了长足的进步，有效的人力资本积累是支撑中国过去30多年高速经济增长的关键因素之一。教育的大发展突出体现于在21世纪实现了城乡免费义务教育以及高等教育的大众化。根据两次人口普查资料计算，15～64岁人口的平均受教育年限由2000年的8.29年上升至 2010 年的 9.44 年。也就是说，从总体上看，通过多年的努力，劳动年龄人口的平均受教育水平达到了初中以上。根据"六普"资料计算，随着年龄的变化，劳动参与率呈倒 U 形变化趋势，具体来说，从 22 岁开始劳动参与迅速上升，到 49 岁以后又迅速下降。劳动参与率最高的年龄段 22~49 岁人口的平均受教育水平从 2000 年的 8.56 年提升到 2010 年的 9.74 年。

《国家中长期教育改革和发展规划纲要（2010—2020 年）》（以下简称《纲要》）提出，"到 2020 年，基本实现教育现代化，基本形成学习型社会，进入人力资源强国行列。"要实现这一目标，就需要在九年义务教育已经普及、高等教育经历迅速扩张后，尽快弥补高中阶段教育的相对滞后与不足。该《纲要》还明确提出，到 2020 年要"普及高中阶段教育，毛入学率达到 90%；新增劳动力平均受教育年限从 12.4 年提高到 13.5 年；主要劳动年龄人口平均受教育年限从 9.5 年提高到 11.2 年"。如上所述，即便在全面普九和高等教育大发展的时期，15~64 岁人口的平均受教育年限也仅提高了 1.15 年。因此，在九年义务全面普及和大学阶段毛入学率在较高水平的基础上，用十年时间使主要劳动年龄人口的平均受教育年限再提高 1.7 年，其任务是非常艰巨的。而能否实现高中阶段教育的大发展，将是实现《纲要》提出的战略目标的决定因素。

图 8-4 显示了 2000 年和 2010 年 15~64 岁人口平均受教育年限的变动情况。我们将 2010 年高中以后年龄段的人口队列后推 10 年，得到 2020 年分年龄组的平均受教育年限。该图清楚地表明，2020 年 28 岁及以上的劳动年龄人口的平均受教育年限均在 11.2 年以下，要实现《纲要》提出的战略目标，只能使在 2020 年前的教育适龄人口接受更充分的教育，这其中很关键的一个目标群体就是高中适龄人口，即必须在"十三五"期间，让目标人群实现高于 11.2 年以上的教育。

从实际执行的情况看，虽然《纲要》提出了普及高中阶段教育的战略目标，但由于高中阶段教育没有纳入义务教育，对政府、学校、家庭和个人的约束力不够，加之劳动力市场上工资水平的提升，大大增加了个人接受高中阶段教育的机会成本，高中阶段教育反而呈萎缩趋势。2013 年，全国高中阶段学校比上年减少 643 所，招生比上年减少 101.29 万人，在校学生比上年减少 225.36 万人。高中阶段毛入学率为 86.0%，在高中阶段适龄人口减少 1.62 个

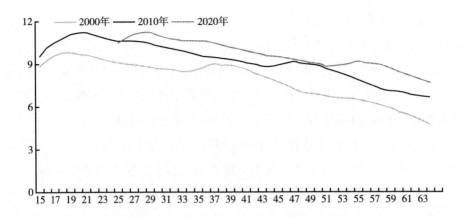

图 8 - 4　15 ~ 64 岁人口的平均受教育年限

资料来源：根据人口普查资料计算。

百分点的情况下，毛入学率仅比上年提高 1.0 个百分点。

中国全面普及九年义务教育取得了丰硕的成果，也成功地支撑了工业化初期的人力资源需求。目前高中教育的普及已经具备良好基础，将义务教育延伸至高中阶段，既是教育发展战略目标的必然要求，也是教育发展规划与时俱进的延续，应该成为"十三五"要解决的重点规划领域。

三　"十三五"期间实现高中义务教育是可行的

随着综合国力的不断增强，教育公共财政支出的大幅度增加，教育的持续发展已经具备了坚实的物质基础。在顺利完成"普九"以及高等教育扩张之后，在"十三五"期间实现义务教育的延伸是可行的。特别是人口结构的变化，使得高中阶段适龄人口的总量在未来继续维持下降趋势，因而，延伸义务教育并不会对公共财政带来多大的增量压力。

图 8 - 5 展示的是高中适龄人口（15 ~ 17 岁）占总人口比重的变化情况。自从 2004 年高中适龄人口占总人口的比重达到 5.84% 的顶峰以后，随后呈逐年下降的趋势，"十二五"初为 4.04%，到"十二五"末将下降到 3.59% 左右。在"十三五"期间，虽然该比重的变化将相对平稳，但仍然有逐年的小幅下降，到"十三五"末期，将不足 3.5%。

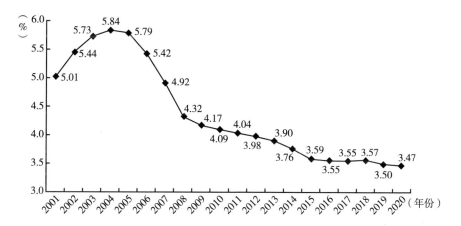

图 8－5 2001～2020 年高中适龄人口（15～17 岁）占总人口的比重

资料来源：根据人口普查资料计算。

　　根据人口预测的结果，到"十三五"末期，高中阶段适龄人口的总规模约为 4812 万人。我们假设"十二五"期间高中教育阶段的学生规模保持在 2013 年的水平，即 4370 万人，如果在"十三五"期间逐步推行高中阶段的义务教育，并在"十三五"末期使高中阶段适龄人口的毛入学率达到 100%，则整个"十三五"期间新增的高中在校学生数约为 442 万人。如果对新增高中阶段公共教育投入保持在 2012 年的水平，即生均公共财政教育事业费投入为 7776 元，则在"十三五"期间实现毛入学率 100% 的目标，累计所需的公共财政投入约为 344 亿元（2002 年价格）。这意味着，整个"十三五"时期的公共财政投入水平大约相当于 2012 年国家财政性教育经费投入的 1.5%。可见，即便考虑义务教育化后，需要更多的资源投入，增量也非常有限。

　　实际上，由于没有将高中教育纳入义务教育体系，高中教育萎缩的情况已经非常明显。这必然造成既有的教育基础设施、师资等教育资源的浪费。

四　延伸义务教育的时间表与路线图

　　义务教育是国家依法统一实施、所有适龄人口必须接受的教育，具有强制性、免费性和普及性，是教育工作的重中之重。虽然高中阶段的教育在过去十年也有较大的发展，但由于没有纳入义务教育体系，接受高中阶段的教育不具有强制性。因此，在普通工人工资迅速上涨、教育机会成本不断提高的情况下，即便在教育公共财政资源相对宽松的时期，缺乏明确的制度干预，高中阶段的教育萎缩也不可避免。从这个意义上说，高中教育义务化既是对"普及高中教育"的战略目标的深化与延伸，也是通过制度建设，加强人力资本投资、干预市场失灵的有效手段。

秉承渐进改革的一贯思路，并确保"十三五"期间在义务教育制度的改革与完善上有所突破，义务教育延伸至高中阶段可以遵循以下总体思路。

（一）实现高中阶段的强制教育

义务教育的首要特征就是其强制性。从这个意义上说，制度建设应优先。通过将高中阶段的教育纳入义务教育体系，可以进一步强化国家、学校、家庭与个人在高中教育中的作用，引起全社会对高中阶段教育的关注，遏制高中教育逐年萎缩的局面。同时，将高中教育纳入义务教育的范畴，可以进一步明确各级政府及公共财政在高中教育中应该发挥的作用，更有效地督促各级政府积极地抓好高中教育。

（二）力争到"十三五"末高中毛入学率达100%

2013年，高中阶段毛入学率为86%，其中，普通高中为48%，成人高中、中等职业教育等占38%。由于高中适龄人口正逐年减少，《国家中长期教育改革和发展规划纲要（2010—2020年）》提出的到2020年高中阶段毛入学率90%的战略目标有望在"十二五"末期即告实现。以此为基础，在"十三五"期间高中适龄人口继续减少（如图8-5）的情况下，提高五年规划的水平和努力目标，实现高中教育的全面普及是完全可行的。即便假定"十三五"开始时高中在校生人数保持现有水平，则每年增加高中在校生数约88万人（占高中在校生规模的比重的不足2%）即可实现高中教育的普及。

（三）增加对高中教育的公共资源投入

在"十三五"期间，适当增加对高中教育的公共财政投入是非常必要的。

公共资源的增加可以分步推进。首先，确保全面普及高中教育的资源投入，即实现"十三五"末高中毛入学率达到100％的目标所需的增量公共财政资源。根据前面的静态测算，在"十三五"期间，累计投入344亿元即可实现这一目标。其次，增加高中教育的生均经费投入。目前，由于没有纳入义务教育，对高中教育的生均公共资源投入水平甚至低于初中教育。如果静态地计算，在"十三五"初期达到目前初中教育的投入水平，公共财政需要累计增加约158亿元。最后，逐步提高高中教育阶段的公共资源投入水平，确保对高中教育的公共财政投入增长幅度与其他义务教育阶段的公共投入持平。借鉴推进九年义务教育免费的成功经验，从中西部和农村地区开始，逐步推进高中阶段义务教育免费的进程。

（四）整合职业教育与普通教育资源

高中阶段教育的特殊性在于普通高中与中等职业教育混合。在"十二五"期间，国家加大了对职业教育的公共资源投入力度。但资源在不同地区、不同部门和不同类型的学校间分割的现象非常明显。通过高中教育义务化，整合国家对高中阶段的职业教育以及普通高中的教育资源投入，提高资源的使用效率，将有助于推进高中教育义务教育化。

（五）增加普通高中的毛入学率

较之于其他阶段的教育以及中等职业教育的大发展，普通高中在"十一五"后期以及"十二五"期间处于停滞状态。如图8－6所示，2008年以来普通高中的毛入学率几乎没有增加，近年来甚至出现萎缩的苗头。高中阶段毛入学率的增加则主要来自中等职业教育的扩张。实际上，相对于在普通高中实施的通识教育而言，公共资源投资于职业教育面临更多的风险和不确定性，从而容易造成投资的低效甚至失败。

首先，职业教育所形成的人力资本较之普通高中具有更大的专用性，从劳动力市场匹配的角度看，人力资本的专用性越强，工人与岗位的匹配难度也越大，造成结构性失业的风险也越高。其次，如前所述，中等收入向高收入过渡必将伴随着经济结构的剧烈变动，相应地，就业的岗位、职业与行业特征都将发生

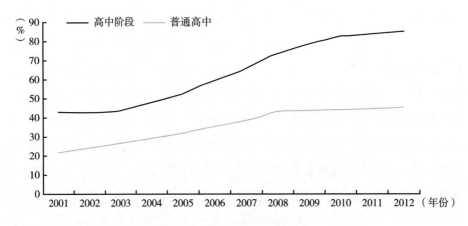

图 8 - 6　高中毛入学率变化

资料来源：《中国统计年鉴2013》，中国统计出版社，2013。

明显的变化。在经济结构变化的方向并不明确的情况下，大力发展职业教育在办学方向、课程设置、招生规模与结构等方面都面临更大的风险。最后，随着产业结构的升级，普通高中与通识教育所积累的一般性知识对于提高工人的创新性会产生更多的帮助，而且会在更长的时期里对人力资本积累产生作用。

因此，我们建议在"十三五"期间将高中阶段教育的增量资源主要配置于普通高中。在目前普通高中毛入学率达48％的基础上，力争到"十三五"末期，普通高中的毛入学率达到60％。并在随后的时间里结合经济发展的实际需要与劳动力市场的变化情况，调整中等职业教育与普通高中的比例关系，逐步增加普通高中的比重。

（六）通过改革职业教育增加通识课程

虽然职业教育的投入有显著增加，但职业教育的效果，尤其是职业教育与劳动力市场是否实现有效联系有待审慎评估。可以预期的是，在"十三五"及其以后的时期内，中国经济将经历较为明显的结构转换。为了降低对职业教育既有投资造成的潜在风险，建议在"十三五"期间加大职业教育的改革力度，尤其是增加职业教育中通识课程的比重，提高接受职业教育的学生学习一般知识的能力。同时，借鉴国际有效经验，在"十三五"期间逐步调整和规范高中教育的课程设置。

（七）加强城乡统筹促进农村地区的高中教育

随着城镇化的推进，越来越多的农村人口将聚集到城市。由于城乡之间人口转变进程的差异，城市户籍人口中高中适龄人口的下降也更为迅速，通过深化户籍制度改革、统筹城乡教育资源，将有助于推进高中教育义务化的进程。同时，将高中教育纳入义务教育，也有助于在不同地区之间协调高中教育的责任，从而促进户籍制度改革的深化。

参考文献

蔡昉、王德文（1999），《中国经济增长可持续性与劳动贡献》，《经济研究》第 10 期，第 62~68 页。

世界银行（1998），《2020 年的中国：新世纪的发展挑战》，北京：中国财政经济出版社。

Aiyar, Shekhar, Romain Duval, Damien Puy, Yiqun Wu & Longmei Zhang（2013）. Growth Slowdown and the Middle Income Trap. *The IMF Working Paper*, No. 13/71.

Imbs, J. & R. Wacziarg（2003）. Stages of Diversification. *American Economic Review*, 93（1）：63 – 86.

Pritchett, Lant & Laurence H. Summers（2014）. Asiaphoria Meets Regression to the Mean. *NBER Working Paper*, No. 20573.

专题三
构建完善的社会
保障网络

Topic Three：Building a Better Social
Security Network

G.9

第九章
城乡养老和医疗保障体系：
状况、挑战与对策

蔡昉　王美艳

一　引言

在经济社会发展和人口政策共同推动下，中国经历了快速的人口转变，生育率已经下降并长期保持在很低的水平（1.4）。结果是人口年龄结构发生巨大的变化，2010 年 15～59 岁劳动年龄人口已经达到峰值，此后逐年减少。与此同时，老龄化速度加快。即使已经开始进行的适度人口政策调整，也不会大幅度改变人口年龄结构的变化趋势。

根据政策模拟，到2030年，在人口政策不变的情形下，老龄化水平（60岁及以上人口比重）将达到25.4%；在实行单独二孩政策情形下（自2014年开始的小幅政策调整），老龄化水平达到24.2%；在普遍二孩政策情形下（预计数年后实施），老龄化水平达到22.8%（中国发展研究基金会，2012）。可见，中国的快速人口老龄化趋势是不可避免的，也是不可逆转的。除此之外，中国的人口转变有其特征。国际比较表明，1970年以后，中国的人口老龄化速度开始超过其他发展中国家，2010年后开始逼近发达国家。毫无疑问，中国的人口老龄化水平将很快追上或超过发达国家。

　　不论用何种标准衡量，中国仍然是一个发展中国家。例如，基于人均GDP，世界银行将全部国家分为低收入国家、中低收入国家、中高收入国家和高收入国家。根据该标准，中国属于中高收入国家——仍处于发展中国家的行列。2010年，中高收入国家65岁及以上人口比例为7.7%，中国的这一比例为9.4%。中国更高的老年人口比例显示了其人口转变的独特性，我们称之为"未富先老"。

　　人口老龄化对养老保险提出巨大的挑战。应对这个挑战，也作为体制改革的一个重要目标，自20世纪90年代以来中国与社会养老保险相关的制度建设进展迅速，取得显著的成绩。按照地域、人群和保障内容，迄今已经形成了与社会养老保险相关的六个板块，分别为：①城镇职工养老保险制度；②城镇职工医疗保险制度；③城镇居民社会养老保险制度；④城镇居民医疗保险制度；⑤新型农村居民养老保险制度；⑥新型农村合作医疗保险制度。

　　随着这六个板块的建立，中国基本实现了从单位养老保险（城市）和家庭养老（农村）向社会养老保险的制度转变，并且从制度上实现了对人口的全面覆盖。然而，由于制度和历史遗留、未富先老特征以及制度设计本身的缺陷，中国养老保障制度仍然面临着各种问题和挑战。本文将简述六个板块的形成、基本设计和运行现状，揭示其财务上和制度设计方面面临的可持续性挑战，介绍相关政策讨论和政策趋势，提出政策建议。

二　中国城镇养老和医疗保障现状

　　形成目前格局的中国社会保障体系，是从1990年末起步建立的，因此大体上以 1997 年为转折点。此前，城镇职工的养老保险和医疗保险主要是由企业承担，没有就业的城镇居民则没有保险。农村居民主要以家庭养老为主，基本上没有医疗保险。随着国有企业在宏观经济低谷和亚洲金融危机时期遭遇严峻的经营困难，大批职工下岗失业，作为积极就业政策的一个组成部分，职工养老保险和医疗保险制度开始建立。

1997 年国务院正式提出建立统一的社会统筹和个人账户相结合的城镇职工养老保障体系。全国统一按职工工资的 11% 建立个人账户，其中个人缴费逐步从 4% 提高到 8%，其余部分由企业缴费划入。1990～2012 年，参加城镇职工基本养老保险的人数从 6166 万人上升到 3.04 亿人。其中，参保在职职工数量由 5201 万人上升到 2.3 亿人，增长了 3.4 倍；参保离退休人员数量由 965 万人增长到 7446 万人，增长了 6.7 倍。2013 年，参加城镇职工基本养老保险的人数达到 3.22 亿人。

但是，由于统筹账户和个人账户混账管理和使用，个人账户一直是空账。2001 年，着眼于解决养老保险制度改革中的转轨成本问题，即试图同时解决养老保险问题中的新人、中人和老人的问题，并形成多支柱式的养老保险体系。重点是缩小个人账户规模，由空账变为实账。试点方案调整了个人账户规模，把个人账户的规模从相当于个人工资的 11% 降为 8%，将个人缴费比例从平均 5% 提高到 8%，个人账户完全由个人缴费形成。原规定的用人单位 20% 的缴费比例不变，但不再划入个人账户，全部形成社会统筹基金。该试点从辽宁开始，随后扩大到东北三省及其他一些省份。

大体在同一时期，国务院规定城镇所有用人单位，包括企业（国有企业、集体企业、外商投资企业、私营企业等）、机关、事业单位、社会团体、民办非企业单位及其职工，都要参加基本医疗保险。基本医疗保险费由用人单位和职工共同缴纳。用人单位缴费率应控制在职工工资总额的 6% 左右，职工缴费率一般为本人工资收入的 2%，建立基本医疗保险统筹基金和个人账户。职工个人缴纳的基本医疗保险费，全部计入个人账户。用人单位缴纳的基本医疗保险费分为两部分，一部分用于建立统筹基金，另一部分划入个人账户。划入个人账户的比例一般为用人单位缴费的 30% 左右。

自 1999 年全面推广起，城镇职工基本医疗保险参保人数不断增长。1999～

2012 年，参加城镇职工基本医疗保险的人数从 2065 万人上升到 2.65 亿人。其中，参保在职职工数量由 1509 万人上升到 1.99 亿人，增长了 12 倍；参保离退休人员数量由 556 万人增长到 6624 万人，增长了 11 倍。2013 年，参加城镇职工基本医疗保险的人数达到 2.99 亿人。

在以就业单位为基础的社会保险制度逐步完善的同时，影响总体覆盖水平的是城镇中存在着大规模没有就业和非正规就业的群体。这个群体主要由以下几个人口部分构成。①城镇人口中尚未进入劳动力市场的青少年人口和退休时未享受社会保险的老年人口。根据胡英的估算，2013 年城镇 14 岁及以下人口比重为 16.9%，65 岁及以上人口比重为 10.4%。②城镇居民中的非正规就业群体。这个人群在 2012 年接近 1 亿人，占城镇居民就业的比重超过 1/4。③大规模进城农民工大多从事非正规就业。2013 年总量大约为 1.66 亿，构成全部城镇就业的 35% 强。因此，城镇社会保障的建设重点，转向了以居民为对象的保障项目。

城镇居民社会养老保险是覆盖城镇户籍非从业人员的养老保险制度。城镇居民养老保险制度的探索历程较短，但步伐比较快。2007 年，各地根据自身实际情况开始试点城镇居民养老保险制度。在各地试点的基础上，2011 年，确立了社会统筹和个人账户相结合的城镇居民养老保险制度，城镇居民养老保险在全国层面试点推行，2012 年基本实现城镇居民养老保险制度全覆盖。

参加城镇居民养老保险的城镇居民应当按规定缴纳养老保险费。缴费标准设为每年 100、200、300、400、500、600、700、800、900、1000 元 10 个档次，地方人民政府可以根据实际情况增设缴费档次。参保人自主选择档次缴费，多缴多得。国家依据经济发展和城镇居民人均可支配收入增长等情况适时调整缴费档次。这一制度基本上是新型农村社会养老保险的移植。

城镇居民基本医疗保险是以没有参加城镇职工医疗保险的城镇未成年人和没有工作的居民为主要参保对象的医疗保险制度。2007 年开始试点，2008 年扩大试点，2010 年在全国全面推开，逐步覆盖全体城镇非从业居民。不属于城镇职工基本医疗保险制度覆盖范围的中小学阶段的学生（包括职业高中、中专、技校学生）、少年儿童和其他非从业城镇居民，都可自愿参加城镇居民基本医疗保险。

城镇居民基本医疗保险以家庭缴费为主，政府给予适当补助。在此基础上，政府对一些特殊困难群体的家庭缴费部分再给予额外补助。政府对城镇居民医疗保险的补助标准逐年提高，从 2007 年的人均 40 元提高到 2013 年的 280元。城镇居民基本医疗保险基金重点用于参保居民的住院和门诊大病医疗支出，有条件的地区可以逐步试行门诊医疗费用统筹。2014 年起将进一步提高城镇居民医保财政补助标准，同时相应调整个人缴费标准。至 2011 年，参保人数升至 22116.1 万人，2012 年进一步提高至 27155.7 万人。

三　中国农村养老和医疗保障现状

在打破"大锅饭"的企业就业制度改革和劳动力市场发育的同时，城镇社会保险制度已经初步形成并大幅度覆盖了城镇居民，甚至一定比例的农民工。但是，鉴于长期存在的二元化体制结构，以及一度把家庭养老作为农村养老的基本模式，很长时间里农村养老和医疗保险成为空白。而与此同时，随着劳动力大规模外出，农村老龄化程度大大超过城市。例如，根据胡英的估算，2013 年农村 65 岁及以上人口比重为 14.7%，比城市高出 4.4 个百分点。针对这种情形，政府着手建立具有中国农村特色的医疗保险和养老保险制度。

最先起步的是新型农村合作医疗（简称"新农合"）。"新农合"是指由政府组织、引导、支持，农民自愿参加，个人、集体和政府多方筹资，以大病统筹为主的农民医疗互助共济制度。"新农合"采取个人缴费、集体扶持和政府资助的方式筹集资金。资金来源主要靠以政府投入为主的多方筹资，中央和地方财政每年都要安排专项资金予以支持；实行以县为单位进行统筹和管理的体制。其重点是解决农民因患大病而出现的因病致贫、因病返贫问题。从2003 年起开始实施，在缴费标准提高的同时补贴标准大幅度提高，2014 年，各级财政对"新农合"人均补助标准达到 320 元。其中，中央财政对原有 120元的补助标准不变，对 200 元部分按照西部地区 80% 和中部地区 60% 的比例安排补助，对东部地区各省份分别按一定比例补助。全国平均个人缴费标准为每人每年90元左右。

"新农合"的人均筹资水平不断提高，从2004年的50元，提高到2013年的371元；补偿受益人次呈不断增长趋势，2004年补偿受益人次为0.76亿人次，到2013年达到19亿人次。"新农合"基金使用率自2004~2009年不断提高，从2004年的65.4%提高到2008年的84.4%，呈稳步增长趋势；2009年新农合基金使用率达到97.7%，实现跨越式增长；2010年和2011年存在波动，2013年恢复到较高水平（97.9%）（见表9-1）。

表9-1　新型农村合作医疗基金使用情况

年　份	2004	2005	2006	2007	2008
人均筹资（元）	50.4	42.1	52.1	58.9	96.3
补偿受益人次（亿人次）	0.76	1.22	2.72	4.53	5.85
筹资总额（亿元）	40.3	75.4	213.6	428	784.6
基金支出（亿元）	26.4	61.8	155.8	346.6	662.3
基金使用率（%）	65.4	81.9	72.9	81	84.4
年　份	2009	2010	2011	2012	2013
人均筹资（元）	113.4	156.6	246.2	308.5	370.6
补偿受益人次（亿人次）	7.59	10.87	13.15	17.45	19.42
筹资总额（亿元）	944.3	1308.9	2047.6	2484.7	2972.2
基金支出（亿元）	922.9	1187.8	1710.2	2408	2909.2
基金使用率（%）	97.7	90.8	83.5	96.9	97.9

注：基金使用率＝基金支出/筹资总额×100%，皆为当年数字。

资料来源：《中国统计年鉴》（历年），中国统计出版社。

"新农合"报销范围包括门诊补偿、住院补偿以及大病补偿三部分。"新农合"基金支付设立起付标准和最高支付限额。医院年起付标准以下的住院费用由个人自付。同一统筹期内达到起付标准的，住院两次及两次以上所产生的住院费用可累计报销。超过起付标准的住院费用实行分段计算，累加报销，每人每年累计报销有最高限额。

自2003年开始试点，"新农合"覆盖面迅速扩大。2004年，全国仅有333个县（区、市）开展了"新农合"，参合人数为8000万人，参合率为75.2%。

2007 年，参合人数为 7.3 亿，参合率为 85.7%。2012 年底，全国已有 2566 个县（区、市）开展了新型农村合作医疗，参合农民达到 8.05 亿人，参合率为 98%。截至 2013 年，参合人数达到 8.02 亿，参合率上升至 99%。

新型农村社会养老保险是一项从建立到形成最快的社会保障项目。"新农保"是以保障农村居民年老时的基本生活为目的，建立个人缴费、集体补助、政府补贴相结合的筹资模式，养老待遇由社会统筹与个人账户相结合，与家庭养老、土地保障、社会救助等其他社会保障政策措施相配套，由政府组织实施的一项社会养老保险制度。

年满 16 周岁（不含在校学生）、未参加城镇职工基本养老保险的农村居民，可以在户籍地自愿参加"新农保"。"新农保"基金由个人缴费、集体补助、政府补贴构成。参加"新农保"的农村居民应当按规定缴纳养老保险费。缴费标准设为每年 100、200、300、400、500 元 5 个档次，地方可以根据实际情况增设缴费档次。参保人自主选择档次缴费，多缴多得。国家依据农村居民人均纯收入增长等情况适时调整缴费档次。

地方政府应当对参保人缴费给予补贴，补贴标准不低于每人每年 30 元；对选择较高档次标准缴费的，可给予适当鼓励。对农村重度残疾人等缴费困难群体，地方政府为其代缴部分或全部最低标准的养老保险费。国家为每个"新农保"参保人建立终身记录的养老保险个人账户。个人缴费，集体补助及其他经济组织、社会公益组织、个人对参保人缴费的资助，地方政府对参保人的缴费补贴，全部记入个人账户。

养老金待遇由基础养老金和个人账户养老金组成，支付终身。中央确定的基础养老金标准为每人每月 55 元。政府对符合领取条件的参保人全额支付新农保基础养老金，其中中央财政对中西部地区按中央确定的基础养老金标准给予全额补助，对东部地区给予 50% 的补助。地方政府可以根据实际情况提高基础养老金标准，对于长期缴费的农村居民，可适当加发基础养老金，提高和加发部分的资金由地方政府支出。个人账户养老金的月计发标准为个人账户全部储存额除以 139。

在本地区"新农保"制度实施时，已年满 60 周岁、未享受城镇职工基本养老保险待遇的，不用缴费，可以按月领取基础养老金，但其符合参保条件的子女应当参保缴费；距领取年龄不足 15 年的，应按年缴费，也允许补缴，累计缴费不超过 15 年；距领取年龄超过 15 年的，应按年缴费，累计缴费不少于 15 年。

"新农保"制度自建立以来进展顺利。2009 年开始试点，2010 年扩大试点面，2012 年基本实现了制度全覆盖。2011 年开始实施的《社会保险法》明确规定："省、自治区、直辖市人民政府根据实际情况，可以将城镇居民社会养老保险和新型农村社会养老保险合并实施。"国务院发布文件，决定将新型农村社会养老保险和城镇居民社会养老保险制度合并实施，在全国范围内建立统一的城乡居民基本养老保险制度。截至 2013 年底，全国新农保、城居保参保人数已达 4.98 亿，其中领取待遇人数达 1.38 亿，加上职工养老保险，合计覆盖了 8.2 亿人（人力资源和社会保障部，2014）。

四 城乡养老和医疗制度面临的可持续性挑战

老龄化是全世界面临的新问题，各国都面临着养老保障制度的挑战。然而，由于若干特有的因素，中国养老保障制度面临着更加严峻的可持续性挑战。首先，中国老龄化速度几乎是世界上最快的。与此相应，养老保障制度的建立相对滞后，将会在很长时间里在财务上和制度运行能力上捉襟见肘。其次，中国在老龄化的同时，进行着经济体制的转型，养老保障制度建设是从计划经济向市场经济体制转变的一个组成部分，因此，改革的难度也充分体现在其中，特别表现为体制遗产及其导致的大规模隐性负债。最后，长期实行的城乡分割制度及其形成的城乡收入差距，以及人口不稳定的流动性，阻碍养老保障制度的城乡一体化进程。

（一）城镇职工社会保险项目的低覆盖率

虽然与养老相关的社会保障项目已经形成相对完整的安全网，但是，迄今为止覆盖率仍然不高。无论是在已经退出劳动力市场的老年人，还是目前的就业者之中，都存在庞大的游离于社会保险覆盖之外的人群。即便是制度最为成熟、实施时间最久的城镇职工养老保险制度，2012 年也仅仅覆盖了 62% 的城镇本地就业者，而在城镇就业的没有户口的农民工，覆盖率只有 13%。参加城镇职工医疗保险的城镇就业者为 54%，农民工为 16%。也就是说，已经进入城镇就业而没有被社会养老保险和社会医疗保险覆盖的农民工，分别有 1.44 亿和 1.39 亿。

造成低覆盖率的原因包括两点。第一是大规模非正规就业的存在。例如，在农民工没有获得城镇户口的情况下，虽然"劳动合同法"规定企业要为他们缴纳养老保险和医疗保险等，由于就业的高度流动性和不稳定性，企业和劳动者本人都没有积极性加入相关社会保险项目。第二是社会保险项目之间，以及地区之间缺乏可衔接性，使得保险不能携带。在大多数情况下，农民工离开一个城市，通常选择退保，取出个人缴费的部分，而不能取出企业为其缴纳的统筹部分。目前，如广东省这样的移民目的地，由于收取了大量的社会保险缴费而极少实际支出，积累了数额巨大的社会保险金结余，但其他许多地区则处于入不敷出的状态，导致养老风险的日益累积。

（二）新型农村社会养老保险的制度设计和实施问题

首先是覆盖率问题。在 2009 年进行试点时，政府宣称于 2020 年完成"新农保"制度建设。随着形势的发展、社会各界的呼吁，以及研究者和决策者论证，国务院先是决定把时间表提前到"十二五"期间，随后进一步加快，在 2013 年上届政府结束时宣布实现了"城乡居民基本养老保险实现了制度全覆盖"。不过，这个"制度覆盖"仅仅意味着居民基本养老保险制度在城乡所有地区已经推行，但并不等于实现了真正的百分之百覆盖率。

由于新农保与城镇居民基本养老保险的制度设计是相同的，并且中央政府已经提出以两者衔接为主要标志的城乡统筹的制度体系，2013 年官方只公布城乡居民加入基本养老保险的总数（4.98 亿人），而没有分城乡的数字。按照这个口径，我们把全部参加城镇职工基本养老保险和城乡居民基本养老保险的人数相加，得出被三个基本养老保险制度覆盖的总人数为 8.2 亿，仅占城乡全部人口的 61%。

其次是缴费能力与参保激励不足和待遇水平问题。缴费能力不足是指一些农民有参保意愿但没有缴费能力，导致这部分农民无法被新农保制度覆盖。参保激励不足是指一些农民有能力缴费，但激励不足导致他们不愿意参保。规定的缴费标准设为每年100、200、300、400、500元5个档次，绝大多数参保农民选择最低缴费档次。安徽省试点县调查显示，超过2/3的参保农民选择最低缴费档次100元，而部分地区几乎全部参保者都选择了最低档次（罗遐，2011）。较低的缴费档次使得养老金待遇处于较低水平。"新农保"的基本养老金起步阶段均为每月55元（即每年660元）。2013年农民人均纯收入为8896元，据此估算，"新农保"的基础养老金替代率仅为7.4%。

最后是财政可持续性问题。按照新农保筹资制度，政府补贴是筹资的重要来源之一。未来随着人口老龄化程度的提高，以及缴费水平和养老金待遇水平的不断提高，财政是否具有可持续性将成为一个重要问题。此外，当前"新农保"基金大部分仍然是县级统筹，养老保障基金的管理成本和风险较高，基金保值增值面临较大挑战。

（三）"新农合"发展中存在的主要问题

首先是筹资问题。"新农合"筹资水平较低，较低的筹资水平必然带来较低的补偿水平和保障能力，使"新农合"在分散疾病风险、减轻农民疾病负担方面的作用有限。筹资水平存在地区差异，东部地区"新农合"实际人均筹资水平高于中、西部地区。筹资额缺乏科学的筹资测算，筹资水平基本依靠经验确定。

其次是补偿问题。补偿方案缺乏科学性，补偿水平低而且地区差异明显。农民患病治疗尽管能获得一定比例的补偿，但仍然需要自付较多费用。如果用自付费用占农民人均纯收入比例衡量补偿水平，可以发现"新农合"的补偿水平存在显著的省际差异。一些省份超过40%，例如山西、陕西等，而一些省份低于20%，例如湖南（任钢、汪早立，2013）。

再次是垄断特权与道德风险问题。"新农合"制度规定，只有到定点医疗机构看病，才能进行报销。定点医疗机构的垄断特权往往导致费用上涨，一定程度上抵消了农民报销获得的利益。同时，医疗机构还存在诱导需求和过度医疗等现象。以自愿参加为主要特征的"新农合"制度设计，导致风险较大的人群参保的积极性较高，而青壮年人群参保的积极性较低。以大病统筹为主要特征的制度设计，又使得农民可能产生"小病大治"的情况。

最后是制度衔接问题。参合农民报销程序复杂，异地就医和报销手续更是烦琐。对于外出务工的农民工而言，报销手续更让人难以接受，这也降低了他们参合的积极性。"新农合"需要与多项相关社会保障配套制度或政策协调，包括城镇职工医疗保险制度、农民工医疗保险制度，以及农村最低生活保障制度等。目前城乡医疗保险制度之间的衔接尚未通畅。

五 完善养老和医疗保障制度的政策：争论、建议和动向

鉴于与社会保障相关的城乡社会保险项目的现存问题与挑战，关于完善这些项目的政策讨论一直进行，众说纷纭，但集中围绕解决财务可持续性问题、覆盖率问题、保障水平等进行制度设计和制度完善的研究，国内外研究者或研究机构分别提出自己的政策建议。与此同时，社会保障制度完善也被纳入中国政府的宏大改革蓝图之中。例如，党的十八届三中全会提出了改革的原则和方向，明确了基本养老保险制度的既定目标模式：建立更加公平可持续的社会保障制度。坚持社会统筹和个人账户相结合的基本养老保险制度，完善个人账户制度，健全多缴多得激励机制，确保参保人权益，实现基础养老金全国统筹，坚持精算平衡原则。

世界银行和国务院发展研究中心不赞成完全积累的养老保险制度，而建议实行一种名义账户制度：①基本保障部分是非个人缴费的社会养老金，为老年人提供最低生活费用，防止他们陷入贫困（这将以当前"新农保"和城镇居民养老保险的做法为基础）；②个人缴费部分，其中一部分是工资收入的工人的强制性"名义账户制"，另一部分是无工资收入的城镇和农村人口的养老储蓄计划；③补充储蓄部分，城乡居民自愿参加职业年金计划，对其他养老金进行补充（世界银行、国务院发展研究中心联合课题组，2013）。

（一）以城乡统筹的原则完善"新农保"

关于完善新农保制度，国内研究者根据现状和存在的问题，提出若干政策建议。首先，提高基础养老金水平，建立养老保障水平的长期调整机制。政府应该适当提高补贴标准。除了政府补贴之外，应该探索发挥集体经济的补贴激励机制。基础养老金的财政补贴应该有侧重性，对特殊困难群体居民加以照顾。随着实现制度全覆盖的目标，应该实现县级统筹向市级统筹和省级统筹过渡。养老保障待遇水平应该与社会经济发展水平相适应。其次，逐步完善个人账户缴费模式。例如，可以考虑以农民人均纯收入作为缴费基数，实行比例费率制，缴费档次的设置应该更为灵活；可以考虑制定差异化的缴费标准，并确定相适应的补贴标准。

由于现行社会保障制度呈现碎片化倾向，"新农保"面临着与多项相关社会保障配套制度或政策协调，包括城镇职工和居民养老保险制度、农民工养老保险制度、被征地农民养老保险制度和"老农保"制度等。目前已经出台了养老保险制度衔接的原则性意见，还应该尽快出台全国统一、具体可操作的实施细则。伴随着城镇化的进程，大量农村人口迁移到城镇，城乡养老保险制度的衔接问题更加突出，有待出台明确政策加以解决。

（二）提高"新农合"的实际保障水平

首先，建立可持续的长效的筹资增长机制。积极探索政府和农民个人在"新农合"筹资中的责任，设计科学的筹资测算方案。目前，个人缴费数额有限，个人缴费额是否有待提高或应该遵循什么标准，需要深入探讨。针对自愿参加原则可能带来的逆选择问题，可以在一些地区先行试点半强制性原则，即在"是否参加新农合"问题上具有强制性，而在"选择哪种方案"问题上具有自主性。试点地区可以根据自身发展水平和特点，设计多层次、多水平的方案供农民选择。"新农合"筹资水平应继续提高，建立与经济社会发展、人均收入水平和当地卫生事业发展相适应的筹资增长机制。提高统筹层次，使得"新农合"制度的风险共担能力进一步提高。

其次，设计合理科学的补偿方案，提高补偿水平。随着参合率和筹资标准的逐年提高，应该不断提高补偿水平，积极探索补偿的有效方式，对补偿模式和补偿方案制定出具体和科学的标准。应该逐步扩大"新农合"的保障范围，在以大病统筹为主的前提下，将很多需要长期治疗的慢性病或小病纳入统筹范围，将保大病的风险型模式逐渐转变为保大病与保小病相结合的稳定型模式。

（三）建立城乡统筹和一体化的基本保障体系

无论是"新农保"还是"新农合"，都面临着现行碎片化的制度体系，而存在着制度不衔接的现象。大多数讨论把提高衔接水平，建立更加一体化的制度体系作为关注点。例如，无论是关于"十二五"规划的建议者（Lim & Spence，2010），还是世界银行和国务院发展研究中心的报告（世界银行、国务院发展研究中心联合课题组，2013），都建议把"新农保"的制度形式引入城镇，同时把其中非缴费部分（政府补贴）与缴费部分分开，形成不与缴费挂钩的普惠式的基本养老金，使城乡所有老年人最终都能获得一份最基本的养老金。这个公民养老金计划也同时成为更加一体化、可衔接的基本养老保险制度的第一步。

目前已经开始进行的一项工作是统筹城乡居民基本养老保险制度。2014年"国务院关于建立统一的城乡居民基本养老保险制度的意见"提出：按照全覆盖、保基本、有弹性、可持续的方针，以增强公平性、适应流动性、保证可持续性为重点，全面推进和不断完善覆盖全体城乡居民的基本养老保险制度。满16周岁（不含在校学生），非国家机关和事业单位工作人员及不属于职工基本养老保险制度覆盖范围的城乡居民，可以在户籍地参加城乡居民养老保险。城乡居民养老保险基金由个人缴费、集体补助、政府补贴构成。参加城乡居民养老保险的人员应当按规定缴纳养老保险费。缴费标准目前设为每年100、200、300、400、500、600、700、800、900、1000、1500、2000元12个档次。

虽然这尚不是一直非缴费型的公民养老金，但是，它首次实现了城乡一体、可以跨地域转移接续，并且对制度实施时已年满60周岁的老年人，允许不计缴费而领取城乡居民养老保险基础养老金。可以说这是一个符合新理念的步骤，也可以成为今后改革的逻辑新起点。

六　结语

一方面作为对快速人口老龄化的回应，另一方面作为经济体制改革的重要方面，20 世纪 90 年代后期以来，中国通过 6 个主要基本社会保险板块的建设，已经从制度上形成了覆盖城乡全体居民的社会养老和医疗体系，目前城乡加入基本养老保险的人数已达 8.2 亿，参加城镇基本医疗保险和城镇居民医疗保险的人数达到 5.7 亿，参加"新农合"人数超过 8 亿。辅之以包括低保在内的其他社会救助项目，中国已经为今天和未来的社会养老打下了必要和初步的基础。

然而，目前这个制度体系还存在着制度设计和财务保证方面的问题，威胁其长期的可持续性。这既包括各国共同面临的挑战，也包括中国"未富先老"造成的特有困难，例如，①覆盖率低且难以提高；②财政保障是非长效的，给付水平或报销水平过低；③制度分割和碎片化，缺乏衔接性和可接续性；④人口老龄化趋势导致现收现付制度不可持续。目前中国政府已经关注到这些挑战，并尝试完善政策予以应对。

但是，两个原因使得与养老相关的社会保障制度建设的基本方向不够明朗。首先是中国决策者对社会保障制度的总体设计尚不清晰。这与第二个原因也有密切关系，即中国的改革奉行循序渐进的原则，在多种方案众说纷纭的情况下，宁愿继续观察，以增量发展为主，对现行制度框架的大幅度改革需要等待时机。由此使得目前的改革仍然在原来的制度框架内，没有大的突破。不过，目前政府着眼于完善制度的大方向，并不与未来的改革相悖。

鉴于此，我们的建议是尊重中国改革成功经验显现出的优势，立足于现行制度框架，进行增量调整。可以遵循下列顺序和路线图。第一步，利用城乡一体化后的居民基本养老保险制度，先形成一个不依赖于缴费而是依托财政支出的普惠型公民养老金。第二步，扩大城镇职工养老保险制度改革试点，继续充实实际个人账户，并按照同一原则完善其他相关社会保险项目。第三步，按照以税收为基础的全国统筹的基本养老金方向，逐步形成两支柱（普惠制和个

人账户）的社会养老保险和医疗保险制度。年金制度等其他项目仅作为补充性的，不再作为社会保险制度中的支柱。

参考文献

罗遐（2011），《新型农村养老保险试点问题的实证研究——基于安徽四县市的调查》，《社会保障研究》第1期。

任钢、汪早立（2013），《新型农村合作医疗制度地区差异的实证研究》，《中国农村卫生事业管理》第2期。

人力资源和社会保障部（2014），《2013年度人力资源和社会保障事业发展统计公报》，http：//www.mohrss.gov.cn/SYrlzyhshbzb/dongtaixinwen/shizhengyaowen/201405/t20140528_131110.htm。

世界银行、国务院发展研究中心联合课题组（2013），《2030年的中国：建设现代、和谐、有创造力的社会》，北京：中国财政经济出版社。

Lim，Edwin & Michael Spence（2010）. *Thoughts and Suggestions for China's 12th Five-Year-Plan from an International Perspective*. Beijing：China CITIC Press.

第十章
城镇农业转移人口基本
公共服务均等化考察

高文书　程 杰

推动基础教育、公共医疗和社会保障等基本公共服务均等化，使进城农业转移人口能够和城镇本地居民均等地享受基本公共服务，是促进城乡劳动力有序流动、提升城市化水平和质量、实现新型城镇化战略的重要途径和保障，也是实现我国全面建成小康社会目标的必然要求。

近年来，中国加快推动全面深化改革，开展相关改革的顶层设计和战略部署，创新管理服务模式和措施，城镇农业转移人口的公共服务水平得到明显改善。但是，新型城镇化发展面临经济放缓、结构转型以及区域不平衡等多重挑战，改革进程牵扯到户籍制度、土地制度、财政制度等多方面复杂关系，基本公共服务均等化道路也必然是一个长期发展过程，需要勇于创新、开拓思路，尊重和吸收基层经验，努力克服障碍。

本章作者在 2014 年 4 月和 6 月对深圳和上海等典型农业转移人口流入地城市基本公共服务均等化进行了调研，通过与政府相关部门座谈研讨，深入基层与农业转移人口和用工企业深入交流，总结相关做法和成功经验，发现主要问题和障碍，提出加快推进基本公共服务均等化的对策建议。

一　基本公共服务均等化新进展

进入 21 世纪，国家开始致力于大力实现城乡统筹，切实保障农业转移人口的劳动就业权益，并在社会保障和随迁子女教育等方面进行大幅改革，推动农业转移人口市民化进程。总体上看，2000年以来，国家开始不断取消农业转移人口进城就业的不合理限制，逐步实现城乡劳动市场一体化；同时，积极推进就业、社会保障、户籍、教育、住房、小城镇建设等多方面的配套改革，农业转移人口市民化步伐不断加快并取得了明显进展（高文书，2014）。

党的十八大以来，各级各部门深入贯彻落实十八大、十八届三中全会精神，加快推动全面深化改革，开展相关改革的顶层设计和战略部署，创新管理服务模式和措施，城镇农业转移人口基本公共服务均等化得到明显改善。结合政策研究和实地考察，我们将其归纳为以下方面。

（一）改革全面深入推进，制度政策逐步完善

基本公共服务均等化要依托于新型城镇化战略与户籍制度改革这两项重大系统工程。2013年中共十八届三中全会通过的《中共中央关于全面深化改革若干重大问题的决定》明确提出，要推进农业转移人口市民化，逐步把符合条件的农业转移人口转为城镇居民，稳步推进城镇基本公共服务常住人口全覆盖。2014年3月中央和国务院联合印发《国家新型城镇化规划（2014—2020年）》，明确了新型城镇化的战略思路和主要任务，基本公共服务均等化作为其中一项重要内容予以强调，进一步明确了改革发展方向。

2014年7月国务院发布《关于进一步推进户籍制度改革的意见》，确立了户籍改革的顶层设计，进一步明确了改革思路，要求全面放开建制镇和小城市落户限制，有序放开中等城市落户限制，合理确定大城市落户条件，严格控制特大城市人口规模。尽快建立城乡统一的户口登记制度，取消农业户口与非农业户口的性质区分，推进符合条件的农业转移人口落户城镇，到2020年努力实现1亿左右农业转移人口和其他常住人口在城镇落户，对在城镇居住但不能或不愿落户的农业转移人口，提供义务教育、就业服务、基本养老、基本医疗卫生、住房保障等城镇基本公共服务。

新型城镇化战略主要依靠户籍制度改革和基本公共服务均等化"两条腿"协调推进，一方面加快条件成熟地区尽快吸纳更多农业转移人口落户，另一方面加快推进基本公共服务均等化，保障农业转移人口基本的权利和福利，相关政策措施尽快完善，把进城落户农民完全纳入城镇住房和社会保障体系，在农

村参加的养老保险和医疗保险规范接入城镇社保体系，农业转移人口子女在流入地享受平等的义务教育权利，建立全国统一的中小学学籍信息管理系统，全面开展农民工职业技能提升计划，建立财政转移支付同农业转移人口市民化挂钩机制。

（二）户籍与基本权益脱钩进程加快，更多常住人口获得基本公共服务

各地积极探索符合自身特征的基本公共服务均等化途径，缩小直接与户籍挂钩的基本福利和权益的范畴，尽可能地向包括农业转移人口在内的常住人口提供更多公共服务项目。

调研表明，人口结构已经出现"倒挂"（即农业转移人口超过本地户籍人口）的深圳市，在城镇职工基本社会保险方面实现了本地劳动力和外来劳动力的四个统一，即统一政策、统一管理、统一征收、统一待遇，户籍不再成为参保与享受待遇的限制条件，社会保险参保人数快速增加，转移接续也更加顺畅，特别是失业保险率先在全国实现本地与外地职工同等待遇，截至2014年1月，已经有4700多名非深户籍人员领取失业保险金。[①]

在公共卫生和基本医疗服务方面，深圳市采取了不分户籍的"四个同等"做法：一是同等服务，明确社康中心以包括农业转移人口在内的全部人口为服务对象；二是同等标准，"社区公共卫生服务包"对农业转移人口和户籍人口一视同仁，提供相同标准的基本公共卫生服务；三是同等保障，将基本公共卫生服务经费标准提高到每位常住居民（包括农业转移人口）40元；四是同等考核，不管服务对象为户籍人口还是农业转移人口，社康中心的考核标准和经费激励保持一致。

（三）改变服务理念，将农业转移人口纳入统一人才政策体系

首先，从理念上认同农业转移人口也是城市经济社会发展的不可或缺的组成部分，将农业转移人口视为人才队伍建设和发展的重要构成，制度层面与大

---

① 除特别说明外，本文相关数据均是作者根据实地调研收集的资料整理得到。

学毕业生，甚至海归并无二异。例如，深圳市已经将农民工落户融入人才引进政策体系中，不再单独实施农民工积分入户政策，这既是一种理念的进步，也是管理模式的创新。

深圳市积分入户政策起源于农民工户籍制度改革。2010年，广东省出台了《关于开展农民工积分制入户城镇工作的指导意见（试行）》，深圳市成为积分入户政策试点实施的重要城市。为完善农民工积分入户政策，2012年深圳市出台了《深圳市外来务工人员积分入户暂行规定》，进一步明确了相关规定和细则。2013年5月，深圳市颁布了《深圳市人才引进实施办法》，按照新的政策，引进人才范围包括从本市以外调入干部和招调工人，以及留学归国人员，农民工包含在内，但不再称其为"农民工"，积分入户政策适用于以上所有的人员，之前的有关农民工入户的暂行规定也随之废止。将农民工视为人才引进的一个重要部分，既是一种理念的进步，也是管理模式的创新。

其次，用积分制度采取核准制以替代指标配额制。一些城市汲取经验教训，优化改进积分入户政策，建立统一多元、量化赋分的人才引进评价体系，只要积分值达到一定的门槛要求，即可按照规定申请落户，并不直接受到年度指标数量控制。不少地方的积分制实际上采取配额管理，操作上倾向于严格控制，导致大量有意愿的人无法落户，配额指标又未用完。

最后，打破地域或区域分割。不少地方的城镇化很大程度上仍然偏向于本地城镇化，排斥外域农业转移人口。一些地方积极主动消除了农业与非农业户口，落户政策对于省内与省外的农业转移人口没有区别，本市之外的人员一视同仁并无地区差异或特殊保护。

（四）自主扩大基本公共服务项目，提升公共服务均等化质量

一些城市结合自身财政负担能力，在国家规定的基本公共服务项目之外，自主扩大服务项目和范围，基本服务项目更加广泛，意味着公共服务均等化质量被推向更高层次。

例如，深圳市在国家规定的11项公共卫生服务项目的基础上，积极主动地为农业转移人口提供具有深圳市特色的基本公共卫生服务。在全国率先将农业转移人口肺结核患者纳入项目管理，率先启动预防与控制梅毒母婴传播项

目，自主项目还包括麻风病防治、艾滋病防治、降低孕产妇死亡率和消除新生儿破伤风，此外，还为农业转移人口免费提供免费婚前及孕前优生健康检查。

国家规定的基本公共卫生服务由社康中心免费向常住人口提供，深圳市自选的公共卫生项目由专业公共卫生机构、医疗机构、社康中心共同免费提供。而且，通过公共卫生服务机构、医疗机构协调联动，各专业公共卫生机构负责辖区内医疗机构和社区健康服务中心公共卫生工作的督导和培训，有效地提升服务质量。不少城市的养老服务机构和设施均面向非深圳户籍老人开放，社区星光老年之家、老年人日间照料中心对本地人口和外来人口实行同样待遇。

（五）增强现代服务网络体系建设，提高公共服务资源供给能力和效率

在现有公共服务资源相对有限条件下，一些地方积极探索，通过整合资源、提高使用效率，挖掘面向农业转移人口提供更多公共服务的潜力。深圳市采取了以下做法。

构建公共卫生服务体系。建立了"市区两级架构、三级管理"的公共卫生服务体系，实施市级专业公共卫生机构、区级专业公共卫生机构、各级医院防保科和社区健康服务中心三级管理的"横向到边、纵向到底"的公共卫生服务网络。

完善社区卫生服务网络。深圳市按每1万~2万居民一个社康中心的规划，目前609家社康中心已实现街道、社区全覆盖，服务半径为步行15分钟距离范围内，承担了更广泛的服务供给功能，实行劳务工医保绑定社康中心和社区首诊制度，按人头包干付费，门诊每年800元限额，住院可报销费用最高达35万元，报销比例达76%，社康中心全部配备国家和省基本药物，基本药物平均降价幅度达29.1%。

计生服务网络标准化建设。深圳市计划生育技术服务网络有1个市级、6个区级、42个街道级共49个计生技术服务机构、625个社区生育文化中心，计生技术服务机构全部完成标准化建设。

提高公开、透明的信息管理能力。一些城市的积分制落户的标准、评价指

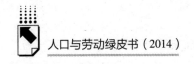

标以及评分结果等整个流程和各个环节，均可以通过网络进行信息公开，提高操作透明化，确保公平公正，也提高了管理服务效率。

二　基本公共服务均等化的问题和挑战

我国的一些大城市如深圳和上海等，在农业转移人口公共服务均等化方面的理念和一些举措已经走在前面，但仍然不可避免地存在一些问题和障碍。基本公共服务均等化政策推进还不同步。不同政策条目、不同地区、不同城市和不同群体之间进度不一。对地方经济发展有利的就业政策推动比较快，但涉及资金投入比较大或者会对户籍居民造成竞争的医疗和教育改革政策，推进仍然迟缓。这其中有些是流入地城市自身的问题，有些则是全国整体形势和环境的原因。

（一）地方政府主导的模式难以持续，中央政府需要给予更多投入

推进农业转移人口公共服务均等化必然要求财政投入予以保障，在当前财政分权体制下，地方政府面临财权与事权不匹配的矛盾，即便是经济发达地区的城市也难以长期承受新增公共服务所需要的大量财政支出。地区经济发展不平等与农业转移人口高度集聚，决定了完全依靠地方政府主导推进公共服务均等化的道路是不可行的。

根据我们研究测算，经济发展与公共服务水平的地区差异都很大，基本公共服务均等化成本排前十位的城市累计成本就占到全国总成本的3/4，公共服务水平高、农业转移人口集中的大城市必然承担更高成本、改革负担更重，而一些公共服务水平较低、农业转移人口较少的中小城市，经济和财政能力有限，同样难以承担长期公共服务均等化的刚性支出。因此，在中央政府没有承担起教育、医疗卫生、社会保障等更大责任的情况下，仅依靠地方政府主导推动公共服务均等化的阻力和难度很大。

（二）区域不平衡矛盾突出，统筹协调推进任务紧迫

不同地区和城市的基本公共服务水平存在较大差异，农业转移人口基本公

共服务均等化的进程也不尽相同，不同政策落实情况也有所差异。相对来看，有利于地方经济发展的就业政策推动较快，但涉及财政投入较多、可能与本地户籍居民形成竞争关系的公共服务政策推进比较缓慢，农民工子女入学手续烦琐、变相收费、城乡教育对接补偿、融入困难等问题比较普遍。农民工及其随迁家属纳入当地医疗救助逐步开展，中西部省份如江西、广西等地执行力度比较大，而东部发达地区反而执行力度不够大，一、二线城市制定了农民工廉租房申请办法，但三、四线城市进展相对缓慢。

部分城市试图积极主动加快公共服务均等化进度，但由于缺乏全国整体协调推进，担心造成福利"洼地效应"，主动反而出现被动。例如，深圳市在财政上能够保障进一步扩大农业转移人口的公共服务项目，但又担心福利提高后将吸引全国各地的农业转移人口加快拥入，从而导致本地财政难以负担，也造成城市人口管理压力，按照地方政府管理者所说："深圳即便是再发达，再有能力，也无法为全国人民埋单。"因此，农业转移人口公共服务均等化缺乏全国整体协调推进，必然将造成地区不平衡日益扩大，并最终阻碍改革发展步伐。

（三）公共服务获得仍要求与其贡献对等，非就业关联的福利基本被排斥在外

尽管一些地方在扩大农业转移人口的公共服务与福利方面已经取得了积极进展，但更多基于就业的服务项目，背后暗含着服务的获得必须要与其贡献直接联系，通过就业创造 GDP 或者贡献财政税收，或者参加社保缴费一定年限，地方政府狭义地理解，只有这类农业转移人口才算是为本地做出贡献的人，才有资格享受部分公共服务和福利。

然而，非就业、非缴费的基本公共服务仍然排斥农业转移人口，目前居民养老保险、居民医疗保险、最低生活保障等非缴费或者财政负担为主的福利项目只有本地户籍人员才能享受。地方政府主要担心进一步放宽后，将会面临比较突出的财政压力，而且，在这些保障体系没有实现全国范围统筹情况下，也会存在转移接续和地区衔接问题，本地优先放宽可能会导致重复享受福利问题，的确也存在某种不公平。从农业转移人口所享受的公共服务和福利范围来看，公共服务均等化仍然有较长的路要走。

（四）农业转移人口排斥出现隐性化特征，制度排斥转变为苛刻条件限制

一些地方改进相关制度，消除了直接排斥农业转移人口的不合理歧视性政策，但新建立的统一政策体系中以高端人力资本为导向，普通农业转移人口尤其是广大农民工实际上仍然被排斥在外。

例如，深圳市将农民工视为人力资源，纳入整体人才引进体系中是一大进步，但在实际政策制定中倾向于更多依据人力资本条件、经济能力、就业正规性等标准，而这些标准对于农民工群体必然非常严格和苛刻，即便是长期在本地务工就业的农民工也难以满足落户条件。根据统计，2013年实际落户的人员中，属城镇户口的 122684 人，占 81.3%；农业户口的28205 人，占 18.7%，真正意义上的落户农民工很少。从这个意义上来看，对于农民工群体的排斥方式已经发生了转变，从直接制度排斥为主变成了间接的苛刻条件约束，大多数农民工融入城市的实际境况可能并没有明显改变。

（五）核心权利改进尚未触及，教育公平被迫让位于严格人口调控

教育是农业转移人口最关心、最核心的权利，尽管"两为主"（以公立学校为主、以流入地为主）方针早已明确，但实际执行过程中没有得到很好落实，农业转移人口的教育问题始终没有得到根本解决，流动儿童和青少年被迫辍学、过早进入劳动力市场，成为脆弱的群体。更为严峻的是，户籍制度已经成为北京、上海等特大城市人口控制的重要手段，教育公平的目标某种程度上被迫让位于人口调控。

按照目前户籍改革的基本思路，中小城镇将逐步放开，而大城市尤其是特大城市将严格控制，面对农业转移人口调控的一大难题，地方政府正是抓住农业转移人口最为关心的"教育"这一要害，利用削减教育机会的方式以达到挤出农业转移人口的目标，前些年农业转移人口子女还有机会在北京、上海等城市享受职业教育，目前这一政策也收紧，流动子女的受教育权利被进一步削减，同时也造成城市优质教育资源的浪费。

（六）城乡与地区之间制度不衔接，阻碍公共服务均等化有效推进

社会保险、医疗卫生、户籍改革等制度尚未形成全国统一、可衔接的体系，城乡之间、流入地与流出地之间无法有效衔接，仅仅流入地城市推进改革也无法顺利推进相关政策落实。例如，深圳市养老保险的缴费费率长期保持较低水平，曾经一度为个人8%、企业10%，而全国标准的企业费率为20%，但养老保险制度转移接续制度规定，企业缴费的12%可以转移、8%留在本地，深圳不仅没有留存，甚至还要额外补充，以至于不得不将企业缴费比例提高（目前为13%）。在落户政策方面，同样也存在与其他流出地在承包地、宅基地、户籍管理等方面的衔接，目前很多地方只能做到设定自身标准，不考虑流出地政策要求，容易造成户籍管理的混乱。

三 加快推进基本公共服务均等化的对策建议

结合农业转移人口基本公共服务均等化的最新进展及其存在问题，总结各地的探索经验和教训，针对改革发展进程中突出问题，建议重点从以下几个方面着手，加快推进农业转移人口基本公共服务均等化。

第一，中央政府统筹协调并发挥主导作用。农业转移人口高度集聚、公共服务水平地区差异巨大决定了依靠地方政府为主推动改革必将面临很大阻力，从全国总体层面看，公共服务均等化的财政负担并非不可承受，需要全国整体协调推进，中央政府发挥主导作用，避免地方政府之间的博弈出现"囚徒困境"，北、上、广、深等特大城市并非主要受制于财政约束，关键在于解决"不能为全国人民埋单"的矛盾，在中央财政承担应有的职责情况下，地方政府应该有动力也有能力加快推进均等化进程。

因此，中央政府在推进公共服务均等化过程中应该遵循"全国同步推进、兼顾地区差异"，必须在所有城市有效落实，同步推进有利于保障改革成本在地区和城市间的合理分摊，避免造成"洼地效应"，地区差异化政策必须要打破现有的行政区域分割，以城市的实际改革负担能力为基本依据，而不能简单地以大中小城市或东中西区域划分。

第二，建立合理的成本分摊机制。未来几十年更高质量城镇化所要求的基本公共服务均等化所带来的财政负担并非无法承受，关键是要建立一套科学、合理的成本分摊机制，即"钱"由谁出、各出多少。在现有财政体制没有较大调整情况下，成本需要由中央财政负担更大比例。

最基本的公共服务可考虑完全由中央财政全部负担，如教育尤其是义务教育和中等教育，中央财政应该肩负起兜底的功能。就业、医疗卫生、养老保障等随着统筹层次逐步提高，中央财政也应该承担更高比例，在一些准公共服务和投资性福利项目方面如住房保障、社区服务等，地方政府可根据自身情况平稳推进。同时，加快改革完善财政体制，建立常住人口为服务口径的公共转移支付制度，厘清中央和流入地、流出地政府的责任，调动流入地城市政府接纳进城农村人口的积极性。

第三，构建基于公民权的公共服务与福利体系。改变农业转移人口享受服务与其贡献直接挂钩的狭隘理念，逐步将基于就业权的公共服务体系转变为基于公民权的公共服务体系。目前公共服务均等化主要面向有单位、稳定就业且参加社保的农业转移人口，对于自雇和灵活就业的以及未就业的农业转移人口来说仍然不能与本地人享有同样的参保权利。应该尽快建立普惠制、可携带的福利制度，公民不论在何地居住，以公民权为基础享有权利和福利，而不是只有就业才能享受。

第四，充分尊重和考虑农民工群体特征。在转变对农业转移人口认识理念基础上，在制度设计和政策细则上要消除技术性的间接排斥。一是更加重视农民工的群体特征。目前入户政策和指标设置显然更倾向于高学历、高技能、年轻化的人才，优先考虑拥有住房、社保等正规就业人员，对于长期在本地务工生活但学历较低的农民工则处于弱势地位，尤其是大量从事个体经营和非正规就业的农民工更是难度很大，相关政策和规定有必要尊重农民工群体特征。二是考虑以家庭为单位的综合评价体系。人口流动模式正在以劳动力迁移为主向家庭迁移转变，同时，综合考虑家庭成员结构特征也具有合理性。目前入户政策的评价对象是个人，可以考虑逐步探索以家庭为单位申请入户，并调整相关指标设置。

第五，将农业转移人口子女教育权利放在优先位置。严格禁止将子女教育作为大城市人口调控手段，教育权利必须要得到基本保障，流入地城市应负责保障农业转移人口子女平等接受义务教育的权利，将其纳入教育发展规划和教育经费预算中。以公办学校为主接受农民工子女，政府按照统一标准向学校划拨生均经费。

支持社会力量举办"农民工子弟学校"，对于愿意承担义务教育任务、具有办学师资和安全设施的民办学校在师资培训、教学设备购置、校园用地等方面予以支持，并按学生人数给予财政补贴，保证农民工子女能接受质量合格的基础教育。确立民工子弟学校的合法地位，妥善地将农民工子弟学校纳入国家教育体系，使办学者能进行长期的追加投资，设计学校的长远发展规划，发挥农民工子弟学校填补正规教育供给不足的缺陷。

第六，全面实施并加快完善居住证制度。居住证制度应做到重服务轻管理，发挥人口流动信息服务的基本职能，为准确地将公共服务与福利覆盖农业转移人口提供依据。居住证与暂住证的核心区别在于其基本功能属性，前者更强调公共服务，而后者则更强调人口管理。若仅将其视为一种新的农业转移人口管理工具或手段，那么居住证的意义将会大打折扣，甚至成为暂住证的另外一个代名词。应该逐步赋予居住证更多的公共服务与福利，保障居住证持有者享受就业、教育培训、社会保障、医疗卫生、住房保障等公共服务，逐步缩小与本地户口拥有者享受权利的差距并最终消失。

第七，保障农业转移人口在流出地的财产权利。农业转移人口在流出地农村地区的承包地、宅基地以及集体经济等财产权利无法得到充分保障，成为城镇化推进中的一大阻碍。应该针对不同区域发展现实，探索因地制宜的产权制度模式。在经济发达地区或者高城镇化区域，土地用途多样化，权属情况复杂，土地确权成本过高，可以将部分产权留在公共领域，在经济还不发达或者远离城市的区域，土地利用形式比较单一，土地确权简单易行，可以采取将全部产权作价入股的方式确定集体财产的归属。

探索试点农村建设用地直接入市交易，建立市场主导的价格发现机制，允许农村宅基地使用权、土地承包经营权、林权等进行担保、抵押，建立农村产权流转交易市场，实现"同地、同价、同权"，在农村财产权利得到保障的基础上，更好地推进农业转移人口公共服务均等化和城镇化。

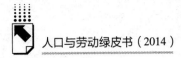
第八，加强城乡与地区之间的政策衔接。中央与地方政府应该协调政策，尽量减少农业转移人口转移接续中的利益损失，处理好地方政府间的利益关系。户籍制度与土地制度改革协调推进，前者可视为"拉力"，后者可视为"推力"，共同推动公共服务均等化与更高质量的城镇化。流入地与流出地的相关政策需要有效衔接，妥善处理农村流出地的承包地、宅基地等退出问题，避免造成一方面在城市落户享受城镇居民待遇，另一方面在农村又占有耕地、宅基地以及享受农村社会福利的新问题。

参考文献

高文书：《进城农民工市民化：现状、进展与改革建议》，《城市观察》2014 年第 2 期。

G.11

第十一章
适应流动性的公平发展：
中国的挑战与前景

程 杰

"中国奇迹"不仅体现在经济增速，同样也反映在大幅改善的人类发展状况，率先提前完成联合国千年发展目标是值得赞许的。但是，当转轨的列车仍然保持高速行驶，风险也是不言而喻的，不平等与不平衡已经成为中国在2015年后千年发展目标阶段的最大挑战。与大多数国家的经历不同，中国的不平等问题极其复杂，经济增长、城乡与区域分割、发展方式转变、全球化与制度转轨等因素交织，学术界尚未达成共识，决策部门也纠结不定。立足于中国的特征事实，我们应该厘清矛盾主次，抓住根源问题，尽快建立适应流动性的公平发展路线图，推动中国2020年全面建成小康社会发展目标的顺利实现。

一 超越经济的"中国奇迹"：率先
提前完成千年发展目标

20世纪70年代末实施的改革开放，开启了中国两场重大的历史性变革：一是从一个农业和农村社会转变成一个工业化和城市化的社会；二是从计划经济转变为社会主义市场经济。两场变革的结合产生了影响全球的"中国奇迹"：数十亿人口的世界最大发展中国家，经历了长达30多年来的高速经济增长，年均增速接近10%，2010年中国GDP（按汇率计算）已经接近6万亿美元，超过日本成为世界第二大经济体，同时也成为世界最大的出口国和制造品生产国。人均 GDP 从不足 200 美元提高到 2010 年约 4500 美元，按照世界银行的划分标准，中国成功地从低收入国家跻身中等偏上收入国家行列。"中国奇迹"成为百年来世界经济发展史的重要概念。

然而，"中国奇迹"不仅仅表现在经济领域。根据联合国开发计划署（UNDP）发布的人类发展报告显示（见图 11-1），1980 年中国的人类发展指数（HDI）仅为 0.423，仅相当于世界平均发展水平的 3/4，到 2010 年中国 HDI 指数达到 0.701，较 1980 年提高约 0.3，首次超越世界平均水平（0.693），这意味着中国在进入中等偏上收入国家行列的同时，也从中等人类发展水平国家（Medium Human Development）跨入高人类发展水平国家（High Human Development）行列。中国经济社会在过去几十年中得到全面、快速的发展。

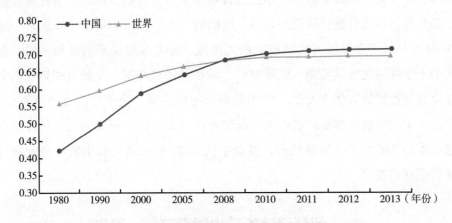

图 11-1　中国与世界 HDI 指数变化趋势：1980~2013 年

资料来源：Human Development Report（2014）。

中国人类发展水平的改进速度之快也是少见的。2013 年中国 HDI 指数达到 0.719，较 1980 年大幅提高 70%，而同一时期世界总体 HDI 的增幅仅为 25%，不同组别中改善幅度最大的中等人类发展水平国家的 HDI 增幅为 46%，不同地区中改善幅度最大的东亚和太平洋地区以及南亚地区的 HDI 增幅为 54%。分不同阶段看，1980~1990 年中国 HDI 的年均增速为 1.72%，1990~2000 年的年均增速为 1.66%，增速超过所有的组别和地区，21 世纪以来的 HDI 增速有所下降，但仍然达到 1.52%，为世界平均增速的两倍之多（见表 11 - 1）。中国的人类发展状况得以迅速地改进，"中国奇迹"完全可以超越经济范畴。

表 11 - 1　中国与世界主要地区 HDI 指数变动

指标	HDI		HDI 年均增速（%）		
时间	1980 年	2013 年	1980~1990 年	1990~2000 年	2000~2013 年
中国	0.423	0.719	1.72	1.66	1.52
人类发展水平组别					
极高人类发展水平国家	0.757	0.890	0.52	0.62	0.37
高人类发展水平国家	0.534	0.735	1.04	0.81	1.04
中等人类发展水平国家	0.420	0.614	1.22	1.09	1.17
低人类发展水平国家	0.345	0.493	0.64	0.95	1.56
区域					
阿拉伯国家	0.492	0.682	1.14	1.05	0.85
东亚和太平洋地区	0.457	0.703	1.23	1.42	1.29
欧洲和中亚地区	—	0.738	—	0.21	0.80
拉美和加勒比地区	0.579	0.740	0.79	0.87	0.62
南亚地区	0.382	0.588	1.37	1.16	1.39
撒哈拉以南非洲	0.382	0.502	0.44	0.52	1.37
世界	0.559	0.702	0.66	0.67	0.73

备注：按照 UNDP 划分标准，HDI 高于 0.8 以上为极高人类发展水平，HDI 在 0.7~0.8 之间为高人类发展水平，HDI 在 0.55~0.7 之间为中等人类发展水平，HDI 在 0.55 以下为低人类发展水平。

资料来源：Human Development Report（2014）。

中国率先提前实现千年发展目标为更广义的"中国奇迹"提供有力例证。2000 年 9 月，联合国举行千年首脑会议，189 个会员国与会并通过了《千年宣言》，为人类发展制定了一系列具体目标，统称为"千年发展目标"，涉及经济、社会、环境等八个领域，多数以 1990 年为基准年，2015 年为完成时限，这成为当今国际社会在发展领域最全面、最权威、最明确的发展目标体系。早在 2008 年，联合国驻华系统对中国实施千年发展目标状况进行了比较系统的评估（见表 11 -2），充分肯定了中国改革开放以来经济社会发展取得的巨大成绩，评估的初步判断表明，中国在消除极端贫困和饥饿、减少文盲、降低儿童死亡率等方面已经提前完成目标，在卫生、性别平等、环境可持续性等方面也取得较快进展，有望在 2015 年之前提前实现所有千年发展目标。

表 11 – 2　中国实施千年发展目标进展状况评估结果

具体目标	目标是否可以实现	国家支持力度
目标一:消除极端贫困和饥饿		
目标 1A:每日收入在 1 美元以下的人口比例减半	已经实现	很好
目标 1B:实现充分和有效的就业,使所有人包括妇女和年轻人有体面的工作	有可能	很好
目标 1C:挨饿的人口比例减半	已经实现	很好
目标二:到 2015 年前普及小学教育		
目标 2A:到 2015 年前确保各地儿童能完成全部初等教育课程	已经实现	很好
目标三:促进两性平等和赋予妇女权利		
目标 3A:争取到 2005 年在小学教育和中学教育中消除两性差距,至迟于 2015 年在各级教育中消除此种差距	很有可能	很好
目标四:降低儿童死亡率		
目标 4A:5 岁以下儿童的死亡率降低 2/3	已经实现	很好
目标五:改善孕产妇保健		
目标 5A:到 2015 年孕产妇死亡率降低 3/4	很有可能	很好
目标 5B:到 2015 年实现普及生殖健康	有可能	好
目标六:与艾滋病病毒/艾滋病、疟疾和其他疾病做斗争		
目标 6A:遏止并开始扭转艾滋病病毒/艾滋病的蔓延	很有可能	很好
目标 6B:到 2010 年实现艾滋病治疗的全面普及	有可能	好
目标 6C:遏止并开始扭转疟疾和其他主要疾病的发病率增长	很有可能	好
目标七:确保环境的可持续性		
目标 7A:将可持续发展原则纳入国家政策和方案;扭转环境资源的流失	很有可能	很好
目标 7B:降低生物多样性的丧失,到 2010 年显著减少丧失速度	有可能	好
目标 7C:无法持续获得安全饮用水和基本环境卫生的人口比例减半	很有可能	很好
目标八:建立全球发展伙伴关系		

　　资料来源:《中国实施千年发展目标进展情况报告（2008 年版）》,联合国驻华系统、中华人民共和国外交部,2008。

中国正在超越一些千年发展目标，朝着适合中等收入国家更宏伟的目标迈进。农村贫困人口从 1980 年的 2.5 亿人减少到 2010 年的 2700 万人，占农村总人口的比重从 30% 下降到 2.8%，2012 年中国政府将贫困线标准大幅提高近 1 倍，达到人均纯收入 2300 元（接近于每天 1 美元的国际标准），覆盖贫困人口 1.3 亿人，占农村人口 13.4%。进入 21 世纪之后，中国加快城乡社会保障体系建设步伐，按照官方公布数据，目前农村医疗保险覆盖率达到 95%，农村养老保险参保人数达到 4.7 亿人，最低生活保障覆盖 5400 万人。教育优先发展的战略地位从未松动，教育经费占 GDP 的比重已经达到 4%，平均受教育年限已经超过 9 年，小学学龄儿童净入学率达到 99.8%，高等教育毛入学率达到 30%，初等教育和中等教育阶段的在校学生中女性分别占到 46.4% 和 47.4%，普通高等院校在校大学生中女性比例已经达到 51.4%，15 岁以上女性劳动参与率为 67.7%，教育的性别差异基本消失，劳动力市场中的性别平等也在明显改善。医疗卫生投入持续不断加大，卫生支出占 GDP 的比重达到 5.1%，5 岁以下儿童死亡率从 1990 年的 61.0‰ 下降至 2012 年的 13.2‰，孕产妇死亡率从大约每 10 万人中 100 人下降到每 10 万人中 25 人。根据 2010 年最新一次全国人口普查，中国的预期寿命提高到约 75 岁，男性与女性分别为 72.4 岁和 77.4 岁。

"中国奇迹"在经济社会领域精彩演绎，作为世界上最大的发展中国家，中国的快速发展对于世界千年发展目标实现做出了巨大贡献。但是，中国正在经历经济社会转型的关键时期，一些重要领域的改革尚未完成，人口、资源与环境的压力越来越大，高速增长的时代已经结束，中国面临的挑战也将前所未有的更加复杂，而不平等与不平衡可以说是摆在中国发展道路上的最大障碍之一。进入 2015 年后千年发展目标阶段，世界各国将重新审视新形势和新挑战，国际社会也正在积极讨论制定 2015 后发展议程和具体目标，中国也将责无旁贷地继续发挥着推动世界人类发展的作用，这要求我们努力克服关键性障碍，迈向更加公平的发展道路。

二 不平等与不平衡：从共识到分歧

一个超过 13 亿人口的大国，实现由中等收入阶段向高收入阶段、由高人类发展水平向极高人类发展水平跨越所面临的挑战将是史无前例的，目前中国正在承受着人口结构转变、经济结构调整、社会矛盾集聚、资源环境恶化等多重痛楚，但不平等与不平衡矛盾尤为严峻，可以说是关乎中国未来稳定发展的最大挑战之一。

不平等已然成为世界性威胁和难题。按照 UNDP 最新公布的报告显示（见表 11-3），2013 年世界总体的 HDI 为 0.702，但经过不平等调整后 HDI 下降到 0.541，不平等使世界人类发展水平损失了近 23%。而且，越是发展水平滞后的发展中国家，遭受不平等的影响更大，中等人类发展水平国家经过不平等调整后的 HDI 下降到 0.457，损失幅度超过 1/4，低人类发展水平国家经过不平等调整后的 HDI 下降到 0.332，损失幅度更是高达近 1/3。与中国 HDI 相近的泰国，经过不平等调整后 HDI 损失了 20%，同为人口超级大国的印度，不平等调整后 HDI 损失了 29%，同为金砖国家的巴西，不平等调整后 HDI 损失了 27%，由于相关数据缺失，报告未给出中国经过不平等调整后的 HDI 指数，但可以确定的是，中国同样无法摆脱不平等造成的影响。而且，经济发展、体制转轨、全球化以及大国特征等因素叠加，中国面临着更加复杂的不平等与不平衡挑战。

表 11-3 不平等对人类发展水平的影响（2013 年）

	HDI	不平等调整后的 HDI	不平等造成的损失（%）
人类发展水平组别			
极高人类发展水平国家	0.890	0.780	12.3
高人类发展水平国家	0.735	0.590	19.7
中等人类发展水平国家	0.614	0.457	25.6
低人类发展水平国家	0.493	0.332	32.6
区域			
阿拉伯国家	0.682	0.512	24.9
东亚和太平洋地区	0.703	0.564	19.7
欧洲和中亚地区	0.738	0.639	13.3
拉美和加勒比地区	0.740	0.559	24.5
南亚地区	0.588	0.419	28.7
撒哈拉以南非洲	0.502	0.334	33.6
世界	0.702	0.541	22.9

资料来源：*Human Development Report*（2014）。

收入不平等持续提高并已达到较为严重状态。中国经济快速增长的同时，收入不平等也在持续提高。结合官方公布数据和学术界的相关研究结果，中国总体基尼系数从 20 世纪 80 年代初的 0.3 左右持续提高到目前接近 0.5（见图 11－2）①。目前 OECD 国家基尼系数平均为 0.31，北欧国家在 0.3 以下，低收入国家的基尼系数一般稳定在 0.3～0.4，例如埃及、巴基斯坦、孟加拉国、印度尼西亚的基尼系数为 0.33 左右，收入差距最大的国家往往是那些经济增长较快的中等收入国家，例如泰国、马来西亚、菲律宾基尼系数都在 0.4 以上，巴西是世界上收入差距最大的国家之一，基尼系数接近 0.6，南非情况与巴西类似。从国际视角来看，中国的收入不平等过高是不争的事实，收入分配存在问题毋庸置疑。在一个较长时期内，中国的收入差距过大基本在学术界、政策部门乃至社会公众达成共识。

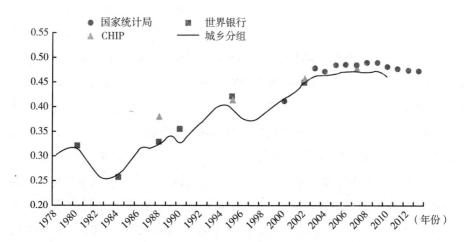

图 11－2　中国的基尼系数变化

资料来源：国家统计局公布的 2000 年和 2003～2013 年全国基尼系数；世界银行利用国家统计局住户调查数据估算过部分年份的基尼系数，由 Ravallion 和 Chen（2007）完成；CHIP 是以国家统计局样本框为基础的中国家庭住户收入调查，李实（2011）和 Gustafsson（2007）估算了调查年份的基尼系数；不少学者利用全国城乡居民收入分组数据估算全国基尼系数，这里以陈宗胜和马草原（2012）以及周云波（2009）的估算结果为参考。

---

① 还有些学者利用抽样调查数据估算，得到的基尼系数是 0.5 以上甚至 0.6 以上，但样本代表性存在较大质疑。

但是，2008 年可以说是一个分水岭，收入分配状况出现了一些新的特征和现象，引发了学术界的不同解读和认识，争论愈演愈烈，分歧也越来越大。根据国家统计局公布数据，城乡收入差距在 2008 年达到顶峰的 3.33∶1 之后开始逐渐下降，2013 年下降到 3.1∶1，与此同时，总体基尼系数在 2008 年达到高峰的 0.491 之后也出现小幅下降，2013 年下降到 0.473，有些人将此视为中国收入差距转折点的到来，认为收入分配改善的曙光依稀可见，而有些人对这些指标变化不以为然，认为收入分配状况仍在继续恶化。

一类观点认为，中国收入差距仍然在继续扩大，转折点尚未到来。证据主要体现在：①城镇内部收入差距持续扩大，成为总体收入差距扩大新的结构性因素。城镇内部不平等扩大并超过农村，部门之间、职业之间的收入差距扩大尤为明显，劳动力市场中人力资本回报率提高是主要原因，行业结构转化、所有制调整和全球化加剧不平等（李实、宋锦，2010；李实，2011；罗楚亮、王亚柯，2012）。②城乡差距仍然是总体收入差距的主要贡献者，并没有根本性缩小趋势。城乡差距对总体收入差距贡献超过 50%，考虑到公共服务、社会保障、住房等隐性补贴，实际的城乡差距仍然很大，而农村劳动力流动并没有从根本上降低总体不平等，农村剩余劳动力仍将在一定时期内存在，而且，迁移存在明显的正选择效应，使得农村教育和收入水平较高的群体流失，阻碍城乡差距缩小（李实、罗楚亮，2007；邢春冰，2010；Knight 等，2011）。③行业垄断、非法收入等体制问题成为不平等的重要因素。市场化改革中体制遗留问题对收入差距的影响越来越突出，垄断行业与竞争行业之间收入差距的 50% 以上是不合理的，体制导致的分割效应仍有不断增强的趋势，非市场制度因素导致的分配不公甚至成为中国收入差距扩大的主要问题（岳希明等，2010；陈光金，2010；王小鲁，2010；Li & Zhao，2011）①。

另一类观点认为，中国收入差距扩大出现逆转迹象，转折点已经或即将到

---

① 中国社会科学院人口与劳动经济研究所主办的 2012 年"新时期中国收入分配研讨会"中，来自世界银行、经济合作与发展组织、亚洲开发银行等国内外学者就中国是否已经到达收入差距转折点进行了激烈争论。万广华认为，农村迁移到城市的第一代人的收入水平仍然较低，下一代人收入才会逐步提高，转折点还需较长时间。Keun Lee 认为，中西部仍然有很多的剩余劳动力，中国不会很快进入库兹涅茨转折点，预计可能到 2020 年左右。Hiroshi Sato 认为转折点不应该是一个点，而是一个区间或阶段，目前尚未进入这一阶段。

来。证据主要集中在：①城乡内部收入差距趋于稳定，尤其农村内部收入差距开始缩小。在税费改革和农业补贴政策推动下，农村内部基尼系数从 2001 年的 0.44 逐步下降到 2010 年的 0.39，城镇内部的收入差距也基本稳定（Richard，2011；胡志军等，2011）。②城镇化和劳动力流动缩小城乡收入差距。工资性收入成为农民收入增长的最大贡献，但由于流动人口没有被纳入统计范围，实际的城乡差距被高估，2003 年以后已经逐步缩小（蔡昉、王美艳，2009；高文书等，2011；赖德胜、陈建伟，2012）。③劳动力市场发生根本性转变，工资出现趋同现象。农民工、农业雇工以及低技能普通劳动者的工资从2003 年以来均快速上升，劳动力市场上出现了系统的工资趋同现象，劳动力市场的分割效应在减弱，低收入组的收入增长要快于高收入组，非正规与正规就业者的收入差距缩小，区域差距也出现收敛，刘易斯转折点到来之后将会迎来库兹涅茨转折点（蔡昉、都阳，2011；屈小博，2011；蔡翼飞、张车伟，2012）[①]。

当然，争论背后也暗含着一些共识，即市场机制条件下的收入差距转折点是存在的，不考虑非市场机制因素，库兹涅茨意义上的转折点应该是指日可待的。中国正在经历从城乡二元结构向城乡一体化转变的关键时期，2010 年农业部门人口所占比重也已经下降到 50% 以下，即城镇化水平也已经达到 50%，回归到库兹涅茨原假说，这正是收入差距转折点的一个重要信号，而当一个国家走完工业化道路之后，也就意味着走完了整个库兹涅茨曲线，转折点理论也就不再适用了，中国的发展阶段恰恰正当其时[②]。我们更应该相信：中国已经基本走完库兹涅茨倒 U 形曲线的前半部分，已经或即将进入倒 U 形曲线的后

---

① 在 2012 年"新时期中国收入分配研讨会"上，蔡昉归纳了一些中国已经出现的"库兹涅茨事实"，认为由劳动力市场决定的刘易斯转折点和库兹涅茨转折点已经出现。Richard 认为中国加入 WTO 后市场经济成分越来越强，劳动力市场发生重大变化，政府政策也发挥了改善收入分配作用，收入差距已经出现了拐点，他同样利用 CHIP 数据，但采用不同方法测算，基尼系数从 2002 年的 0.49 下降到 2007 年的 0.46，这与李实等测算的结果不一致。

② 实际上，Kuznets（1955）的精髓并非在于一条绝妙的 U 形曲线，核心思想是二元经济结构背景下收入差距与经济发展阶段之间的内在关联，他甚至直接用城镇化水平（农业与非农人口比重）来表达经济发展，而并非一般意义上的经济增长率或人均 GDP。对于已经从二元经济结构转向新古典经济、城镇化和工业化已经完成的发达国家，库兹涅茨假说自然不再适用，但对于当前中国所处的发展阶段，库兹涅茨假说不仅没有过时，反而正当其时。

半部分，即收入差距缩小阶段。

但是，中国面临的不平等问题远比基尼系数反映的更为复杂，体制转轨、城乡与区域分割、发展方式转变以及全球化等因素交错影响，即便迎来了统计意义上的收入差距转折，抑或是找到了库兹涅茨转折点，也并不必然意味着中国的不平等问题就迎刃而解。若太过于纠结基尼系数的大小、不平等本身的高低，可能无助于我们抓住中国收入分配问题的关键要害。摆在我们面前的矛盾因素是错综复杂，甚至难以穷尽的，立足于中短期迫切需要解决的关键矛盾，着眼于2020年全面建成小康社会目标，不平等与不平衡的两个重大挑战应该予以高度关注。

一是趋于固化的新二元结构。传统的城乡二元结构既是"中国奇迹"的贡献者，也是其牺牲品，最近几年城乡差距缩小得益于城乡统筹发展战略以及劳动力市场转变，但仍然无法掩盖处在高风险边缘的巨大城乡不平衡，农村老龄化、空心化问题突出，资源要素缺乏动力流向农村地区。传统意义上的城乡二元结构尚未解决，城市中的新二元结构愈发突出。2012年，城镇化水平已经达到52%，而拥有城镇户口的人口比重只有35%，两者的主要差距就是1.6亿多流动人口，他们为城市创造GDP和财政收入的同时，但并未享受到与城市人同等的待遇，而且遭受就业、社会保障等方面的歧视。根据国家统计局公布数据，他们参加城镇养老保险的比例仅为14.3%，医疗保险为16.9%，失业保险仅为8.4%，超过50%在非正规部门就业。他们无法在城市享受应有的就业、教育、医疗卫生等公共服务，而流出地的公共服务由于交易成本太高也受到限制，在环境保护、房地产调控等方面则首先做出牺牲，一些大城市汽车、住房限购措施首要针对流动人口。尽管中国总体的HDI指数已经达到高人类发展水平标准，但若能够测算出流动人口的HDI指数，我们很难想象会是什么样的发展水平。

更严峻的是，城乡不平衡的代价将尖锐地暴露在下一代。第六次全国人口普查显示，0~17岁的农村留守儿童为6100万人，占农村儿童总数的37.7%，跟随父母来到城市的农村流动儿童为2877万人，他们缺乏足够的家庭照料，在健康、营养、教育、心理等方面存在突出问题。最近年份的辍学率提高也是迁移的代价，尽管没有官方正式数据，但一些典型地区抽样调查足以引起我们重视①，小学辍学率从 2008 年的 5.99‰提高到 2011 年的 8.8‰，这与 1997 ~ 1999 年的辍学水平大体相当，西部某些贫困地区的初中辍学率高达 30%。这一代的农村青少年在更好的现在与更好的未来之间面临艰难的抉择。普通劳动者工资上涨，接受教育的机会成本大幅上升，贫困家庭的孩子为了能够改善当前的生活状况，更多倾向于选择辍学而进入劳动力市场。在四川省凉山州的一个村庄，13 ~ 18 岁的孩子有 28 人，有 21 人已经离开学校去城市打工，他们的人力资本水平根本不可能适应未来经济和产业转型的需要，从而陷入长期失业风险。让人五味杂陈的是，这个州的 GDP 刚刚突破 1000 亿元，成为四川省 21 个地州市中的第三名，这样的村庄在中西部贫困地区并非个案。他们为了改变现在的生活而放弃未来，显然责任并不在他们自身，他们无法改变接受教育的成本。然而，教育不平等将很大程度上决定着下一代人的收入不平等。

　　二是崩溃边缘的地区不平衡。尽管进入 21 世纪以来，国家开始重视区域平衡发展，陆续实施了西部大开发、中部崛起等发展战略，中西部地区的经济增长速度加快，经济指标（如人均 GDP 的变异系数）上也显示出地区收敛的迹象，但仍然无法掩盖巨大的地区失衡问题。如果将中国各省份视为独立的经济体，那么，我们将从中国这个经济联合体中同时找到高收入国家、中等收入国家以及低收入国家，表 11 -4 给出了中国经济发展水平的地区失衡状况，显然，巨大的地区差距已经远远超越其资源要素禀赋条件。2012 年，中国 31 个省份中已经有 6 个省份人均 GDP 超过 1 万美元，其中，北京的人均 GDP 达到 13800 美元，若按照 2005 年购买力平价计算已经超过 18000 美元，达到高收入国家行列，相当于同期欧洲国家的波兰。但是，西部的贵州省人均 GDP 只有 3148 美元，不到北京的 1/4，仍徘徊在中低收入国家行列边缘，仅相当于蒙古国的发展水平。

　　综合经济社会发展状况来看，地区不平衡问题更加严峻。根据各省份的 HDI 指数分布状况（见表 11 -4），2010 年 HDI 指数最高的北京为 0.821，相

① 2012 年，中国教育学会农村教育分会理事长韩清林在"中国农村教育高峰论坛"中提出，小学辍学率退至十年前，辍学主体为低年级学生。

当于同期葡萄牙、斯洛伐克、阿联酋等国家的发展水平，已经进入极高人类发展水平阶段，而 HDI 指数较低的西藏、贵州分别仅为 0.569 和 0.598，接近于老挝、刚果、塔吉克斯坦等国家的发展水平，仍处在低人类发展水平阶段的边缘。而且，这仅仅观察到省份层面，若进一步细化考虑地市层面，更严峻的不平衡状态将会浮现，以户籍价值反映的经济社会发展水平，按照屈小博和程杰（2013）的估算，户籍价值最高的北京市是省会城市中最低的石家庄市 5 倍多，是所有地级城市中最低的湖北天门市的 10 倍之多，省份内部的差异同样很大，一贯认为经济发达的广东省，有 5 个城市的户籍价值排在全国前 10 位，但排在全国后 10 位的同样也有广东的身影，如倒数第二的揭阳市。对于一个独立、统一的经济体来说，经济社会发展的地区不平衡如此之大，我们警示自己正处在崩溃的边缘，这应该并不过分。

表 11 −4　中国各省份 HDI 指数与人均 GDP

省(区、市)	HDI	人均 GDP(美元)	省(区、市)	HDI	人均 GDP(美元)
北 京	0.821	13857	重 庆	0.689	6165
上 海	0.814	13524	湖 南	0.681	5304
天 津	0.795	14760	海 南	0.680	5129
江 苏	0.748	10827	河 南	0.677	4990
浙 江	0.744	10039	宁 夏	0.674	5765
辽 宁	0.740	8974	新 疆	0.667	5354
广 东	0.730	8570	江 西	0.662	4562
内蒙古	0.722	10121	四 川	0.662	4690
山 东	0.721	8201	安 徽	0.660	4561
吉 林	0.715	6878	广 西	0.658	4428
福 建	0.714	8358	青 海	0.638	5256
黑龙江	0.704	5657	甘 肃	0.630	3482
湖 北	0.696	6110	云 南	0.609	3516
陕 西	0.695	6109	贵 州	0.598	3122
山 西	0.693	5327	西 藏	0.569	3633
河 北	0.691	5795			

资料来源：HDI 指数为 2010 年水平，数据来源于 China Human Development Report 2013；Sustainable and Livable Cities：Toward Ecological Urbanization，United Nations Development Program。人均 GDP 为 2012 年水平，按照当年人民币兑美元实际平均汇率计算，数据来源于国家统计局《中国统计年鉴 2013》。

三　制度性障碍与流动性约束：
决定不平等的走向

导致如此严重的不平等与不平衡的关键原因究竟是什么？究竟谁决定着中国不平等的走向？经济增长本身带来的不平等上升，如同库兹涅茨假说描述的，是市场经济机制的内在规律，中国也不例外地存在"成长的烦劳"。但是，市场机制与经济增长带来的收入差距扩大显然不是中国面临的主要问题，否则，我们只需要耐心等待就可以了。收入差距转折点不会"自动"的到来，政府制度和政策需要发挥作用，表层意义上似乎在学术界已经达成共识。

然而，却有两种截然不同的理解：一种观点认为，市场机制天然具有扩大收入差距的功能，库兹涅茨曲线只能是一个理想，中国收入分配问题的解决必须依靠政府干预，建立更强有力的再分配制度，依靠税收、社会保障等手段缩小不平等，其实暗含之意是在市场机制条件下收入差距转折点也不会自动到来（如杨春学，2013；岳希明，2014）。有些人通过观察欧美发达国家的经验，发现再分配调节后基尼系数能够大幅下降30%左右，由此认为再分配制度缺失是中国收入分配问题的症结所在。最近风靡全球的皮凯蒂著作《21世纪资本论》更加强化了这一观点，认为不平等是资本主义的必然产物，作者也支持中国借鉴累进税制等工具来调节不平等。另一种观点认为，中国收入分配问题的关键不在于市场机制发挥过度，而恰恰是由于市场机制不成熟、不完善，非市场机制导致的分配不公才是根源所在，依靠再分配手段只能是治标不治本，政府需要建立更加成熟的市场机制，发挥市场在资源配置中的决定性作用，才是决定收入差距长期收敛的根本之道（如张车伟、程杰，2013）[①]。蔡昉（2012）总结的"新库兹涅茨事实"，其中表达的一个重要思想就是，收入分配改善抑或恶化与政府意愿和政策以及相关制度安排密切相关，但若把实行再分配政策作为关注重心而忽视众多有利于经济增长的经济和社会政策，在缩

[①]　实际上，库兹涅茨倒U形曲线描绘的正是这一种理解，而脱离市场机制、依靠政府干预等非市场手段，即便出现了收入差距缩小，也并非是真正含义上的库兹涅茨曲线，更不是我们所期待的收入差距转折点。

小收入差距效果方面远不如经济增长绩效本身。关于中国收入分配的认识和理解，学术界没有达成共识，决策部门同样也在纠结中，严重分歧势必将影响到未来不平等的走向。

中国的不平等未来将走向何方？至少有三种可能（见图 11 – 3）：一是持续不断提高，若按照目前收入分配格局，任其发展、不加干预，既不在市场机制改革上付诸努力，又不在再分配制度上有所作为，未来不平等很可能沿着 A 的路径继续恶化下去。二是不平等程度下降，但保持上升趋势，若以再分配制度为主导实施干预，操作上的阻力相对较少，短期也比较容易见效，不平等绝对程度能够明显下降，但可能难以根本改变不平等的走向，沿着 B 的路径最终还要直面尖锐矛盾，而且，若处理不好公平与效率之间的关系，再分配制度的代价也是昂贵的。三是转折之后的持续下降，若能够顺应不平等从扩大到缩小的内在机制，抓住要素自由流动和报酬收敛的关键点，不平等的变化有望沿着 C 的路径前进，走出一条众所期望的倒 U 形曲线。

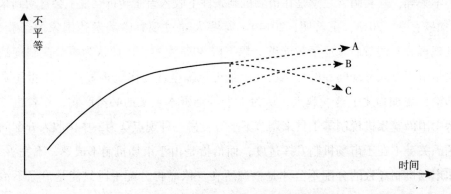

图 11 – 3 中国不平等的演变轨迹

阻碍我们朝着轨道 C 迈进的关键障碍就是非市场制度造成的分配不公。所谓"不患寡而患不均"，可以引申进一步理解为"不患均而患不公"，相对于收入不平等本身，不公平问题更为可怕，也更容易引发矛盾和冲突，而且，分配不公产生的不平等无法通过市场机制自我矫正，也难以通过政府再分配调节彻底扭转。对于中国这样的转型国家，市场经济体系尚不成熟，尤其是要素市场发育更为滞后，非市场制度因素对经济发展和收入分配发挥着较大影响，分配不公本质上就是非市场制度规则问题。土地、矿产资源、国有企业、公共产品等领域在市场化过程中创造了大量的新增财富，但作为资源要素的所有者，国家和全体国民并没有公平地分享收益，大量财富被拥有经营权或实际控制权的少数人占有，按照张车伟、程杰（2013）总结的典型事实：土地收益被开发商、地方政府及利益集团过度占有，农民和集体的利益被严重侵蚀；矿产资源收益主要被矿老板占有，形成暴富群体，国家和全体国民利益受损；国有企业收益被企业实际控制人、相关利益群体和内部职工瓜分，国家和全民没有得到合理分享，反而承担大量补贴；部分公共产品市场化使实际控制机构和内部职工得到超额收益，公众为此需要承担高额费用，权益受到严重侵害。遗留的制度性因素与市场经济体系交错在一起，共同影响中国的收入分配格局，从而导致库兹涅茨曲线偏离原有轨迹，市场机制条件下的收入差距转折点也就难以在现实中找到。

市场机制调节收入差距的精髓在于，让要素自由地流向回报更高的地方，而制度性障碍正是阻碍这种能够实现差距收敛的流动性，劳动力、土地、资本等要素无法按照边际报酬自由流动和配置，造成有些人得到了超出其禀赋条件的过高收益，而有些人丧失了本应该获得更高收益的机会。这种不平等更大意义上就是不公平，而不公平关键源于制度性障碍与流动性不足。具体的制度性问题我们可以列举很多，以下几个方面可以说是毋庸置疑的证据。

一是户籍制度：阻碍劳动力的有效配置。尽管劳动力市场改革发展一向被认为快于土地、资本等要素市场，但以户籍为主的制度性约束仍然尚未根本消除。户籍歧视在劳动力市场中工资差异的贡献趋于缩小，但是，随着经济社会发展和公共投入加大，依附在户籍背后的福利价值不断提高，户籍歧视对于公民权利、公共服务与福利等差异的影响可能在扩大。这种制度性歧视不仅表现为城乡分割，也表现为本地与外地分割。没有本地城镇户口的外来人口，包括农民工和外地城镇人口，都无法享受完整的就业、教育、社会保障等权利，制度造成的不公平显然与人力资本和个人努力无关。相对于户籍制度直接造成的群体之间不平等，更严重的影响在于阻碍劳动力的自由流动和高效配置，牺牲了城市的经济效率，最终可能让所有人的福利都受损。

二是土地制度：阻碍财产的流动与兑现。农村居民并非缺乏财产和资本，土地原本可以成为农民最大的财富。如同索托（2007）在《资本的秘密》中强调，资本并不是积累下来的资产，而是蕴藏在资产中，关键要有一个转化过程，即创造合适的所有权机制。我们正是缺乏这种资产转化为资本和财富的机制，目前法律意义上的土地产权界定与市场经济规则不适应，完整的土地要素市场仍然缺少必备的基本条件，包括耕地和宅基地在内的农村土地在交易和用途方面均被严格地规制，名义上占有土地的农民并没有被赋予完整的财产权利，在土地征用过程中仅能获得很小一部分补偿收益，造成严重的收益分配不公。同样地，由于流动性不足造成的土地资源配置效率低下也是严重的，由此造成经济上的损失也是无可估量的。

三是资本制度：可获得性差与逆向补贴。在资本市场和金融体系中，国有企业和大型企业占据主导地位，享受政策优惠和大量补贴，民间资本进入的机会很少，中小企业和农户通过正规渠道获得贷款的难度很大、成本很高。利率被严格管制，贷款利率是存款利率的数倍，巨大利差意味着广大居民通过储蓄间接地补贴国有和大型企业。一般经验表明，资本的产出弹性高于劳动产出弹性，往往达到 0.6～0.7，这意味着资本创造的价值以及得到的报酬更高，相对于劳动要素，资本造成的不平等也更大。制度性障碍导致资本的不合理分配，产生极大的收益不平等，严重阻碍资本流向回报率更高的行业和部门，最近年份资本边际报酬递减现象也有其不可推卸的责任。

四是社会保障制度：可携带性差与严重分割。社会保障制度没有实现全国范围的统筹，难以在城市与农村之间、地区之间便捷地转移，可携带性差导致社会保险的实际福利被大打折扣，2008 年金融危机期间几百万农民工退保就是对这一问题的直接反应。社会保障制度不仅没有发挥良好的再分配作用，反而存在逆向调节的效果，富裕群体更容易、更多地得到社会保障福利。更为严重的是，高额的社会保险费相当于工资水平的 40%，对于企业和职工造成很大负担，一些效率较低、规模较小的企业通过躲避社保维持低成本，争夺用工，较大程度上扭曲劳动力市场效率和整体经济效率。

五是行政管理制度：加剧地区分割与社会排斥。行政管理体制越来越不适应人口、资源要素流动和经济一体化的趋势。地方政府深度介入经济运行的模式在中国的经济增长中扮演了微妙的角色，但也形成了突出的区域市场分割和地方保护，造成越来越严重的重复建设与资源浪费，阻碍要素自由流动和有效配置，加剧了地区经济社会发展不平衡。中央与地方之间的财权事权矛盾愈加突出，中央政府与地方政府的财政收入基本上各占 50∶50，但财政支出比例相当于 20∶80，大量的地方政府公共支出需要中央财政转移支付。显然，地方政府的资源优先覆盖本地人口，若得不到中央财政的足够支持，流动人口的福利就很难保障，而实际上中央政府对于各个城市的流动人口基本情况都不能完全掌握。

四　适应流动性的公平发展路线图

联合国千年发展目标没有专门针对不平等提出任务和要求，尽快摆脱贫困、加快经济发展是发展中国家尤其是欠发达国家的当务之急，但是，日益加剧的不平等已经成为无法回避的尖锐矛盾，构成了影响世界稳定和可持续发展的重大威胁，在 2015 年后千年发展目标阶段，如何克服不平等的挑战应该放在重要位置。对于已经提前完成千年发展目标的中国来说，具有更为丰富的意义，妥善地解决不平等与不平衡问题，既是中国 2015 年后千年发展目标阶段的首要任务，也是成功地从跨越"中等收入陷阱"、实现从中等收入阶段向高收入阶段迈进的关键任务，更是 2020 年全面建成小康社会战略目标的内在要求。

中国的不平等问题极其复杂，经济增长、城乡与区域分割、发展方式转变、全球化与制度转轨等因素交织，但究竟关键症结何在，不平等是否已经迎来转折，未来如何走向，目前学术界尚未达成共识，决策部门也纠结不定。立足于中国的特征事实，我们应该厘清矛盾主次，抓住制度性障碍与流动性不足的关键问题，尽快建立一个适应流动性的公平发展路线图是摆在我们面前的紧迫任务。更好地完成这一任务，需要我们重视并遵守一般性的原则。

第一，在发展的过程中解决公平问题。发展始终是解决问题的根本之道，这应该是毫不动摇的原则，但发展之前应该强调"公平"这一定语。树立公平与发展相互融合的理念，公平与发展不是对立的，而是统一的，在寻求发展道路的同时解决公平问题，而并非停在原处等待着去矫正公平，公平既是发展的重要保障，也是可持续发展的重要途径①。

第二，将公平与平等作为人类发展恒久不变的目标。和平与发展一贯被视为人类社会的两大主题，而平等则可以视为第三大主题，平等是人类和平与发展的重要基石（程杰，2013）。不管千年发展目标是否实现以及实现程度如何，我们都应该致力于让所有的人都能够公平地分享人类发展的成果，将公平与平等放在国家经济社会发展战略的重要且不可替代的位置。

第三，从多个维度更全面地理解不平等。除了诸如基尼系数反映的总体不平等之外，需要更加关注城乡之间、地区之间、部门之间、外地人与本地人之间等不平等与不平衡，需要理解不平等与不公平之间、机会不平等与结果不平等之间的关系与区别，尤其要深刻把握不平等的关键来源，诸如市场机制与制度规则究竟谁是主因，对于不同来源的不平等我们应该有不同的容忍度，当然也应该有与之相对的策略和工具②。

第四，在权利保障与市场机制基础上保护弱势群体。最大的不公平来自对个人及其财产权利的限制，应该优先破除制度性障碍，确保个人及其财产在充分自由流动中实现最大价值，人权与财产权的保护既是人类发展的重要标志，也是其内在动力。不平等一定程度上是资本主义内在矛盾的表现，但并不能因此否定自由市场经济在资源配置与收入差距调节中的作用，尤其对于中国这样的发展中国家，通过完善市场机制缩小收入差距的空间还很大。在此基础上，对于在自由竞争中处于不利地位的群体，我们需要给予更多额外保护。即便进入到高收入阶段，也不能遗忘哪怕1%的少数弱势群体。

第五，不平等是一个长期问题，改变当前与改变未来同样重要。我们需要更加警惕市场失灵与政府失灵同时存在的状况，诸如工资上涨的"双刃剑"，

---

① 都阳等（2014）研究发现，加快户籍制度改革、消除流动性障碍，不仅仅是公平的要求，同样也能够扩大城市劳动力市场规模和城市经济的全要素生产率，完全能够从户籍改革中获取经济发展红利，延续中国奇迹。

② 如果仅仅看到收入差距存在的现实，却未触及问题根源，将会导致错误的政策导向。蔡昉（2013）举例说明，如果不能揭示导致收入差距继续扩大的主要原因是资源和资产的分配不公，就可能把政策引向工资均等化的轨道上，过度依赖以劳动报酬为主的常规收入上进行再分配，不仅对于那些不合理地大规模占有资源的群体无触动，反而会伤害中等收入者，并且忽视资源分配严重不平等所造成的弊端和潜在风险。

在改变当前福利状况的同时也增加了接受教育的机会成本，很多贫困家庭子女选择辍学而更早进入劳动力市场，为了更好的今天而放弃了更好的明天，对于个人或家庭也许是一个理性选择，但对于整个社会来说可能是非理性的。我们需要从更长远的视角，采取更积极主动的干预措施，努力隔断不平等的代际传递。

中国的公平发展之路必须要继续依靠相关领域的改革推动，收入分配改革应该置于整体经济社会改革之中，改革的优先序应该是破除制度性障碍，消除流动性约束，完善制度规则，健全市场机制，优化再分配制度和政策。正如党的十八届三中全会提出的深化改革总体目标，要让一切劳动、知识、技术、管理、资本的活力竞相迸发，让一切创造社会财富的源泉充分涌流，让市场在资源配置中发挥决定性作用，这意味着要让市场决定初次分配格局，用税收、社会保障、转移支付等再分配机制调节市场机制无法解决的矛盾，不能因为操作便利而寄希望于用再分配手段去调节初次分配出现的问题。

一是完善制度规则，让公有财产收益公平地被全民分享。通过健全和完善相关法律、规则和制度，明确界定并有效保护各类主体的产权，特别是要保障公有财产资源收益能够公平合理地被全民分享，建立合理的分配秩序，形成良好的分配格局。一是推进户籍制度改革，消除行业进入壁垒，完善垄断部门和公共部门的岗位竞争机制，引导劳动力资源充分自由地流动；二是完善土地制度，提高农民分享土地增值收益的份额，将土地出让金纳入财政预算；三是完善矿产资源使用制度，实现收益国有化和全民分享；四是完善国有企业经营管理制度，加强监督管理，防止国有资产流失，提高企业利润上缴比例，国有企业收益尽快纳入国家财政预算；五是规范公共产品的资本化运营，对于已经收回成本的高速公路、市政交通等企业应当尽快清理整顿。此外，严厉打击寻租、设租、腐败等行为，防止权力资本化。

二是健全市场机制，加快推进要素市场改革。加快推进资本、土地、劳动力、技术等要素市场改革，尽早完成向成熟的市场经济转轨。资本市场是要素市场改革的重中之重，需要建立一个竞争、平衡、高效、安全而健康的金融体系以满足企业、家庭和政府部门的需求（World Bank，2013）。应该继续加快利率市场化进程，消除资本市场垄断和行政干预，破除对民间资本的歧视和壁垒，形成一个统一、开放、竞争有序的金融体系。完善城乡土地要素市场，理顺国有土地市场交易和收益分配机制，推进农村土地确权，加快建立产权清晰、规范有序的农村土地产权交易市场，权衡土地用途管制与土地利用效率，形成公平合理的农村土地要素收益分配机制。继续深化劳动力市场改革，消除户籍制度、社会保险和养老金制度对劳动力流动和配置造成的扭曲。

三是优化再分配制度，发挥良好的调节功能。在财政税收方面，逐步形成直接税和间接税双支柱的合理结构，建立有利于中产阶级壮大的税制体系。实施结构性减税，扩大增值税改革范围，适当降低中小企业税费；改革个人所得税制度，实行以家庭为基础的综合所得税制度，考虑家庭结构尤其是抚养系数差异；逐步实施财产持有环节的税种，建立全国统一的收入、资产和信用等基础信息系统，适时推进房产税和遗产税，但要避免误伤刚刚成长起来的中产阶级。在社会保障方面，增强社会保障制度的普惠性，发挥社会保障制度的正向再分配功能。建立统一的非缴费型公共养老金制度，保证全体居民都能够公平享受基本的福利保障；建立全国统筹的城镇职工社会保险制度，适当降低企业和个人的缴费负担，确保流动人口的社会保险缴费贡献与权益享受对等；建立以家庭生计调查为基础的城乡最低生活保障制度，瞄准社会救济的覆盖对象；消除具有逆向再分配功能的社会保障制度，建立统一的机关事业单位与企业社会保险体系，推进养老制度并轨、缩小养老金差距，改革公费医疗制度和住房公积金制度。在公共服务方面，加快推动基本公共服务均等化，全面推行居住证制度，将流动人口纳入城市公共服务体系中，特别要重视流动人口的教育公平，严格禁止将基础教育等权利作为大城市人口控制的手段。

参考文献

蔡昉（2012），《避免"中等收入陷阱"：探寻中国未来的增长源泉》，北京：社会科学文献出版社。

蔡昉（2013），《中国收入分配：完成与未完成的任务》，《中国经济问题》第5期。

蔡昉、都阳（2011），《工资增长、工资趋同与刘易斯转折点》，《经济学动态》第9期。

蔡昉、王美艳（2009），《为什么劳动力流动没有缩小城乡收入差距》，《经济学动态》第 8 期。

蔡翼飞、张车伟（2012），《地区差距的新视角：人口与产业分布不匹配研究》，《中国工业经济》第 5 期。

陈光金（2010），《市场抑或非市场：中国收入不平等成因实证分析》，《社会学研究》第 6 期。

陈宗胜、马草原（2012），《城镇居民收入差别"阶梯型"变动的理论解释与实证检验》，《财经研究》第 6 期。

程杰（2013），《平等与和平：通往和平之路》，《新政治经济学评论》第 24 期。

都阳、蔡昉、屈小博、程杰（2014），《延续中国奇迹：从户籍制度改革中收获红利》，《经济研究》第 8 期。

高文书、赵文、程杰（2011），《农村劳动力流动对城乡居民收入差距统计的影响》，载蔡昉主编《中国人口与劳动问题报告："十二五"时期挑战：人口、就业和收入分配》，北京：社会科学文献出版社。

John Knight、邓曲恒、李实（2011），《中国的民工荒与农村剩余劳动力》，《管理世界》第 11 期。

赫尔南多·德·索托（2007），《资本的秘密》，北京：华夏出版社。

胡志军、刘宗明、龚志民（2011），《中国总体收入基尼系数的估计：1985－2008》，《经济学》（季刊）第 4 期。

赖德胜、陈建伟（2012），《我国收入差距缩小的拐点或已来临》，《决策探索》第 5 期。

李实（2011），《中国收入分配中的几个主要问题》，《探索与争鸣》第 4 期。

李实、罗楚亮（2007），《中国城乡居民收入差距的重新估计》，《北京大学学报》（哲学社会科学版）第 2 期。

李实、宋锦（2010），《中国城镇就业收入差距的扩大及其原因》，《经济学动态》第 10 期。

罗楚亮、王亚柯（2012），《城镇居民收入差距扩张及其因素的经验分析》，《华中科技大学学报》第 3 期。

屈小博（2011），《城市正规就业与非正规就业收入差距及影响因素贡献：基于收入不平等的分解》，《财经论丛》第 2 期。

屈小博、程杰（2013），《地区差异、城镇化推进与户籍改革成本的关联度》，《改革》第 3 期。

王小鲁（2010），《灰色收入与国民收入分配》，载吴敬琏主编《比较》第 48 辑，北京：中信出版社。

邢春冰（2010），《迁移、自选择与收入分配：来自中国城乡的证据》，《经济学（季刊)》第 2 期。

杨春学（2013），《如何压缩贫富差距?》，《经济学动态》第 8 期。

岳希明（2014），《收入不平等：市场因素与政策哪个更重要》，《中国改革》第 2 期。

岳希明、李实、史泰丽（2010），《垄断行业高收入问题探讨》，《中国社会科学》第 3 期。

张车伟、程杰（2013），《收入分配问题与要素资本化：我国收入分配问题的"症结"在哪里》，《经济学动态》第 4 期。

周云波（2009），《城市化、城乡差距以及全国居民总体收入差距的变动：收入差距倒 U 形假说的实证检验》，《经济学》（季刊）第 4 期。

Gustafsson，B.，Shi Li & Sicular Terry（2007）. *Inequality and Public Policy in China*. New York and Cambridge：Cambridge University Press.

Human Development Report（2014）. Sustaining Human Progress：Reducing Vulnerabilities and Building Resilience. United Nations Development Programme，July.

Kuznets，S.（1955）. Economic Growth and Income Inequality. *American Economic Review*，45（1）：1 – 28.

Li，Shi & Renwei Zhao（2011）. Market Reform and the Widening of the Income Gap. *Social Science in China*，32（2），140 – 158.

Ravallion，M. & Shaohua Chen（2007）. China's Uneven Progress against Poverty. *Journal of Development Economics*，82（1），1 – 42.

Richard Herd（2011）. China's Emergence as a Market Economy：Achievements and Challenges. OECD Contribution to the China Development Forum，March 20th – 21st.

World Bank（2013）. *China 2030*：*Building a Modern，Harmonious，and Creative Society*. Washington，D. C. ：World Bank.

专题四
促进劳动力市场
制度建设

Topic Four: Promoting Labor Market
Institution Development

G.12

第十二章

千呼万唤始出来——
从公布调查失业率说起

蔡　昉

　　本章从中国失业率这个指标谈起，来看一下中国劳动力市场上的"新常态"，进而来观察中国经济的"新常态"。大家都在关心宏观经济，但是在中国谈宏观经济和在西方有一个最大的不同，这就是西方任何一个央行行长想到做什么政策动作，他就要到国会去听证，并且一定要摆出充分的理由来劝说国会，他们引用的主要依据是失业率。而我们的央行或者财政部在出台相关的宏观经济政策的时候，通常没有人去引用失业率的数据。事实上，有关失业率指

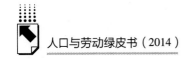
标的一些重要数据甚至从来也没有系统公布过。最近有了一些发布的片段信息，所以本文想从这些信息入手，来看一看劳动力市场的状况。

一 关于失业率的事实并澄清一些认识误区

我们来看关于中国失业率的一些事实，可能会谈到不同的指标，同时澄清一些认识误区。中国的经济增长到目前为止，已经是 18 个季度呈现增长速度下滑趋势，大概十四五个季度已经持续低于过去 35 年的平均经济增长速度，从接近于两位数的增长掉到了 7% ~ 8%。在 20 世纪 90 年代末，我们遭遇了东南亚金融危机，当时的朱镕基总理要求保 8%。到 2008 年、2009 年我们遭遇全球危机，时任总理温家宝也要求保 8%。这次我们经济的下行趋势持续这么久，只是实行了一些所谓的微刺激手段，总体来说并没有要求必须保 8%。政府也有了一种与以往不同的心态，认为保持在 7.5% 上下就能够接受。原因就是我们的政府有了定力，这个定力应该是源于没有看到经济下滑带来的就业压力以及失业率的提高，这就是它的定心丸。

经济增长速度降下来了，劳动力市场没有压力吗？很多人认为就业肯定有压力。我们需要比较系统地来看一些指标，光看个别指标还不够，还要看劳动力市场整体，要看失业率、劳动参与率等等，同时要把劳动力市场的变化和其他相关指标如宏观经济指标结合来比较，这样才能形成一个准确的认识。

到目前为止，我们能够从官方取得的系统的失业率数据，还是叫作"城镇登记失业率"。很多人批评这个指标不可靠，大概有这么几个理由。一是它的统计对象只是城镇居民中有户籍的人，而农民工已经占到城镇就业的 35%，大部分人并没有被这个指标所覆盖。二是虽然有本地户口，但是失业了也不一定愿意来登记。还有人觉得我失业了来登记也没有什么用，即使有资格登记也没有登记，所以这部分人也没有纳入失业率登记中。可见这种登记并不是客观的统计，而是需要根据失业者的主观意愿来申报才行。

从 2002 年开始，城镇登记失业率基本上是不变化的（见图12 – 1）。这期间我们经历了一些宏观经济的波动，特别经历了 2008 年、2009 年的大规模的金融危机。但是即使在那个时候，失业率的常态基本是在 4.1% 左右，2009 年经济状况最糟糕的时候，仅仅一度提高到4.3%，后来又降下来了。所以大家都觉得，这个指标和我们实际感觉到的失业状况差异很大。因此人们一直不太愿意相信这个指标，而且有很多批评，还有很多学者提出比较系统的看法，认为这个指标不准确。笔者觉得这个指标没有不准确，只是它有局限性而已。

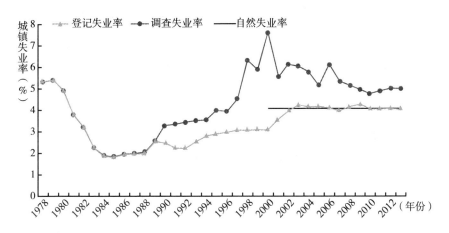

图12-1 几种城镇失业率指标的变化情况

资料来源：国家统计局《中国统计年鉴》（历年）、都阳和陆旸（2011）。

大家一直在呼吁，认为应该发布真正反映实际劳动力市场状况的指标——"调查失业率"。这是国际劳工组织推荐的一个指标，很多国家都采用。如果依据调查失业率这个指标，覆盖对象就不仅仅限于有户籍的城镇居民，还要包括所有在这个城镇劳动力市场的人群。由于是接受了国际劳工组织的建议，它是可以进行国际比较的。比如中国的调查失业率是5%，美国的调查失业率是8%，至少大体上可以有效地进行比较。

若干年前时任总理温家宝就提出要求，我们的文件里面也多次写到，要启用和公布调查失业率，但是一直没有公布此类数据。最近我们发现，有一些零星的数据开始公布，但是这些数据的公布并不是用政府部门很正规、很系统的方式，而是以李克强总理在不同场合讲话方式，透露出若干个关于调查失业率的片段信息。2013年李克强在英国《金融时报》（*Financial Times*）上发文称，中国的失业率前7个月为5%。可能是因为与欧美的失业相比这个5%还算比较好看，于是就公布了。2014年李克强总理在给两院院士介绍当前经济形势时披露了几个数，3月、4月、5月调查失业率分别为5.17%、5.15%、5.07%。后来人力资源和社会保障部又补充了一下，6月末31个城市调查失业率为5.05%（每个月提供的调查失业率都是31个城市的汇总）。李克强总理在2014年夏季达沃斯会议上称，该年1~8月31个大中城市调查失业率为5%左右。近年来的调查失业率大约是5%。

我们的登记失业率总是在4.1%浮动，很多人觉得不太可靠，如果你告诉大家调查失业率是5%，也会有很多人怀疑。那么真实的失业率到底应该是多少呢？我们先来看一下调查失业率是怎么得来的，知道了它的特征可能有利于我们理解这个指标。调查失业率是一个国际通用的指标。各国都是曾用各种各样的指标来描述劳动力市场状况，经过国际劳工组织充分研究以后，认为相对比较好的是调查失业率，因此就作为一种推荐，目前多数国家都采用这个指标。这有一个好处，它剔除了两种现象。第一种现象是你失业了但是你没有去登记，因为觉得登记没有什么用处，介绍的工作不见得好，甚至也不想接受失业培训。登记领取失业保险金是有期限的，能领到救济金的时候就去登记一下，如果超过了这个期限，不给保险金了失业者也不登记了。真正失业了但是没有登记，所以登记失业率反映不出来。还有一种现象是，我原来的工作没有了，我也登记了，可能还拿着失业保险金，被统计在登记失业的那4.1%里面，但是我又有临时的工作，这种情况在登记失业率里反映不出来。调查失业率的好处是可以把上述情况都考虑在内。

按照定义，调查失业率需要进入家庭中，经过各种问卷调查提问三个问题，就能确认你的劳动力市场状况。第一个问题是，过去一周里面你有没有1小时及以上有报酬的工作？如果你说有，对不起，你属于就业，你说"没有"，那么你离失业就比较近了，已经在1/3的程度是符合失业定义了。

第二个问题是，在过去一个月的时间内，你有没有积极地寻找工作？比如有没有到就业服务部门去登记，有没有积极地向朋友、亲戚发出帮助的请求，诸如此类，它的作用是问你是不是真想工作。有的人原来有工作，丢掉或放弃工作以后并不想找，这时候不应该叫失业，而是叫退出劳动力市场。据说最近美国的失业率已经降下来了，金融危机之后美国失业率超过10%，最近降到接近6%。人们说6%并不真正代表美国的就业状况，因为很多工人实际上处在没有工作的状况，他也不积极找工作，这就是退出了劳动力市场，反映出美国人的劳动参与率下降了。原因当然是各种各样，比如妇女生育需要在家照看孩子，或者是有些人对工作没兴趣，或者是他衣食无忧不需要出来工作等等。但是，如果有人的确需要工作，但对劳动力市场没有信心，对找工作比较沮丧，这些人看上去是退出劳动力市场，其实是处于一种失业状态。如果劳动参与率下降了 3 个百分点，再把这 3 个百分点拿出 2 个百分点加在失业率上，其实美国失业率又到了 8%。所以在调查时你回答说积极找了还没有找到，你距离失业状况又近了一步。

　　接下来是第三个问题，如果有一个工作机会，你能不能在一定时间到位，比如一个月之内？如果你说不行，孩子还太小，表明你是自愿退出劳动力市场，如果说明天就可以去，那就确定了你的确有就业意愿和可行性。

　　假如以上三个提问你的条件都符合，你的状态就叫失业，你就会被记录到调查失业率的指标当中。当然这里也有一些问题，比如说，过去一周里你有 1 小时及以上有报酬的工作，但是这么短时间的工作肯定对你的生活没太大的帮助，你的就业状况也并不算太好。但是，定义就是如此。总的来说，虽然还存在一些问题，这还是一个大家能够接受的失业率指标。

　　事实上，1996 年国家统计局就构建了劳动力市场的调查系统，按照当时的数据就已经可以计算调查失业率了。但是，长期以来他们没有公布这方面的数据，可能我们的决策者和政府官员也不太希望公布。大概有以下几个原因。

　　一是失业率曾经非常高。1996 年国家统计局刚建立这个调查系统，1997 年宏观经济就开始不景气，加上东南亚金融危机的冲击和国有企业打破铁饭碗、减员增效的一系列改革，使得失业现象大幅度增加。表现不仅是失业，还有很多人是"下岗"。到 2000 年，调查失业率曾经达到 7.6%。从过去早就习惯了的"铁饭碗"，变成失业率一下高达 7.6%，政府担心引起恐慌，不太愿意公布数据。但是，登记失业率不怕公布，因为 2000 年的登记失业率只有 3.1%。这个不是不准也不是错误，当时有一部分人的确是公开地登记失业了，这部分人是 3.1%。当时没有一个失业的社会保险体系，大家都登记失业也没有失业保险金可供支付。所以当时采取了一个办法，中央拿点儿钱、地方拿点儿钱、企业拿点儿钱，再动用一点儿失业保险基金，在企业一级建立起再就业服务中心，让没有工作的职工进到这个中心，这不叫失业叫作下岗。下岗了但也能获得一些保障，这部分人就不会在登记失业中反映出来。假如当时搞调查失业率的话，这部分人就会被统计到失业数字里面去了。

后来的问题则在于，人们发现，调查失业率一下子降得很低，因此自然想不通怎么会降到那么低。和我们想象的不一样，和老百姓想象的也不一样，最后连我们自己也不相信这个数了。国家统计局也想把这个数背后的问题搞清楚，但是搞了很多年可能也没有完全搞清楚。有的部门比如那时的劳动部，觉得别公布那个东西了，公布3%、4%的调查失业率，上到中央下到基层就不重视我们的就业保障工作了。此外，我们发现不同的城市、不同的月份、不同身份的人群之间，调查失业率波动特别大，因此大家说这个数据不稳定，或许是迟迟没有公布，甚至直到目前为止也没有统计部门以系统的方式公布这个数据的原因。

当年笔者也曾加入对统计局不公布调查失业率的抱怨行列，说你们为什么不公布这个数，至少让我们搞研究的人掌握更多信息呀。统计局搞研究的人非常善意地说，调查失业率是由一系列相关的数据计算出来的，我们虽然没有算这个调查失业率，但是如果你认真研究我们发布的各种各样的数据，最后你能够估算出来个八九不离十。既然他们这么讲了，笔者就要琢磨琢磨，结果笔者花了近一年的时间琢磨出来了，计算出了一个调查失业率。笔者不是用自己的微观数据算出来的，全都是使用官方调查，是在同一个调查系统中，把不同的数据汇总以后就能够得出系列数据。其实，这么多年以来这个数一直是有的，它明显比登记失业率要高，尽管最近一段时间两者之间的差距有所缩小。这个系列数据笔者大概在2004年、2005年已经开始以研究成果的方式发布，当时劳动部主管就业的领导曾经告诉笔者，说你跟我们掌握的数据确实没有什么差别。现在看，与最近李克强总理公布数据大体上也是一致的。所以笔者是相信这个数据的（参见图12－1）。

多年以来很多人就呼唤，要知道中国劳动力市场到底是什么样儿，想知道调查失业率。但是笔者很多年前就公布了这个数，谁也不去注意。你呼唤这个数，我们做出来了为什么你不注意呢？一方面笔者不是统计局的，可能他们认为你没有什么权威性，也不知道你怎么算出来的。另一个方面是人们头脑里有一个传统观念，认为中国是一个劳动力无限供给的国家，二元经济结构导致大量的剩余劳动力，失业率高是必然的，你计算出一个不高的失业率没有什么新闻性，不符合我的预期，所以大家不重视。相反，如果谁偶尔给出一个数，也不说是怎么算的，马上引起高度关注。

比如世纪之交时，有人估算失业率为20%，甚至局部地区（如东北地区）失业率达到40%，立刻成了重要新闻，虽然没人解释是怎么计算出来的，但是却被社会广泛引用。其实这种估算根本就不合逻辑。在20世纪90年代末中国人生活水平还很低，收入来源单一，两口子都要工作，如果说40%的失业率，就有相当多的是全家人失业。当时又没有失业保险，真有那么高的失业率，大家的日子都没办法过了。所以，这是很不符合逻辑的。到了2009年，调查失业率已经明显下降了。但是社会学家又公布了一个数，说当时的调查失业率在9.6%，再一次引起轰动，也引起了决策者的震惊，当时就怎么进行调查的，失业率的定义和口径有过不少争论。从那以后，国务院领导开始要求和敦促国家统计局，如果没有这么高的失业率，为什么不公布你的数。笔者这样说的意思，是人们的确有一种传统的观念，认为中国就应该失业率很高，这个观念是应该转变的。

现在笔者想总结一下。人们认为在劳动力丰富的发展中国家，失业率高是一种必然的现象，其实这是一种误解。因为失业率并不是以劳动力的存量多还是少来决定的，失业率反映的是经济发展的波动状况。宏观经济是波动的，宏观经济处于景气的时候，失业率就应该低，处于低谷的时候，失业率必然会提高，因为劳动力利用率肯定会大幅度下降。另外还有一种失业率，它不是由宏观经济的波动决定的，而是由劳动力市场的缺陷造成的。比如我想找工作，也有雇主想雇我，但是因为劳动力市场不健全，我和雇主之间无法沟通也无法见面，我就处于摩擦性失业状态。再比如我有一种技能，我想找能应用这种技能的工作，雇主虽然好不容易找到了我，但是他所需要的技能恰好不是我所具有的，结果是我处在了结构性的失业状态。

所有这些，都和劳动力市场的发育程度以及人力资本的匹配相关，或者与宏观经济处在什么样的状态相关，而与一个国家劳动力的总量多和少没有关系。劳动力无限供给，导致的是就业不足问题而不是失业问题。例如，农村剩余劳动力的含义，不是一堆人蹲在那儿没事干，脑门上写着"剩余劳动力"，而是这些人和所谓不剩余的人是分不开的，我们都在那儿干活，但是相当于五个人干两个人的活，这就是就业不足。在城市也是一样，通常是以冗员的形式，或者有的人处在非正规就业的部门做一点儿事，就业不足同时收入不高。

举一个例子，我们到一个很穷的国家比如说孟加拉国，住在首都达卡一家叫绿洲的五星级酒店。这个名字很贴切，因为绿洲的含义就是周边都是茫茫沙漠，只是中间一小块地方有水源长了一些椰枣树。酒店大门口是有人拿着枪站岗的，当我们一出酒店就陷入贫困的汪洋大海中了，有些穷人会马上跟在身后，如果你不理睬，他们就渐渐离开了，最后剩下一个人一直跟你走了两个小时，他还用英语给你介绍当地的一些情况，最后你过意不去给了他大约半个美元，他非常高兴地走了。一周之内在统计局的调查员那里，他的劳动力市场状态算是就业，虽然是处在严重的就业不足状态。因此说失业率和是不是劳动力无限供给没有关系，而是和宏观经济以及劳动力市场的功能有关的。这个认识应该澄清。

二　把发展现象和周期现象分开
观察中国劳动力市场

作为发展现象，我们长期以来处于一种是劳动力无限供给的二元经济中。而作为宏观经济状况，我们可能在不同时期处在不同的宏观经济形势中。两者不是一回事。

中国劳动力市场正在经历从二元转向新古典类型的转变过程。在过去几年里，我们经历了两个经济发展的重要转折点。一个是刘易斯转折点。刘易斯作为发展经济学家，创造了二元经济理论。他把发展中国家大体上分为两个经济部门，一个是传统部门以农业为代表，拥有大量剩余劳动力。比如有五个人在劳动，走了两三个人并不影响工作，说明这两三个人都是剩余的，随着非农产业的发展可以不断地吸纳他们。就业扩大不取决于有多少人去找工作，而取决于非农产业发展有多快。这是一个长期的过程。过去30多年我们大体都处在这个过程中。但是，这个吸纳过程终究有结束的那一天。比如以前我需要招一个人，不涨工资他也很高兴，如今你再给他这些工钱，他就不高兴了，你必须得给他涨工资，否则你就招不到人了。

从劳动力无限供给，到你要想招人就必须涨工资，这就叫刘易斯转折点。中国的这个转折点发生在2004年，我们第一次看到沿海地区特别是珠三角地区有民工荒的现象，本来以为这是一个临时状况，感觉有些莫名其妙，不知道是为什么。但是接下来，这个现象从珠三角蔓延到了长三角又扩大到了全国，今天我们可以看到到处都是劳动力短缺。从2004年到今天，农民工的工资每年以12%的速度一直在涨，这还是剔除了物价的因素。

2004年之后，我们又经历了一个很重要的转折点，更加明确地告诉我们现在的劳动力已经是绝对短缺了。从2010年的第六次人口普查数据看，我们发现中国15～59岁的劳动年龄人口已经达到了最高峰，从2011年开始逐年减少，从今以后就是绝对的减少，这个现象是我们从来没有见到过的。由于15～59岁人口就是我们劳动力的来源，因此我们从这个人口年龄结构的变化，更加确信劳动力短缺是真实的，也是必然的现象。

从劳动力过剩到劳动力短缺是一个重要的变化，它仍然不影响失业率（如果说影响只能是降低失业率）。如果我们把劳动力市场的失业现象分成周期性失业、结构性失业、摩擦性失业的话，这些东西都不会变化。真正和发展阶段以及刘易斯转折点有关的，是隐蔽性失业或者劳动力剩余从而就业不足现象的变化。经过了刘易斯转折点，只会大幅度减少就业不足现象和劳动力剩余程度，但是并不影响失业率本身。这就是我们面对的一个重要变化，这个变化的过程其实就是劳动力从二元经济为特征的状态，不断转向所谓新古典的状态。所谓新古典状态就是，你的工资是由边际劳动生产力决定的。就业问题越来越表现为周期性失业和自然失业，而不是就业不足，因此越来越需要劳动力市场制度的配合等等。

我们可以论证一下剩余劳动力明显地减少。城市里经历了打破"大锅饭"、减员增效改革之后，目前没有一家私人企业愿意雇用不需要的工人，国有企业也是一样。虽然还有一些老工人暂时不好处理，但是总体上不会新雇不需要的劳动力。因此城镇冗员已经不是一个主要的现象。农村也呈现着剩余劳动力（隐蔽失业）迅速减少的势头。从官方的统计看，目前农业劳动力的比重是30%多一点。如果真的还有30%的劳动力在务农，意味着改革开放30多年来，中国农业剩余劳动力下降的速度并不是很快。按照这个数据，日本和韩国在各自高速增长的30年中，农业劳动力比重的下降速度比我们要快一倍以上，对这个结果我们非常怀疑。

实际上，改革开放的伟大成就不仅仅是GDP增长，还有产业结构的调整和大量的农村劳动力转移。西方人说，中国的劳动力转移是人类和平历史上（除了战争、灾难或者是摩西带着犹太人逃出埃及等等活动）最大规模的人口流动（Roberts et al.，2004）。如此惊人的巨大变化，却和历史上日本和韩国相比速度慢了很多，这肯定不合逻辑。我们发现问题出在定义上，当官方计算务农劳动力的时候，定义中包含了相当多在外打工只是偶尔回去干一点儿农活的人。当笔者的同事尽可能合理、尽可能本着可比性原则进行务农定义以后，按照比较合理的数据（当然很复杂，不可能做到完美）重新估算了到底还有多少人在务农，最后发现至少可以把官方数字的30%出头再减少10个百分点，大约只有22%的人还在务农（都阳、王美艳，2011）。图12-2显示劳动力在三次产业中实际分布及其情况。

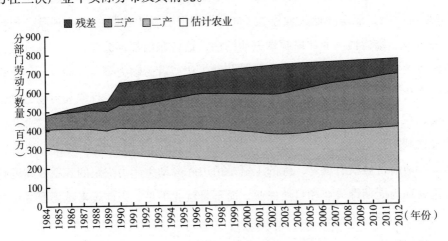

图12-2　劳动力产业分布的重新估计

资料来源：国家统计局《中国统计年鉴》（历年）、都阳和王美艳（2011）。

把三大产业劳动力重新划分一下，又遇到了一个问题，虽然把官方统计的务农劳动力人数减少了10个百分点，但却无法调整二产、三产的劳动力人数，多出来的这部分劳动力你不知道该放在二产中还是放在三产中。因此，我们把多出来的这些劳动力放入虚拟的部门，并称为"残差"。这个虚构的"残差"部门其实也很有实际意义，即这些劳动力在不同的宏观经济形势下，处在不同的实际部门里。例如，2009 年遭遇金融危机后，春节期间，官方最初的说法是有 7000 万农民工提前返乡，后来澄清了，又说这 7000 万中有很多是正常回家过春节的。随后，又提出来有 1000 万到 2000 万是因为金融危机影响返回农村了，这部分人就可以加在农业劳动力里。但是时间很短，春节过后不久他们又出来找工作了，不久以后又发现民工荒了。在经济发展速度特别快，对农民工需求特别大的时候，他们有可能分别进入到二产和三产。所以，对残差作用的研究也是有意义的，表明我们的经济增长和劳动力的分布有密切的关系，但是由于制度的原因你不知道他们具体进了哪些部门。总之，现在农业劳动力确实没有那么多了，剩余劳动力一定是在大幅度减少。大家可以到一个典型农村村子里做一个试验，如果不是春节的话，你几乎不会见到 40 岁以下的人。尽管还有一些人在务农，但是这些人的年龄都很大了。

还有一个矛盾的现象。这两年的政府工作报告中，都讲到我们每年都会实现超过 1000 万的新增城镇就业，2014 年到第三个季度已经达到了 1000 万，这个数也很令人困惑。什么叫就业？就业就是指劳动年龄人口找到了工作。劳动年龄人口是多少？15 ~ 59 岁的人每年以几百万的速度在绝对地减少，这不是增量的下降，而是绝对的减少。每年减少了几百万劳动人口，却有上千万人新增就业，哪来的？我们没有进口越南劳工，也没有进口非洲劳工，所以来源不明。我们只好再做一些数据的挖掘工作，去看看怎么回事。

在国家统计局 2009 年的城镇劳动力数据中，略多于 12% 的人是农民工，我们的城镇新增就业是在不断把农民工纳入统计之中，到现在也是如此。我们的城市就业统计是两条线两个系统。第一个系统是官方只统计有户籍的、有单位保障的就业，农民工都不列入职工的名单，名单上的基本上都是城镇居民，我们怎么能知道农民工的数字呢？根据我们的农民工监测调查，离开本乡镇半年及以上的人目前大概有 1.7 亿，这些人都进入了各级城市，构成了城市劳动力市场的一部分，目前大概占到了 35%。真正城镇的居民在城市劳动力市场只占 65%。过去，两个统计是完全分开的，你要想知道城镇有多少人实际在就业，就必须把我们系统内城里人和农民工的统计加在一起，其实这两者之间已经有重合和交叉的部分了（图12-3）。有一部分农民工慢慢被企业接纳为职工，签了一年合同或两年的合同，甚至还有干了多年签了无固定期限的合同。如果再统计就业人数和企业的人数，这部分农民工也应该报上去了。

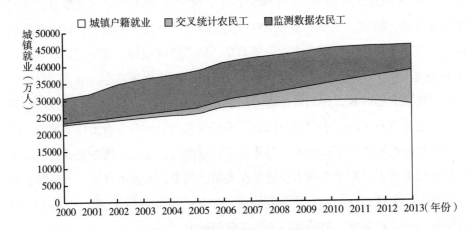

图12-3　城镇就业者的构成及其变化

资料来源：国家统计局《中国统计年鉴》（历年）及笔者推算。

我们回过头来看失业率，前面讲到登记失业率、调查失业率是怎么回事，这都是现实中的。再给大家介绍一个理论的失业率。理论上失业有三种类型，一类叫周期性失业，和宏观经济波动相关。宏观经济好失业率就低，宏观经济不好失业率就高，失业率随着宏观经济波动是必然的。还有两类失业现象和宏观经济没有关系，一个叫摩擦性失业率，是指劳动力市场还能找到就业的机会，在撞上机会之前一个人就处在摩擦性失业状态。一个叫结构性失业率，比如一个人的技能遇不上恰好需要该一技之长的企业家，他就处在结构性失业当中。除了继续学习之外，还得等待产业结构变化等机会。因此，摩擦性失业和结构性失业合起来是比较稳定的失业，叫作自然失业。自然失业也可以这么定义，就是不随着宏观经济波动而波动的失业。要计算的话也很简单，周期性失业和经济增长速度等等有关系，最后在模型中会有一个不变项，那个就是自然失业。因此我们理论上可以算出自然失业率的。

笔者的同事恰好也算出来，近年来我们的自然失业率是4%～4.1%（都阳、陆旸，2011)，跟我们的登记失业率是一样的（见图12-1）。这又是一个巧合吗？是一个合理的巧合。城镇居民才有资格进行登记失业，所有打算就业的城镇居民中只有4.1%的人是失业的，自然失业率也是4.1%，这意味着城镇居民只承受自然失业，不承受周期失业。这也容易理解，城市居民跟大学生一样，因技能不符合市场的需要而没有找到合适的工作，就是结构性失业。老的城镇职工不会上网，亲戚朋友也不太多，又没有门路，再加上技能也不太行，所以老是找不着工作，他就会处在摩擦性失业中。如果宏观经济不好了，企业真有困难的时候，企业也不敢随便雇城镇职工，因为职工被解雇了就要去登记，城市登记失业率就会上升，政府部门就会来找企业了。因此企业就会选择不受这些约束的人，他们既没有劳动合同，失业后又不会登记，他们就是农民工。所以城镇居民只承受自然失业率，只有农民工才承受周期失业。经济不景气农民工首先丢掉工作，丢掉工作就返乡了，城镇的失业率并不上升。因此这个很好理解，两者之间重合也是合理的。

调查失业率和自然失业率（也是登记失业率）之间的关系，中间就差了一块周期性失业。按照李克强总理的说法，目前城镇调查失业率是5%，国家统计局的城镇登记失业率是4.07%，自然失业率是4%~4.1%，你会发现周期性失业还不到1个百分点。每个部分说的逻辑都是通的，因此不到1个百分点的周期性失业的确可以让政府、决策者不那么担心经济增长速度，足够让我们有定力。

不仅如此，按照笔者有一定依据的猜想，我们的实际失业率比5%还低，要是低过了4.1%，自然失业率都成负的了。2010年我们做了一个调查，从城市劳动力市场分出了城镇居民，又分出了农民工。我们发现城镇居民的调查失业率是4.7%，大体上跟官方数差不多。农民工如果找不到工作就回乡了，所以它的调查失业率只有0.75%，不到1个百分点。城市劳动力市场是由这两种人共同组成的，城镇劳动力失业率应该是这两部分人一起构成的平均失业率。这很好办，城市劳动力市场上有65%是城镇居民，还有35%是农民工。我把0.65和0.35作为权重，把4.7%的失业率和0.75%的失业率算成一个加权平均失业率，就是城镇真正的调查失业，算出来的结果是3.3%，的确很低，低于自然失业率。也许没有这么极端，但至少说明真实的失业率的确非常低。你找一个典型的普通老板，问他经营的最大困难是什么，通常他们会告诉你说是招不到工人。

失业率的确就非常低，低到比自然失业率还低，意味着劳动力市场非常强劲，这是一个好的方面。另一方面，自然失业率有它的意义。我们设想，自然失业率里最主要的是结构性失业，是你的技能和企业所需要的技能不匹配，如果没有这个失业率，你学什么会什么都不重要，反正有工作就干了。所以，这个结构性失业率可以使企业知道什么样的人难招，也使劳动者个人知道什么样的技能找不到工作。这些信息反过来传递到教育系统，对教学方向和内容要进行必要的改革。如果没有这样的失业现象，这个信息就传达不来了。现实中我们已经遇到这样的问题。

我们并不敢说现在5%的调查失业率中完全没有包括农民工，因而我们也不清楚农民工在这个统计中究竟占了多大的比例。不过，为了论证这个统计至少是没有充分包括农民工，可以看看不同类型的人口统计调查能在多大程度上把城市里的流动人口识别出来。我们有三种类型的人口调查，第一类是人口普查，对象是全部人口，第二类是1%人口抽样调查，第三类是1‰人口抽样调查。在多数情况下，人口普查识别出的流动人口比抽样调查推断出来的流动人口要多。这就是说，1‰人口抽样调查倾向于低估流动人口（农民工）。或者说，样本越小越容易把流动人口遗漏掉。然而，我们的城市劳动力调查（城镇调查失业率由此而来）就是基于这个人口抽样调查框架的。而每个月汇总的31个大中型城市调查失业率，是在1‰的抽样框中劳动力调查的样本又大幅缩小的样本，它所能够包括的农民工就更不成比例了。

因此我们有理由说目前计算的调查失业率，很可能高估了城镇的失业现象，因为它代表的主要是城市的居民，并没有把农民工充分反映进去。这和我们现在出现的劳动力短缺的确是对应的。前不久人力资源和社会保障部的新闻发言人召开记者会，记者问有关最低工资的问题，说今年经济显著下行，应该有很大的就业压力和很高的失业率。但是为什么各地政府还纷纷大幅度提高最低工资标准，这相当于商品卖不出去你还在那儿提价，这明显不合逻辑。新闻发言人具体怎么回答的并不重要，只是说这个现象是矛盾的。但是如果说经济下滑并不一定意味着就业压力，也不意味着失业率的上升，那就符合逻辑了。

当然你还会继续问经济下滑不就是宏观经济周期嘛，周期性失业率当然应该上升了。

　　下面展示的一些数据（见图12－4），我们可以看到也颇为振奋人心的现象。这里使用的指标叫作求人倍率，是人力资源和社会保障部在公共劳务市场上收集的数据，用岗位数除以求职人数，这个比值大于1，意味着岗位数多，劳动力供不应求。如果小于1，意味着有人还找不到工作，劳动力供大于求。从中可以看到，文化程度在初中以下的劳动者，很长时间以来都在1以上。另一个是大学文化程度人群，最近也有上行的趋势，已经超过1了，说明大学毕业生的就业形势跟历史比较也有所改善，总体反映出我们的确没有就业压力。大学毕业生就业压力减小，如果是教育质量提高和教学内容改善的结果，这固然是好事。但是，如果仅仅是劳动力市场需求过于强劲的结果，以致不管人力资本是否符合就业岗位需求了，则意味着过度就业。大学毕业生往往承受着结构性失业，如果这个指标太低，劳动力市场上应该有的信号没有了，则有害于人力资本的长期积累。

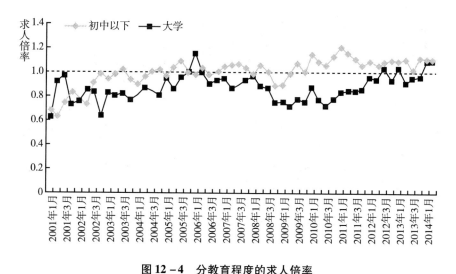

图12－4　分教育程度的求人倍率

资料来源：人力资源和社会保障部网站，http：//www.mohrss.gov.cn/。

　　为什么经济下滑而没有产生就业压力，我们后边再讲。我想顺便提供一个信息，我们看外国投行的报告，常常引用制造业采购经理指数（PMI）中的就业指数，来说明我们劳动力市场的状况。PMI 由几个不同的指数合并，其中有一个指数叫就业指数。我想说明的是，这个指数是不能反映真实就业状况的。因为这个指数名字叫制造业的采购经理指数，不是问经理你们想雇多少人，而是说你上个月实际雇了多少人。假如上个月雇的人数比前一个月少了，可能有两个原因，一个是它的生产下滑了，不需要那么多工人了；还有一个是上个月不是想少要工人，但是劳动力市场紧张根本雇不到。因此供求双方都在影响 PMI 的就业指数，如果拿它来看就业和宏观经济的关系就不可靠了（见图12 - 5）。我们看两条线，一条是 PMI 的产出指数，另一个是 PMI 的就业指数，理论上说两者之间应该具有完全的相关性。但是由于劳动力市场的短缺现象，过去两者之间还比较一致，现在变得经常会不一致，而且很明显，就业指数的稳定性比产出指数的稳定性要强。用 PMI 来分析经济形势固然可行，但是用 PMI 就业指数反映劳动力市场则不太能够说明问题。

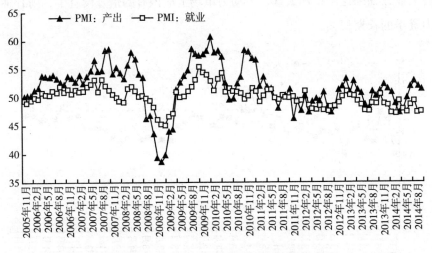

图 12 - 5　PMI 产出指数与就业指数关系

资料来源：Wind 资讯。

　　现在可以给这部分做一个小结。劳动力市场有一些关键性的指标，我们需要把劳动力市场这些指标相互之间的关系弄清楚，同时尽可能地使劳动力市场指标和宏观经济指标之间保持逻辑上的一致，这样才能得到正确的结论，否则就经常会受一些错误信息干扰。对于已有的一些官方数据和计算出来的一些指标，简单认为其不准确是没有道理的，应该说我们的统计系统在发展中国家中无论就规模还是能力绝对都是最强大的。正如世界银行有几个学者得出的一个结论，中国出现的问题是变化太快，体制变化很快，经济增长速度也很快，经济发展阶段转变得也很快，以致统计体系跟不上实际变化的速度（Ravallion & Chen，1999）。你不能够理解各个指标之间的关系和某一个特定指标所对应的统计对象，你就无法解释这些数据。所以需要我们动用全部的知识才能够理解这些问题。

三　从劳动力市场现状认识中国经济新常态

现在该来回答经济下滑为什么没有带来劳动力市场的问题了。首先要看我们过去经济增长靠的是什么，才能知道为什么现在经济增长下滑。我国长期经济增长至少到2010年为止是靠人口红利。很多人会跟我争论，争论者往往是按字面意思理解人口红利的含义，说由于劳动力丰富，我们劳动密集型制造业的产品就有比较优势，在国际上有市场，因此得到了高增长速度，获得了人口红利。很长时间中国劳动年龄人口众多从而劳动力规模仍然巨大，所以人口红利不会很快消失。但是这个回答不了我们争论的问题。说到人口红利，比劳动力丰富更深层的含义是，劳动力无限供给帮助打破新古典经济理论坚决捍卫的一个经济规律，即资本报酬递减。

对于西方经济学家来说，有些人不理解中国为什么会有高速增长，认为劳动力是短缺的，当资本积累到一定程度就会报酬递减，所以永远是乐此不疲地唱衰中国经济（如Krugman，2013）。但是，他不知道我们有足够多的劳动力，能够积累多少资本就有多少劳动力与之配合，因此两者比例不变，可以在相当长的时间内保持资本的高回报率。所以，劳动力无限供给从而打破了资本报酬递减规律，使中国经济在新古典经济学家所不能解释的情况下得到发展，是人口红利的核心。但是他们讲的也没有错，因为一旦跨过了刘易斯转折点，人口结构变化使得人口红利消失了，这时资本报酬递减规律就要发生作用。

迄今我们经历了两个转折点：刘易斯转折点和人口红利消失。所以劳动密集型产品比较优势就开始下降了。很多人说中国经济现在面临的问题是需求的冲击，由于西方经历了金融危机，直到现在还没有恢复过来，欧洲市场和美国市场都疲软，所以我们的劳动密集型产品没有人要了。如果是这样，我们的出口因国际市场的需求减少会随之减少。这无疑是我们面临的一个需求制约因素，但是，关键在于这个因素的影响程度有多大，是否足以导致中国经济长期减速。至少还有另一个因素，即中国制造业的比较优势下降了。我们算一个显示性比较优势指数，就能把国际市场本身的变化剔除掉，如果它下降了意味着我们的成本提高了，别人对我们产品的相对需求下降了。这个指标是中国劳动密集型产品出口占全部出口的比重，与世界贸易的同一个比重相比。计算显示，传统上具有比较优势且占中国出口主要地位的 11 种劳动密集型产品，显示性比较优势指数从 2003 年的 4.4 显著地下降到了 2013 年的 3.4。很显然，这个指数的下降就意味着我们在这些产品上的优势和世界平均相比在下降。即不是说没有绝对需求了，只是比较优势下降了。

比较优势下降的结果必然表现为 GDP 的潜在增长率下降。潜在增长率是由土地、资源、劳动力、资本等生产要素供给能力以及生产率进步的速度所决定的。这些要素和生产率发生了变化，一个经济体的潜在增长率就会下降。它是一个理论上的增长率，但是很有意义。当人们做预测时，很自然会用过去的增长速度，来外推未来的增长速度。如果一个经济是非常稳态的状态，没有大的结构性变化，没有经历任何有意义的转折点，没有经济发展阶段变化的话，这样做预测可能还是大体可行的。但是，如果经历了重要的经济增长转折点，各种各样的变化都发生了，这么外推就不大靠谱了。这时就要看我们的生产要素供给能力还有多强，未来还有多大可供挖掘的潜力，生产率的进步未来能有多快，然后才能估算出潜在的增长速度。我想这样做预测比外推的结果要好。

我们测算的结果是，在"十二五"期间，中国经济会从过去接近 10% 左右的潜在增长率，降到平均只有 7.6%（Lu & Cai，2014）。到"十三五"时如果没有其他变化还会降到 6.2%。过去这两年的实际增长率是 7.7%，2014 年可能是 7.4%，大体上，实际增长速度跟潜在增长速度是一致的，也就是增长速度在潜力范围内，没有比它高也没有比它低（见图 12-6）。这意味着虽然增长速度下降了，但是生产要素已经充分利用了，生产率的进步潜力也充分发挥了，生产要素没有过剩的状态，没有利用不足的状态（包括劳动力），因此也就没有出现明显的失业现象。这就是我们所说的劳动力市场的新常态，也是一个经济增长的新常态。就业没有问题，就不要以就业为借口去要求政府采取什么措施拉动需求、刺激经济。就业虽然有结构性的问题，但是这个不能用宏观总量政策去解决，也不是靠 GDP 增长可以解决的。

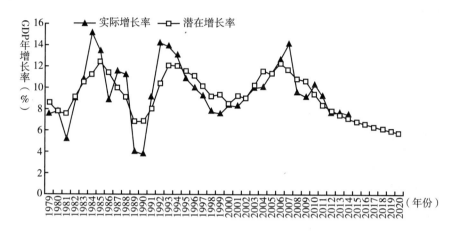

图 12－6　中国经济潜在和实际增长率

资料来源：Lu & Cai（2014）。

我们现在小结一下。如果说老常态是两位数的增长率，有人认为新常态是不是 7.5% 的增长率？应该说不是。按照我们的人口变化，劳动年龄人口逐年减少，意味着我们未来的潜在增长率会逐步下降，直至降到 3% 都有可能，因为发达国家能够实现 3% 的增长就已经很了不起了。越是发达的状态，每一步经济增长都必须靠技术进步、靠生产率的提高。你没有人口红利了，没有后发优势了，总有一天会降到 3%，能接受这个事实也很重要。我们不要去刺激经济，不要让经济的实际增长速度超越潜在增长率。然而，确实有必要去改变和提高潜在增长率，办法就是通过改革。

四　改革红利：挖掘劳动力供给
以提高潜在增长率

我们现在面临一些困难也有诸多潜力，说有潜力的原因之一就是仍然有制度障碍，而克服这些制度障碍可以提高生产要素供给和生产率。劳动力市场上有一定的自然失业率不见得是坏事，在劳动力市场上，不仅你是一个生物意义上的人，而且你还必须有人力资本，否则你还是找不到工作。如果劳动力市场需求太旺盛了，只要有人我就想用，特别是年轻一点的人，这时候劳动者就不要学习了。我们已经发现的"工资趋同"现象，即高技能工人和低技能工人的工资趋同，表明人力资本的回报率或教育的回报率在下降。这形成一种对受教育的负激励，酝酿着长期的风险，既是个人风险也是整个经济的风险。

我们用农民工的人力资本存量来说明这一点。我们给出了农民工在不同年龄上所具有的受教育年限。多数的年轻农民工基本上适应了目前产业结构中劳动密集型二产和劳动密集型三产岗位对教育水平的需要，所以他们极受欢迎。以致农村的父母们觉得九年义务教育就足够了，孩子应该赶紧出去打工，在一些农村地区很多人甚至从初中就辍学了。但是，我们的产业结构未来会发生非常快的变化，例如第二产业的资本密集型岗位、第三产业的技术密集型岗位，都会要求更高的人力资本，更多的受教育年限，而这些充其量完成了义务教育的新一代农民工则难以胜任那些新岗位。

中国老话说"十年树木，百年树人"，这个百年之说不是夸大其词。过去20年间，我们在1990年、2000年、2010年分别有三次普查的数据可以做比较。在这20年间，中国经历了最快的教育发展，经历了普九，经历了扩招，大幅度提高了人力资本受教育年限，但是20年里成年人的平均受教育年限仅仅提高了2.7年。而如今一个典型的农民工要想跨越就业岗位，进入更高端的产业结构中去，可能需要额外的2年、3年甚至4年的受教育年限，所以要花很长的时间。过去农民工都集中在外向型的制造业企业中，而近年来越来越多被吸引到经济政策刺激的产业里，比如基础设施、建筑行业等等，但是那些行业面临着产能过剩甚至泡沫，将来一旦不景气，这些农民工就必然面临周期性失业。

根据欧洲的经验和教训，这样背景下的周期性失业接下来会转变成历时更长久的结构性失业。例如，西班牙在20世纪90年代经历了建筑行业的大幅度增长，年轻人都不读书了，跑去干活挣钱，工资还不断上涨。到后来金融危机爆发了，主权债务危机爆发了，产业结构变化了，虽然还会创造出新的工作机会，但是这些年轻人都没有好好读书，人力资本不适应新的增长需求。所以西班牙现在面临着50%的青年失业率。我们的劳动力市场现在虽然处在黄金时期，我们也应该替农民工想一想未来会怎么样，我们的政策要以人为本，就是要在宏观层次上和个体层次上都能做到未雨绸缪。所谓的刺激政策，只能把风险刺激得更大。刺激产生的就业"过犹不及"，我们不需要这样的就业，何况我们现在没有就业压力和周期性失业问题。

现在还有一个现象，那就是工资上涨固然是一件好事，可以改善收入分配。但是过快的上涨也的确意味着有过多的企业会垮掉。当10%的GDP增长率降到了7.5%的时候，降下去的2.5个百分点是什么呢？不是说你少生产一点儿，我也少生产一点儿，而是说一部分承受不起高成本的企业已经垮掉了。一定的创造性破坏是需要的，这是我们进步的一种方式，是一种提高生产率的机制。但是如果这个过程过快的话，它的确会在短期内伤害我们的经济，我们有点儿承受不起。所以我们希望能使这个调整的过程掌握一个适当的节奏，延续的时间长一些，我们并不需要工资无限制上涨。当然这并不意味着要保护那些没有竞争力的企业。那么，有没有替代工资上涨的办法呢？既让农民工愿意出来就业，又不会过重地加大企业负担呢？应该说有，那就是用公共政策的改革，来代替工资的一味上涨。

这一类的公共政策改革首推户籍制度改革，这项改革所能带来的红利可以产生立竿见影、一石三鸟的效果。从供给方因素对提高潜在增长率效果的角度来看，户籍制度改革能够稳定农民工的劳动力供给，这样就可以让劳动参与率提高了，劳动力供给增加了，潜在增长率就会提高。同时进一步挖掘剩余劳动力转移潜力，劳动力从生产率低的部门转向生产率高的部门，还会取得资源重新配置效率。这种资源重新配置，本身就是一种全要素生产率。从需求方面看也有改革红利。农民工有了充分有保障的就业，就意味着收入分配的改善。他们如果有了户口，就获得了均等化的社会保障和其他基本公共服务，生活就没有了后顾之忧，不用每年都回家过春节了，就可以像城市居民一样消费。我们的经济增长需求结构就会更加平衡，宏观经济也更加稳定。此外，农民工市民化后，可以更好、更有激励地接受教育和技能培训，或许还会产生一种新型的生育行为等等，这些都会改善我们未来的经济增长。

我们做了一个关于改革红利的模拟。固然，模拟的东西虽然从来不可能是精确的，不过精确性不是我们的目的。我们只想指出一个方向性的东西。这里，我们做了一些改革效果的假设。假设"单独二孩"政策可以使我们的生育率从以前的1.4提高到1.6，其他什么都不变，未来潜在增长率将呈现逐年下降的趋势。随后我们在模型里加进去的，是假设有一个合理的劳动参与率的提高，以及能做到农民工市民化和国有企业的改革，所能导致的全要素生产率的提高。也假设了一个教育和培训的合理增量。这样，在生育政策调整前提下做出关于生育率的不同假设，模拟会得到不同的未来潜在增长率（见图12 - 7）。不管怎么说，改革都比不进行改革要好很多。特别是生育政策调整，在短期内没有什么正面的影响，负面影响也不大，但是在20年以后，会产生对潜在增长率向上的一个拉力。结论是改革可以带来显著红利，我们必须要推动改革。

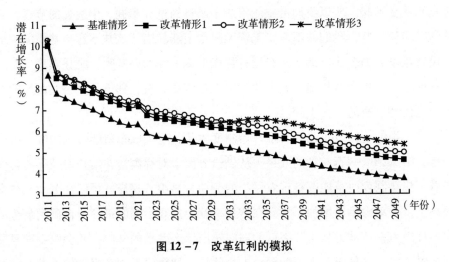

图12 - 7 改革红利的模拟

资料来源：Lu & Cai（2014）。

我们知道历来都不乏喜欢唱衰中国的人，有一些还是国际大牌的经济学家。例如克鲁格曼就说中国的刘易斯转折点到了，靠廉价劳动力的时代结束了，必须进行调整，转向内需拉动。但是，他认为中国很可能转不过来，所以中国经济很快会撞墙，撞的还不是普通的墙，而是万里长城（长城的英文为

Great Wall)。也有一些善意的人说，中国需要进行改革，但是改革总要牺牲一些经济增长速度，改革和增长至少是此消彼长的关系，甚至也有人说改革是反增长的。他们建议中国要承受更慢一点儿的速度来加快改革。国际货币基金组织正面肯定改革是有收益的，但是它也认为，短期之内中国的改革会造成增长率的下降，只是长期会把它补回来（IMF，2014）。

但是，我们选择户籍制度改革是可以立竿见影带来的，即短期内也不会对增长造成影响，而且改革红利可以及时得到。认识到改革和增长是互相促进的关系，可以产生改革红利，有很积极的意义。首先有利于形成改革的共识，树立改革的决心。更重要的是能够选择一个恰当的改革方式，真实推进重要领域的改革。户籍制度改革、农民工的市民化，在党的十八大报告和十八届三中全会都进行了部署，但是到现在看还没有实质性进展。显然是因为存在着激励不相容的问题，即地方政府知道改革的好处，同时也担心承担不起改革的成本，担心不能完全获得改革红利。所以，等待观望也是一种免费搭车行为。

现在，在中央和地方政府之间形成了某种对话，最初，中央发出声音说要推进新型城镇化，地方一听觉得是个好机会，纷纷表示赞成也积极响应，以为可以借着城市基础设施的建设，上项目搞土地开发。但是中央随后传递了更加明晰的信息，即新型城镇化是以人为核心的城镇化，紧接着又部署了户籍制度改革，要实质推进农民工的市民化。地方这才明白过来，原来如此，于是说这种改革是要支付成本的，解决一个农民工的市民化要花 10 万、20 万乃至 30 万，地方哪来的钱推进这个改革呢？于是这个球又被踢回到中央。中央回复说，要探索农民工市民化的成本分担机制，今后财政转移支付会与人口的流向挂起钩来。换句话说，城镇化的成本分担，意味着政府拿一点儿，市民拿一点儿，农民工拿一点儿，企业可以拿一点儿，社会也可以拿一点儿。虽然到目前为止既没有弄清楚各个参与方到底都要拿多少，也没有明确在各级政府之间如何分摊改革成本，但是这种博弈也是改革的一个部分。

如果我们算出户籍制度改革是带来显著红利的，同时这个红利是从国家经济社会发展和政治稳定的意义上讲的，不见得能够为地方政府全部获得，中央政府就应该承担一部分财政支出责任，支付市民化的成本以便推进地方的改革。这样可以把户籍制度改革变得更加激励相容，它就更容易推进。以前我们所进行的改革叫"帕累托改进"，就是说改革给一部分带来好处，同时又不伤害任何其他群体，所以没有人反对，易于推进。现在这种机会越来越少了，我们就要探索一种被称作"卡尔多改进"的改革方式。即改革总的收益是巨大的，使得最高的协调人和顶层设计者，可以拿出预期的改革收益与改革各方分担成本，并做出将来如何分享改革收益的承诺，让改革的各方都有积极性，这样改革就得以及时推进。

参考文献

都阳、陆旸（2011），《中国的自然失业率水平及其含义》，《世界经济》第4期。

都阳、陆旸（2011），《劳动力市场转变条件下的自然失业率变化及其含义》，载蔡昉主编《中国人口与劳动问题报告 No. 12——"十二五"时期挑战：人口、就业和收入分配》，北京：社会科学文献出版社。

都阳、王美艳（2011），《中国的就业总量与就业结构：重新估计与讨论》，载蔡昉主编《中国人口与劳动问题报告 No. 12——"十二五"时期挑战：人口、就业和收入分配》，北京：社会科学文献出版社。

国家统计局（历年），《中国统计年鉴》，北京：中国统计出版社。

International Monetary Fund（2014）. People's Republic of China：2014 Article Ⅳ Consultation-Staff Report. *IMF Country Report*, No. 14/235.

Krugman, Paul（2013）. Hitting China's Wall. *The New York Times*, July 18.

Lu, Yang & Fang Cai（2014）. China's Shift from the Demographic Dividend to the Reform Dividend. In Ligang Song, Ross Garnaut & Cai Fang（ed.）. *Deepening Reform for China's Long Term Growth and Development*. Canberra：ANUE Press.

Minami, Ryoshin（1968）. The Turning Point in the Japanese Economy. *The Quarterly Journal of Economics*, 82（3）：380 – 402.

Ravallion, Martin & Shaohua Chen（1999）. When Economic Reform Is Faster Than Statistical Reform：Measuring and Explaining Income Inequality in Rural China. *Oxford Bulletin of Economics and Statistics*, 61（1）：33 – 56.

Roberts, Kenneth, Rachel Connelly, Zhenming Xie & Zhenzhen Zheng（2004）. Patterns of Temporary Labor Migration of Rural Women from Anhui and Sichuan. *The China Journal*, （52）：49 – 70.

第十三章
最低工资、就业与收入分配

贾 朋

一 引言

最低工资是一项政府对劳动力市场工资进行直接干预的制度，一直备受争议。在国外，有大量关于最低工资制度本身及其实施效果的研究。在中国，由于最低工资制度的实施时间较短、执行情况稍差等原因，最低工资制度本身并没有引起比较大的争议。然而，近年来，特别是 2010 年以来，各省市都对最低工资标准进行了比较大幅度的持续调整，中国的最低工资标准已经趋近中高收入国家的平均水平。在这种背景之下，中国最低工资标准的调整应该更为谨慎，且应该建立在对最低工资制度实施效果及其影响的仔细评估之上。

最低工资提升的就业效应是最低工资制度评价的主要内容。劳动经济学理论对于最低工资的就业效应通常没有一致的预测。因此，最低工资对就业的影响应该是一个实证问题。国外学者针对最低工资提升的就业效应进行了大量的经验研究，但迄今为止，相关经验研究结果却存在明显的差异，一些研究发现最低工资标准提升对就业没有影响（Card & Krueger，1994），而另外一些研究则发现最低工资标准提升会对就业产生负面影响（Neumark & Wascher，2000）。Neumark 和 Wascher（2008）通过对相关研究结果的综合分析指出，研究结果出现差异的原因主要包括：①研究方法存在差异：早期研究通常采用以宏观经济数据为基础的时间序列模型，而近年来通常采用以微观数据为基础的面板数据模型和自然实验方法；②样本选择存在差异：一些针对特定行业的研究通常得到正面的就业效应，而针对所有行业的研究通常得到负面的就业效应。同时，Neumark 和 Wascher（2008）还指出，大量的实证研究结果表明：最低工资提升对就业的影响，无论是积极的还是消极的，均比较弱。

近年来，国内一些学者陆续开始针对中国最低工资提升的就业效应展开研究，目前主要的工作分为两类：①依据宏观经济数据，应用时间系列模型分析最低工资提升对农民工就业的影响（罗小兰，2007），这类研究存在的问题是无法考虑个体异质性对就业的影响；②依据微观横截面数据，应用微观经济计量方法分析最低工资提升对农民工和城镇居民就业的影响（丁守海，2010），这类研究存在的问题是无法考虑经济环境变化和个体之间的相互作用。总体来看，目前关于中国最低工资提升就业效应的研究存在研究内容相对单薄和研究方法相对滞后的问题，进而导致对中国最低工资提升的作用机理和效果缺乏全面和深刻的理解。

与就业效应紧密相关的是最低工资的分配效应（或不平等效应）。20 世纪 90 年代以来，中国城镇劳动力市场的一个突出特点是劳动力工资收入与工资不平等的同步增长（姚先国、李晓华，2007）。从国外的文献来看，一些研究认为工资不平等上升主要是由劳动力市场对高技能劳动力相对需求增加所导致的，而国际贸易和技能偏向型的技术进步是需求增加的主要原因。但也有学者指出，国际贸易仅能解释工资不平等上升的很小一部分，而技术进步在实证模型中均是以残差项的形式得以体现，因此其对工资不平等影响的可信度值得商榷。由于需求因素对工资不平等上升影响的研究受到了质疑，一些学者开始从制度方面寻找原因。Card（1996）认为"去工会化"可以解释男性工资不平等上升的 20%，而 Lee（1999）则将工资不平等的变动分解为潜在工资不平等的变动和最低工资的影响两部分，发现实际最低工资的下降可以解释工资不平等上升的大部分。近期的一些研究如 Bosch 和 Manacorda（2010）等进一步强调了最低工资对工资不平等的贡献，但也有部分研究如 Autor 等（2010）认为最低工资对工资不平等的影响被夸大了[1]。

国内学术界近些年才开始关注中国工资不平等的上升趋势并尝试对其成因

---

① Autor 等（2010）认为最低工资与一些宏观冲击相关，而这些冲击导致了工资不平等的上升。

进行解释。一些学者将工资不平等的上升归因为人力资本效应（王弟海、龚六堂，2009），另外一些学者尝试从劳动力市场的需求方面（如全球化、国际贸易和技能偏向型的技术进步等）解释工资不平等的变动（潘士远，2008），还有部分学者从劳动力市场的供给方面（如农村劳动力迁移、高技能劳动力供给增加的速度减慢等）对工资不平等的上升进行解释（张卓妮、吴晓刚，2010）。尽管相对最低工资（最低工资与平均工资的比值）下降是中国城镇劳动力市场的一个重要特点，但这一制度性因素在现有关于中国工资不平等上升的文献中却一直被忽略。

本章系统研究中国最低工资标准调整的就业效应和收入分配效应。第二部分首先介绍中国的最低工资制度，第三部分研究最低工资的就业效应，第四部分分析最低工资的收入分配效应，最后是结论。

二 中国的最低工资制度

（一）中国最低工资制度的演变

最低工资作为一项典型的劳动力市场制度已经存在了一个多世纪。现在，世界上大部分发达国家均确立了最低工资制度。中国政府尽管在 1984 年就正式承认了《制定最低工资确定办法公约》[①]，但直到 1993 年，原劳动部才发布了一个《企业最低工资规定》。在这个规定中，最低工资的调整频率被设定为每年不超过一次。这个规定要求中国境内的所有企业均应遵守《企业最低工资规定》，各省级地方政府要根据最低生活费用、职工的平均工资、劳动生产率、城镇就业状况和经济发展水平等因素确定合理的最低工资标准。经济发展作为确定最低工资标准的重要考虑，这使得省级政府在调整最低工资方面具有很大的灵活性，一些省份为了吸引外商投资以发展经济很少调整最低工资标准

---

① 国际劳工局理事会（Governing Body of the International Labor Office）召集的国际劳工组织第十一届会议于 1928 年 6 月 16 日通过了《制订最低工资确定办法公约》（*Convention concerning the Creation of Minimum Wage - Fixing Machinery*），作为国际劳工组织的第 26 号公约，并于 1930 年 6 月 14 日正式生效。截至 2014 年 11 月 30 日，有 103 个国家加入了该公约。

（Wang & Gunderson，2011）。中国在1995年的《劳动法》中正式确立了最低工资制度。因此，大部分省份在1995年前后正式公布了第一个月最低工资标准。

2004年，原劳动和社会保障部公布了一个更加一般化的《最低工资规定》以取代1993年的《企业最低工资规定》。在这个新的《最低工资规定》中，最低工资的调整频率被设定为每两年不少于一次，这与1993年的《企业最低工资规定》有明显不同。同时，企业在支付最低工资时应该剔除加班工资、特殊工作环境补贴和其他福利待遇等。企业违反最低工资规定所受到的处罚也由所欠工资的20%~100%区间增加到了100%~500%区间。新的《最低工资规定》中同时也确立了适用于非全日制用工的小时最低工资制度。

2008年5月1日生效的《劳动合同法》也包含了多个关于最低工资的条款。但在2008年底，为了应对国际金融危机的挑战，人力资源和社会保障部下发通知要求各省级政府在2009年暂缓上调最低工资标准。随着金融危机影响逐渐退去，各省市在2010年开始又掀起了新一轮最低工资的调整热潮。2010年，31个省份中有30个省份上调了最低工资标准，平均调整幅度达到了22.8%；2011年，24个省份上调了最低工资标准，平均调整幅度达到了22%；2012年，24个省份上调了最低工资标准，平均调整幅度达20.2%；2013年，又有26个省份上调了最低工资标准，平均调整幅度也超过了20%；截至2014年11月底，又有18个省份上调了最低工资标准，平均调整幅度为14%。中国还计划于"十三五"结束的时候，将最低工资标准提高到城镇从业人员平均工资的40%以上。这都表明中国已经进入了一个最低工资标准的频繁调整时期。

（二）中国最低工资标准的水平

与大多数发达国家不同，中国没有设立一个全国统一的最低工资标准，而是由各省份自行确定本行政区域内的最低工资标准并报人力资源和社会保障部备案。此外，《最低工资规定》还允许各省可根据省内不同区域的经济发展情况实行差异化的最低工资标准。为了度量各省份历年的最低工资标准，我们首先根据各省份历次最低工资标准的调整情况计算了历次调整的平均最低工资；然后，对于未调整最低工资标准的年份，以上一次最低工资标准调整的平均值作为本年度实行的平均最低工资标准；对于一年内有多个最低工资标准执行的情况，以各个最低工资标准的实际执行天数为权重计算该年度内的加权平均最低工资标准；最后，计算整理得到各省份历年最低工资标准。

正确认识当前的最低工资水平是研究最低工资制度的关键。图13－1给出了1995～2014年中国最低工资标准的变动趋势①。可以发现，自1995年以来，中国名义最低工资与实际最低工资均呈现不断上升的趋势。各国一般使用最低工资与平均工资（或中位数工资）的比值来衡量相对最低工资（简称最低工资占比）。图13－2给出了1995～2013年中国与经合组织（OECD）国家最低工资占比（这里为最低工资与在岗职工平均工资的比值）的变动趋势。可以发现，自2000年以来，OECD国家的最低工资占比呈现缓慢上升的趋势，而中国的最低工资占比则呈现大幅下降的趋势，直到2010年才开始呈现上升趋势。到2013年，OECD国家的这一比例达到了37％以上，而中国的这一比例仅为27％左右。

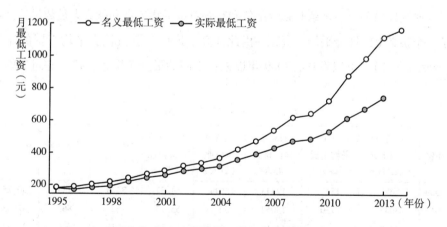

图13－1 中国最低工资标准变动情况

注：数据统计截至2014年底；"实际最低工资"使用消费者价格指数（CPI）进行了调整，以1995年为基期。

资料来源：笔者根据中国最低工资数据库（网址：http：//www.chinaminimumwage.org）计算。

---

① 由于重庆1997年才成为直辖市，西藏自治区自2004年才公布了第一个最低工资标准。因此本章在图13－1和图13－2中去掉了重庆和西藏两省份的观测。

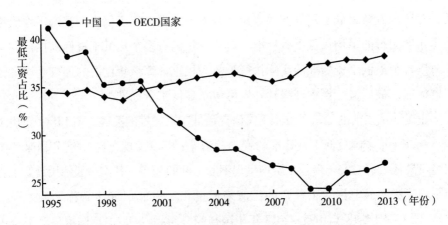

图 13 – 2　中国与 OECD 国家最低工资占比的变动情况

注：数据统计截至 2013 年底。最低工资占比为最低工资与在岗职工平均工资的比值。
资料来源：中国数据来自中国最低工资数据库，OECD 国家数据来自 OECD 统计数据
库（网址：http：//stats. oecd. org）。

由于中国的统计部门并未公布真正意义上的全社会平均工资，因此我们根据国家统计局公布的城镇非私营单位和私营单位平均工资和就业人员数量，计算了一个狭义上的社会平均工资，并由此计算了最低工资占社会平均工资的比例（见表 13 -1）。可以发现，2009 年以来，中国的最低工资占比已经超过 30%，

表 13 – 1　最低工资占比的变化

年份	非私营单位平均工资（元/月）	私营单位平均工资（元/月）	非私营单位就业（万人）	私营单位就业（万人）	单位就业人员占比（%）	平均工资（元/月）	最低工资（元/月）	最低工资占比（%）
2009	2687	1517	12573	5544	54. 37	2329	704	30. 25
2010	3045	1730	13052	6071	55. 13	2627	863	32. 83
2011	3483	2046	14413	6912	59. 38	3018	1006	33. 34
2012	3897	2396	15236	7557	61. 44	3400	1138	33. 48
2013	4290	2726	18108	8242	68. 91	3801	1292	33. 99

注：①本表统计的均为城镇情况；②"私营单位平均工资"只有 2009 年以来的数据；③"单位就业人员占比"为"城镇单位就业人员"（包括私营单位和非私营单位）占"城镇就业人员"的百分比；④"平均工资"为"非私营单位平均工资"与"私营单位平均工资"的加权平均，以"非私营单位就业"和"私营单位就业"为权重；⑤最低工资取最高一档，因此这里的数值与图 13 -1 中所反映的内容有所差别。
资料来源：最低工资数据来自中国最低工资数据库，其他数据来自国家统计局网站（网址：http：//www. stats. gov. cn）。

而且呈现持续上升的趋势。从国际经验来看，OECD 国家的最低工资占比 2009 ～ 2013 年分别为 37.28%、37.43%、37.75%、37.75% 和 38.12%。中国的最低工资相对水平已经与 OECD 国家非常接近。

实际上，由于我们在计算以上的社会平均工资时，未考虑个体工商户、农民工以及在非法人企业就业的人员，而这些人员占城镇就业总数的相当大比例（2013 年为 30% 以上），其工资水平一般也低于社会平均水平，因此社会平均工资被高估了，因而最低工资占比还要更大一些。一些实证研究也证实了这一观点（都阳、贾朋，2013）。

发展中国家确定的最低工资标准容易出现两个极端。一个较低的最低工资标准对于劳动者起不到实际的保障作用，而一个较高的最低工资标准会增加执行的难度，并可能对就业产生负面影响。总体来看，中国现在的最低工资标准已经处于一个比较适当的水平，与中国当前的经济发展阶段以及中高收入国家的平均水平也比较吻合，大幅上调最低工资标准的空间已经不存在。

（三）中国最低工资标准的调整和地区差异

表 13-2 给出了中国各省份历年最低工资调整的平均间隔和幅度。可以发现，各省份最低工资标准的调整间隔与调整幅度呈现很强的相关性（相关系数为 0.94）：北京、上海和天津等经济较发达的省份平均每隔一年都会调整一次最低工资标准，但每次调整的平均幅度均不高，仅为 10% 左右；其他大部分省份平均两年左右调整一次最低工资标准，每次调整的幅度在 20% 左右。

表 13-2 中国各省份最低工资调整情况

省（市、区）	调整间隔（年）	调整幅度（%）	省（市、区）	调整间隔（年）	调整幅度（%）
北 京	1.0	10.69	湖 北	2.3	26.14
天 津	1.1	13.27	湖 南	1.1	11.83
河 北	1.6	20.03	广 东	1.8	17.62
山 西	1.7	22.02	广 西	1.8	19.18
内蒙古	1.7	21.60	海 南	1.9	16.63
辽 宁	2.3	25.43	重 庆	1.8	22.04

省（市、区）	调整间隔（年）	调整幅度（%）	省（市、区）	调整间隔（年）	调整幅度（%）
吉　林	1.5	18.25	四　川	1.7	21.46
黑龙江	2.5	29.23	贵　州	1.9	21.87
上　海	1.0	10.92	云　南	1.8	20.73
江　苏	1.2	15.02	西　藏	2.6	35.86
浙　江	1.4	15.26	陕　西	1.7	19.82
安　徽	1.8	20.43	甘　肃	2.2	30.49
福　建	1.3	11.83	青　海	2.4	27.39
江　西	2.1	25.99	宁　夏	1.8	22.97
山　东	1.6	19.05	新　疆	1.7	17.99
河　南	2.1	25.09			

注：数据统计截至2014年底。

资料来源：根据中国最低工资数据库计算。

从全国的情况来看，各地最低工资标准的差异也比较大（表13-3）。以2014年为例，月最低工资标准最高的上海为1820元，月最低工资标准最低的广西为970元，相差了近两倍。但从历年的变动情况来看，地区间最低工资标准的差距在缩小。

表13-3　最低工资标准的地区差异

年份	最大值（元）	最小值（元）	比值	年份	最大值（元）	最小值（元）	比值
1995	320	105	3.05	2005	690	235	2.94
1996	380	120	3.17	2006	780	280	2.79
1997	380	120	3.17	2007	850	320	2.66
1998	380	120	3.17	2008	960	390	2.46
1999	450	140	3.21	2009	960	390	2.46
2000	450	160	2.81	2010	1120	500	2.24
2001	490	180	2.72	2011	1310	500	2.62
2002	535	190	2.82	2012	1450	610	2.38
2003	570	190	3.00	2013	1620	830	1.95
2004	684	235	2.91	2014	1820	970	1.88

注：数据统计截至2014年底。

资料来源：根据中国最低工资数据库计算。

三 最低工资的就业效应

（一）实验组和对照组的选择

本节在一个双重差分的框架下研究最低工资的就业效应。关于双重差分方法的详细介绍见 Angrist 和 Pischke（2009）和 Imbens 和 Wooldridge（2009）。本节使用的微观数据来自中国人民大学社会学系和香港科技大学社会科学部于2005 年和 2006 年进行的中国综合社会调查（China General Social Survey，CGSS）[①]，观测限制为受教育程度为初中及以下且年龄处于 20 ~ 50 岁的劳动年龄人口；最低工资数据来自中国最低工资数据库（China Minimum Wages Database，CMWD，网址：http：//www. chinaminimumwage. org）。

按照双重差分方法，我们选择在 2005 年调查开始日期和 2006 年调查结束日期之间没有上调最低工资标准的省份作为对照组，选择在 2005 年调查结束日期和 2006 年调查开始日期之间至少有一次最低工资标准上调的省份作为实验组，最终确定河南、湖北、江西、内蒙古和山西五个省份为对照组，而其他23 个省份为实验组[②]。实验组最低工资标准的调整情况如表 13 - 4 所示。可以发现北京、上海和天津三个直辖市的最低工资标准在调整前后均位于全国前列，而且由于三个直辖市的最低工资标准调整比较频繁，因此此次调整的幅度并不是很大。除河北、上海、广西和陕西四省份以外，其他各省份的最低工资平均调整幅度均在10% 以上；一些省份如吉林、黑龙江、重庆和贵州的平均调整幅度达40% 或更高。同时，不同省份之间最低工资标准的绝对水平也有较大差别。以调整后的最低工资标准为例，最低工资标准最高的上海与最低工资标准最低的甘肃相差近一倍。最低工资标准的差异反映出中国各地经济社会发展水平的差异性。

[①] 关于中国综合社会调查的详细介绍见 http：//www. cssod. org。
[②] 最低工资的影响可能存在滞后效应。为了检验实验组和对照组划分的稳健性，我们在实验组样本中去除了最低工资调整日期离 2006 年中国综合社会调查日期比较接近的安徽、重庆、广东、河北、山东和浙江等省份，并重新计算了结果。重新计算的结果并不支持最低工资的影响存在滞后效应。

表 13 – 4　实验组最低工资标准的调整情况

省（市、区）	2005 年（元）	2006 年（元）	增长（%）	省（市、区）	2005 年（元）	2006 年（元）	增长（%）
北　京	580	640	10. 34	湖　南	412	475	15. 38
天　津	580	660	13. 79	广　东	477	604	26. 70
河　北	470	510	8. 51	广　西	385	418	8. 44
辽　宁	400	497	24. 17	海　南	417	497	19. 20
吉　林	330	460	39. 39	重　庆	365	500	36. 99
黑龙江	306	476	55. 48	四　川	368	485	31. 97
上　海	690	750	8. 70	贵　州	360	500	38. 89
江　苏	480	530	10. 42	云　南	408	480	17. 55
浙　江	533	645	21. 13	陕　西	445	480	7. 87
安　徽	347	443	27. 76	甘　肃	320	378	17. 97
福　建	450	542	20. 37	新　疆	370	433	17. 12
山　东	430	490	13. 95				

资料来源：根据中国最低工资数据库计算得到。

双重差分方法的核心假设是，在缺少最低工资调整的情况下，实验组和对照组结果变量的变动应该是相同。在实践中，通常无法对这一假设进行直接检验。但我们可以手工的选择在最低工资调整之前具有相同或者相似特征的实验组和对照组。为了说明本节所选择的实验组和对照组的合理性，我们对实验组和对照组的一些主要宏观经济特征进行了比较（见表 13 – 5）。可以发现，对照组的登记失业率在 2005 ~ 2006 年没有发生变化，而实验组的登记失业率由2005 年的 3. 87 上升到 2006 年的 3. 93。在 2005 年，实验组和对照组在一些其他的宏观经济指标上也有一些差别，这表明原本的实验组和对照组可能是不可比的。但是，注意到 5 个对照组的省份都在中部地区。因此，将实验组中的中部地区省份和对照组进行比较更有意义。在这一情形下，实验组和对照组大部分宏观经济变量的差异缩小了。

（二）最低工资、就业与工作时间

表 13 – 6 给出了在未控制其他变量时，最低工资对就业和工作时间的影响。可以发现，实验组女性就业率有所降低，而对照组女性的就业率有所上升，因此最低工资使女性就业率下降了近 16%。同时，最低工资使男性的就业

表 13 – 5 实验组和对照组的可比性

宏观经济指标	对照组		实验组		实验组（中部地区）	
	2005 年	2006 年	2005 年	2006 年	2005 年	2006 年
人均 GDP	12254.40	14539.40	18019.30	20605.96	11745.25	13527.50
平均工资	—	16885.60	—	20890.57	—	16824.25
登记失业率	3.72	3.72	3.87	3.93	4.30	4.32
城镇化率	40.03	41.33	47.90	48.89	44.53	45.57
产业结构	85.30	86.94	86.44	87.61	83.89	84.78

注："平均工资"为城镇单位就业人员平均工资，其中 2005 年的数据缺失；"城镇化率"为城镇人口在总人口中所占的百分比；"产业结构"为第二、第三产业国内生产总值在 GDP 中所占的比例。

资料来源：中国国家统计局（http://data.stats.gov.cn）。

率提高了 12% 。实验组和对照组女性的周工作时间均有所下降，但对照组下降的幅度更大一些，因此最低工资对女性工作时间的影响为增加 0.11 小时。同时，对照组男性的周工作时间有所下降，但实验组男性的周工作时间却有所上升，这使得最低工资对男性的周工作时间的影响为增加 5.67 小时，即平均每天多工作 1 小时。表 13 – 6 还同时报告了针对中部地区的结果。尽管数值大小有一些差别，但数值符号没有发生变化。

表 13 – 6 最低工资对就业和工作时间影响的统计描述

分 组	女 性				男 性			
	2005 年	2006 年	差	双重差分	2005 年	2006 年	差	双重差分
就业（%）								
对照组	41.33	51.96	10.63	—	86.87	80.37	- 6.50	—
实验组	52.88	47.81	- 5.07	- 15.70	73.74	79.07	5.33	11.83
实验组（中部地区）	46.75	43.35	- 3.40	- 14.03	67.15	76.17	9.02	15.52
工作时间（小时）								
对照组	53.05	51.77	- 1.28	—	55.95	52.80	- 3.15	—
实验组	52.69	51.52	- 1.17	0.11	52.41	54.93	2.52	5.67
实验组（中部地区）	51.87	51.37	- 0.50	0.78	50.56	54.54	3.98	7.13

资料来源：根据中国综合社会调查数据计算所得。

为了更准确地度量最低工资的就业效应，我们在多个设定下进行了考察（见表 13 –7）。由表 13 –7 可以发现，在基本的双重差分设定（1）下，最低工资对于男性和女性的影响仍然显著，且有着巨大的差别，低受教育程度的就业人员中有超过10%的人受到了影响。这一数字与早期的一些研究相比是比较大的。例如，Brown等（1982）指出，最低工资标准上调10%会使得青年就业降低1%~3%。在设定（2）中，控制了其他可能影响就业的个体和区域特征之后，最低工资对于女性就业的负面影响仍然非常显著且在数值上比设定（1）下更大，但最低工资对于男性就业的积极影响不再显著。这说明男性就业的增加主要是由个体特征或宏观经济因素所导致的，与最低工资的调整无关。考虑到经济发展阶段，中国的最低工资标准已经到了一个比较高的水平，如果我们在接下来的几年内要继续提高最低工资标准，那么我们应该采取措施来保障低受教育程度的女性就业。由于对照组的5个省份均在中部地区，而中部地区省份在主要的宏观经济指标上更加接近。为了更加准确地度量最低工资的影响，我们在设定（3）下将实验组的省份也限制在中部地区。可以发现，最低工资对于女性就业的负面影响仍然非常显著，且数值上比设定（1）和设定（2）更大。由表13-4可以发现，实验组各省份最低工资标准的调整幅度也有着巨大的差别。在设定（4）中，我们将实验组样本限制为最低工资提升幅度在20%以上的省份，结果与设定（2）和设定（3）差别不大。这进一步证明了最低工资仅对女性就业有负面影响。

表 13-7 最低工资的就业效应和工时效应

	女 性				男 性			
	(1)	(2)	(3)	(4)	(1)	(2)	(3)	(4)
低受教育程度								
就业	-0.16 ***	-0.20 ***	-0.28 ***	-0.2^5 ***	0.13 **	0.11	0.12	0.11
工作时间	0.11	2.19	3.92	2.49	5.67 **	6.60 **	8.33 **	6.74 **
高受教育程度								
就业	-0.06	0.02	0.02	0.08	-0.18 ***	-0.10	-0.40	-0.10
工作时间	-0.92	-0.70	1.31	-2.24	-0.67	-0.01	2.61	-0.49

注：设定（1）为基本的双重差分模型，设定（2）包括其他可能影响就业或工作时间的因素，设定（3）将全部样本限制为东部地区，设定（4）将样本限制为最低工资提升幅度为20%以上的省份。限于篇幅，这里仅仅保留了回归模型中"交叉项"的系数，而省略了其他变量的系数。本表报告的结果是在样本均值处计算的边际影响。*、** 和 *** 分别表示系数在10%、5%和1%的水平下显著，下同。

资料来源：根据中国综合社会调查数据计算。

采用与就业效应相同的逻辑，我们下面考察最低工资对工作时间的影响。在基本的设定（1）中，最低工资对女性工作时间的影响很小，仅为每周增加0.11小时，且在统计上并不显著。而对男性周工作时间的影响比较大，平均每周增加了5.67小时。这说明，与就业效应相同，最低工资对男性和女性工作时间的影响也有着巨大差别。在设定（2）中，控制了其他可能影响工作时间的因素以后，最低工资对于女性工作时间的影响仍然不显著，但仍显著增加了男性的周工作时间。设定（3）和设定（4）下的估计结果与设定（2）基本相同。这表明，受教育程度较低的男性通常在非正规劳动力市场中就业，当最低工资提升以后，为了保留原来的工作，他们通常会被要求工作更长的时间。在当前中国以月工资为主的工资支付制度下，地方政府的劳动行政部门通常不能对企业中劳动力的工作时间进行很好的监察，而受教育程度低的劳动力通常不能与企业就工作时间进行讨价还价。因此，为了应对最低工资标准的提升，企业可能会通过延长工作时间来达到降低成本的目的。

由以上的分析可以发现，最低工资对于男性的影响主要体现在延长了男性的周工作时间，而对于女性的影响主要体现在降低了女性就业的可能。这种差别可能反映了男性和女性在工作场所扮演角色的不同。即，企业中更多的男性在一些不可替代的岗位工作，因此最低工资提升后，企业可能不会解雇大量的男性劳动力以维持正常的生产运营。与男性相反，女性的工作岗位更加容易被男性替代，而延长她们的工作时间也许不是很好的选择，因此企业只能选择解雇部分女性劳动力。尽管男性和女性在最低工资提升后的状况均有所恶化，但相对男性而言，女性的情况更糟一些。因此，在改善最低工资制度的过程中，女性应该是我们关注的重点。

我们前文关注了最低工资对受教育程度较低劳动力的影响。为了进行对比分析，我们也估计了最低工资对受教育程度较高劳动力的影响（见表13-7）。可以发现，最低工资仅对低受教育程度的劳动力产生了影响。表13-7的结果还意味着，由于工作条件和工作要求的差别，高受教育程度劳动力似乎很难替代低受教育程度的劳动力。

由于中国幅员辽阔，不同地区的地理环境、经济社会发展水平、人力资本存量和劳动力市场发育程度均存在较大差异，这使得最低工资在不同地区的作用效果可能有所差别。为了考察最低工资影响的地区差异，表13-8给出了最低工资对不同地区男性和女性就业和工作时间的影响，可以发现最低工资标准提升对各个地区女性的就业均有显著负面的影响，最低工资提升使得东部地区和西部地区女性就业的概率下降了4%，而使得中部地区女性的就业概率下降了5%；尽管最低工资对中部地区女性就业的概率影响更大，但这种差别并不是特别的明显；最低工资对各地区男性的就业概率均没有显著的影响；最低工资对各地区女性周工作时间均没有显著的影响；最低工资对男性周工作时间的影响主要体现在对中部地区和西部地区男性的影响上，且对于中部地区的影响大于西部地区，而对东部地区男性的影响很小，说明《劳动法》和与最低工资相配套的社会保障法规在东部地区执行得较好，而在中部地区执行得较差。

表13-8　最低工资标准提升对不同地区个体就业和工作时间的影响

地　区	女　性		男　性	
	就　业	工作时间	就　业	工作时间
东　部	-0.040***	-1.860	-0.020	0.560
中　部	-0.050***	0.490	-0.030	4.010**
西　部	-0.040**	-1.450	-0.050	2.360*

注：本表报告的结果为在样本均值处计算的边际影响。与表13-6和表13-7不同，这里使用的样本为受教育程度为高中及以下且年龄处于20~50岁的就业人口。

资料来源：根据中国家庭收入调查数据计算。

由表13-4可以发现，各省份在2005~2006年的最低工资标准调整幅度有较大的差别。为了考察最低工资效应是否对调整幅度敏感，我们还研究了不同的最低工资调整幅度对不同性别个体就业和工作时间的影响。由表13-9可以发现，在最低工资调整幅度为10%以下时，其对女性就业的负面影响仅为3%；而当最低工资调整幅度在10%~30%区间时，其对女性就业的负面影响上升为5%；当最低工资调整幅度为30%及以上时，其对女性就业的负面影响进一步上升为6%，说明最低工资标准调整幅度越高，其对女性就业的负面影响越大。最低工资的调整幅度在30%以下时不会对男性就业造成负面影响，但调整幅度在30%以上时却使男性就业的概率下降了2个百分点，说明尽管总体上最低工资对男性就业没有负面影响，但较高的最低工资调整幅度还是会对男性就业造成一定的负面影响。最低工资提升在 10% 以下时对女性的周工作时间有负面的影响，但在 20% 以上时的影响不明显。男性的周工作时间增加和最低工资的提升幅度之间的关系呈现先上升后下降的趋势，在最低工资调整幅度为 30% 以下时，男性周工作时间的变化随调整幅度的增加而增加，主要源于最低工资对就业的影响不显著；而当最低工资调整幅度为 30% 及以上时，其对男性周工作时间的影响不显著，因为此时最低工资对男性的就业产生了一定的负面影响，因而对工作时间增加的影响下降。

表 13 - 9　最低工资标准调整幅度对个体就业和工作时间的影响

最低工资调整幅度（%）	女　　性		男　　性	
	就　　业	工作小时	就　　业	工作小时
< 10	− 0.030 *	− 3.660 *	− 0.040	0.670 *
10 ~ 20	− 0.050 **	− 1.720	0.010	2.880 **
20 ~ 30	− 0.050 **	− 0.290	0.000	3.050 **
> 30	− 0.060 ***	0.580	− 0.020 *	0.760

注：本表报告的结果为在样本均值处计算的边际影响。与表 13 - 6 和表 13 - 7 不同，这里使用的样本为受教育程度为高中及以下且年龄处于 20 ~ 50 岁的就业人口。

资料来源：根据中国家庭收入调查数据计算。

四　最低工资的分配效应

（一）最低工资与不平等的理论关系

参照已有的文献（Lee，1999；Autor et al.，2010），本节使用对数工资分布上不同百分位点处的工资差异（一般为第 10 个百分位点与第 50 个百分位点处的工资之差，以下简称 10 ~ 50 工资差异）来度量工资不平等，使用对数最低工资与度量对数工资分布集中度的指标（一般为对数工资的中位数）之差作为有效最低工资的度量①。

①　"有效最低工资"代表了最低工资与典型个体工资水平的差异，是一种最低工资约束力的度量指标。如果平均工资可以作为工资中位数一个替代，那么最低工资占比的对数也可以作为"有效最低工资"的一个替代。

记 w_j^{p*} 和 w_j^p 分别为第 j 个省份潜在对数工资分布①和实际对数工资分布上第 p 个百分位点处的取值，记对数最低工资为 $minwage$。这里使用对数工资的中位数 w_j^{50} 作为工资分布集中度的度量指标，即有效最低工资可以表示为 $(minwage - w_j^{50})$。假设所有省份潜在对数工资分布的形状都是相同的，即对于任意的 j 和 k 均有 $(w_j^{p*} - w_j^{50*} = w_k^{p*} - w_k^{50*})$。

Lee（1999）证明，在审查、溢出和截断三种情形下，工资不平等与有效最低工资之间均存在一种非线性的关系。其中，"审查"的情形是指最低工资不存在溢出效应和负面的就业效应，其唯一作用是将原本低于最低工资的个体提高到最低工资水平；"溢出"的情形是指最低工资存在溢出效应，但不存在负面的就业效应；"截断"的情形是指最低工资不存在溢出效应，但存在负面的就业效应。在"审查"的情形下，如果有效最低工资较高，则工资不平等与有效最低工资之间的关系是一条仰角为 45° 的曲线；如果有效最低工资无限降低（即近似劳动力市场中没有最低工资），那么代表二者关系的曲线将会向左移动并渐进成为一条水平线，此时工资不平等与有效最低工资无关。现实劳动力市场往往是"溢出"和"截断"两种情形的某种组合，即同时存在失业效应和溢出效应。因此不平等与最低工资存在以下关系：

$$w_j^{10} - w_j^{50} = g(minwage - w_j^{50}) \qquad (13-1)$$

其中，$g(\cdot)$ 为一非线性函数。这一关系也被一些实证研究证实。图 13-3 给出了中国 1995 年和 2008 年最低工资与工资不平等之间的关系。图 13-3 中的横坐标为有效最低工资，是名义最低工资与工资分布中位数之差；纵坐标为工资不平等的度量指标，是 10~50 工资差异。由图 13-3 可以发现，在 1995 年和 2008 年，有效最低工资与 10~50 工资差异之间均呈现出非线性的正向关系，这与情形 2 和情形 3 是吻合的。由图 13-3 还可以发现，2008 年的总体工资不平等较 1995 年更大；与 1995 年相比，2008 年的曲线有明显向左移动的

---

① 定义"潜在对数工资分布"为有效最低工资不发生变化情形下的对数工资分布。下文有时也省略"对数"，直接称为"潜在工资分布"。

趋势，这说明有效最低工资有显著下降；同时，与 1995 年相比，2008 年的曲线也有明显向下移动的趋势，这表明潜在工资不平等也有所增大。

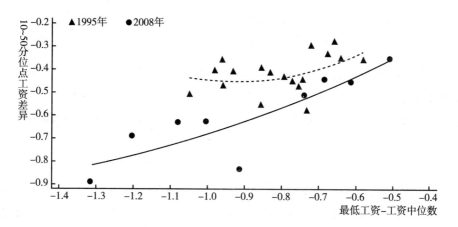

图 13 - 3　最低工资与工资不平等的关系

资料来源：根据中国健康与营养调查数据计算。

（二）模型设定

最低工资的约束力取决于法定最低工资在潜在工资分布上的位置。由于潜在工资分布是未知的，因此 Lee（1999）建议使用最低工资与中位数工资之差即 $mw = (minwage - w^{50})$ 作为最低工资约束力的代理变量。分别记为 w_{jt}^{p} 和 w_{jt}^{p*} 为省份 j 在年份 t 实际工资分布和潜在工资分布上第 p 个百分位点处的值，假设最低工资的影响 β_1^p 和 β_2^p 可以随不同百分位点变化。根据以上讨论的最低工资和工资不平等的关系，可以将实际工资不平等按照下式进行分解：

$$w_{jt}^{p} - w_{jt}^{50} = (w_{jt}^{p*} - w_{jt}^{50*}) + \beta_1^p (minwage_{jt} - w_{jt}^{50}) +$$
$$\beta_2^p (minwage_{jt} - w_{jt}^{50})^2 + \varepsilon_{jt} \qquad (13 - 2)$$

式（13 - 2）表明，实际工资不平等可以分解为潜在工资不平等和最低工资的影响两部分。由前文得知，最低工资与工资不平等之间呈现一种非线性关系，因此式（13 - 2）中最低工资的影响以有效最低工资的二次函数表示。由于潜在工资不平等（$w_{jt}^{p*} - w_{jt}^{50*}$）是未知的，在一些额外的假设下（贾朋，2012），可以证明潜在工资不平等仅仅具有时间趋势，而与工资中位数和省份无关，因此可以将潜在工资不平等替换为一系列年份虚拟变量。Autor 等（2010）还建议加入省份虚拟变量以考虑不同省份潜在工资不平等的差异，即：

$$w_{jt}^p - w_{jt}^{50} = \alpha_j + \alpha_t + \beta_1^p(minwage_{jt} - w_{jt}^{50}) +$$
$$\beta_2^p(minwage_{jt} - w_{jt}^{50})^2 + \varepsilon_{jt} \tag{13-3}$$

得到 β_1 和 β_2 的估计后，我们就可以计算潜在工资不平等的变动，并进一步计算最低工资对工资不平等上升的贡献。方法如下：对于数据中的每一个观测，首先计算它们属于工资分布的哪一个百分位点；然后，对工资进行如下调整：

$$\Delta w_{jt}^p = \hat{\beta}_1^p(mw_{jt_1} - mw_{jt_2}) + \hat{\beta}_2^p(mw_{jt_1}^2 - mw_{jt_2}^2) \tag{13-4}$$

其中，mw_{jt_1} 和 mw_{jt_2} 分别为省份 j 在年份 t_1 和 t_2 的有效最低工资，$\hat{\beta}_1^p$ 和 $\hat{\beta}_2^p$ 分别为 β_1 和 β_2 在第 p 个百分位点处的估计。最后，可以计算潜在工资不平等的变动，并计算最低工资对工资不平等变动的贡献。

（三）数据与统计描述

本部分使用的最低工资数据来自中国最低工资数据库。为了得到关于工资不平等的尽可能长的时间序列数据，我们综合使用了来自中国健康与营养调查、中国家庭收入调查和中国综合社会调查的微观数据。三项调查均基于科学的设计和抽样，具有一定的代表性。

由于这里所使用的微观数据来自三种不同的调查，为了减少由于调查设计和抽样所带来的偏差以使不同调查之间可以相互比较，我们对研究中实际使用的观测做了进一步的限制。首先，将所有调查的观测均限制在城镇地区；然后，根据中国的退休制度，仅考虑处于工作年龄的个体，即保留 16～60 周岁的男性观测和 16～55 周岁的女性观测；最后，为了减小异常值对研究结果的影响，我们进一步去除了位于各省份各年份工资分布最高 1 个百分位点以上和最低 1 个百分位点以下的所有观测。另外，在中国健康与营养调查 1997～2006 年的四次调查中，调查得到的工资均未包含补助和奖金，而 2009 年调查得到的工资则包含了补助和奖金，但没有单独的补助和奖金项；中国家庭收入调查 1995 年和 2002 年的两次调查均包括了工资、奖金和补贴等单项调查项目；中国综合社会调查 2003～2006 年的三次调查得到的工资包括奖金和补贴，但无法将奖金和补贴与工资分离。因此，为了保持工资变量的一致性，我们优先使用了包含补贴和奖金的工资收入。此外，中国《最低工资规定》要求"用人单位应支付给劳动者的工资在剔除延长工作时间工资后不得低于当地最低工资标准"，而在调查数据中难以完整、准确地获得劳动者的实际工作时间，也就难以确定个体工资是否包含了延长工作时间所获得的部分，这会对工资变量的度量产生一定的影响。

自1993年以来，中国的最低工资制度已经有近20年的历史。这期间，名义最低工资和实际最低工资均呈现上升趋势，但最低工资占比却呈现明显的下降趋势，因此最低工资的约束力也有明显下降①。为了考察最低工资约束力的变化情况，表13－10给出了各年份工资收入低于最低工资的个体占全部个体的百分比。由表13－10"均值"一列可以看出，工资收入低于最低工资的个体比例呈现逐年上升的趋势。在1995年，这一比例仅为3.50%，而到了2008年这一比例已经上升到了11.55%。这说明，随着最低工资占比的下降，最低工资对工资分布的调节能力越来越小，在工资分布上有越来越多的个体落在了最低工资的左侧。由表13－10还可以发现，不同省份的最低工资约束力也有很大不同。在1995年，最低工资在约束力较强的省份中，工资收入低于最低工资的个体比例仅为0.26%，而在约束力较弱的省份这一比例却达到了9.53%。在2008年，在最低工资约束力较强的省份这一比例为9.17%，而在约束力较弱的省份这一比例却高达15.80%。

表13－10 最低工资的约束力

单位：%

年 份	最小值	最大值	均 值	年 份	最小值	最大值	均 值
1995	0.26	9.53	3.50	2003	5.37	12.56	8.85
1996	0.96	8.01	3.67	2005	5.49	14.70	10.78
1999	0.88	8.86	3.71	2006	9.43	12.72	11.05
2002	4.36	8.60	6.70	2008	9.17	15.80	11.55

资料来源：根据中国最低工资数据库、中国健康与营养调查、中国综合社会调查和中国家庭收入调查数据计算。

---

① 将最低工资的约束力定义为工资收入低于最低工资的个体占全部个体的比例。

为了考察中国工资不平等的变动趋势，图 13-4 给出了工资分布低端多个百分位点与第 50 个百分位点的工资差异。由图 13-4 可以发现，自 1995 年以来，5~50 和 10~50 工资差异均表现出非常明显的下降趋势，这一下降趋势在第 10 个百分位点处表现得更为明显，而第 5 个百分位点处的工资差异下降则在近年有放缓的趋势。注意到工资差异为负值，这说明工资分布低端的工资不平等正在逐年加剧，但同时极低收入人群增加的速度在放慢。25~50 工资差异时有起伏，但总体来看 2006 年以前呈现逐渐降低的趋势，而在 2006 年以后则有上升趋势。由图 13-4 还可以发现，在工资不平等上升的同时，最低工资与工资中位数之差也呈现逐年下降趋势，而且这种下降趋势非常明显，几乎成为一条直线。这种工资差异和最低工资的同步下降趋势使得我们很自然地关注二者之间的可能关系。

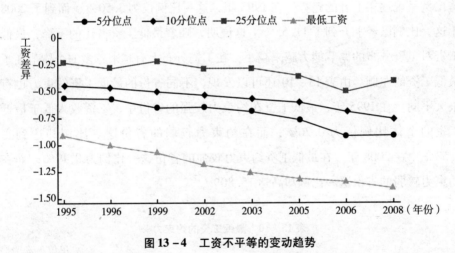

图 13-4　工资不平等的变动趋势

资料来源：根据中国最低工资数据库、中国健康与营养调查、中国综合社会调查和中国家庭收入调查数据计算。

（四）回归结果分析

我们将首先考察最低工资占比下降对 10~50 工资差异的影响。表 13-11 给出了最低工资对 10~50 工资差异影响的估计结果。在回归方程中，被解释变量为 10~50 对数工资差异，解释变量中的有效最低工资为对数最低工资与对数中位数工资之差。为了检验模型的稳健型，我们在多个回归模型设定下进行了估计。在设定（1）下，模型中仅包含了年份虚拟变量（以1995年为基准组，下同），以考察工资不平等随时间的变动趋势；在设定（2）下，模型中进一步包含了有效最低工资的一次项，以考察工资不平等和最低工资之间的线性关系；在设定（3）下，模型中同时包含了年份虚拟变量、有效最低工资及其平方项，以允许工资不平等和最低工资之间的非线性关系；在设定（4）下，为了解决 Autor 等（2010）提出的遗漏变量问题，我们在模型中进一步包含了省份固定效应，然后使用面板数据的固定效应方法进行了估计。

表 13 − 11　最低工资对 10 ~ 50 工资差异的影响

解释变量	男　性				女　性			
	（1）	（2）	（3）	（4）	（1）	（2）	（3）	（4）
1996 年	− 0.01	− 0.01	− 0.01	− 0.05	0.05	0.05	0.05	0.05
1999 年	− 0.17 ***	− 0.14 ***	− 0.14 ***	− 0.19 ***	− 0.07	− 0.08 *	− 0.08 *	− 0.08 *
2002 年	− 0.11 ***	− 0.12 ***	− 0.12 ***	− 0.12 ***	− 0.10 ***	− 0.13 ***	− 0.13 ***	− 0.15 ***
2003 年	− 0.21 ***	− 0.16 ***	− 0.17 ***	− 0.20 ***	− 0.13 ***	− 0.10 ***	− 0.11 ***	− 0.11 ***
2005 年	− 0.26 ***	− 0.27 ***	− 0.28 ***	− 0.30 ***	− 0.17 ***	− 0.24 ***	− 0.25 ***	− 0.26 ***
2006 年	− 0.27 ***	− 0.26 ***	− 0.26 ***	− 0.28 ***	− 0.09 ***	− 0.17 ***	− 0.18 ***	− 0.18 ***
2008 年	− 0.19 ***	− 0.14 ***	− 0.14 ***	− 0.20 ***	− 0.23 ***	− 0.21 ***	− 0.22 ***	− 0.23 ***
有效最低工资	—	0.37 ***	0.54 *	0.77 *	—	0.46 ***	0.81 **	0.90 **
有效最低工资平方	—	—	0.09	0.25	—	—	0.25	0.30
省份固定效应	否	否	否	是	否	否	否	是
常数项	− 0.40 ***	− 0.09	− 0.03	0.08	− 0.41 ***	− 0.07	0.06	0.09
R^2	0.26	0.42	0.42	0.45	0.17	0.46	0.47	0.50
观测数	131	131	131	131	131	131	131	131

资料来源：根据中国最低工资数据库、中国健康与营养调查、中国综合社会调查和中国家庭收入调查数据计算。

由表 13 − 11 可以发现，在设定（1）下，除 1996 年外，其他年份中男性和女性的 10 ~ 50 工资差异均有非常明显的下降，即男性和女性的工资不平等均有明显的上升趋势；在模型中加入有效最低工资的一次项以后，这些年份虚拟变量的系数仍然非常显著且全部为负值，这说明潜在工资不平等在 1995 ~ 2008 年之间呈现上升趋势；同样，在模型中加入有效最低工资的二次项并考虑省份固定效应以后，这些年份虚拟变量的系数仍然显著为负，也就是说，即使最低工资占比保持在 1995 年的水平，工资不平等受其他因素的影响也会呈现出上升趋势。由表 13 - 11 还可以发现，加入有效最低工资变量以后，模型的拟合程度有了较大幅度的提高（R^2 由 0.2 左右提高到了 0.5 左右）。观察表 13 - 11 中有效最低工资的系数可以发现，在设定（3）和设定（4）下，有效最低工资一次项的系数均显著为正，但二次项的系数均不显著，这说明工资不平等和有效最低工资之间的非线性关系在这里中并不重要。观察有效最低工资的系数还可以发现，在设定（2）中，相对于对数中位数工资，最低工资下降 1 个百分点会使得男性和女性第 10 个百分位点处的工资分别下降 0.37 个和 0.46 个百分点；加入有效最低工资的二次项并考虑省份固定效应以后，最低工资对工资不平等的影响更加明显。对比男性和女性的估计结果可以发现，在设定（2）~（4）下，最低工资对女性工资不平等的影响均明显大于男性，这主要是因为女性的平均工资较男性低，因而最低工资对女性工资分布的影响也更大一些。

本章第二部分模型的核心假设是最低工资对工资分布低端的工资差异变动有影响，但并不影响工资分布高端的工资差异变动。为了检验这一假设是否成立，我们将工资分布高端一些主要百分位点与第 50 个百分位点处的工资差异对年份虚拟变量、省份虚拟变量、有效最低工资及其平方项进行了回归，结果见表 13 - 12。在各种设定下，年份虚拟变量的系数均为正值，且大部分系数在统计上是显著的。这说明，工资分布高端的工资差异呈现逐年上升的趋势；与工资分布底端相同，工资分布高端的潜在工资不平等也呈现逐年扩大的趋势。在表 13 - 12 中，每个百分位点工资差异的估计结果分两行显示，其中第一行为有效最低工资的系数，第二行为有效最低工资平方的系数。由表 13 - 12 可以发现，若不考虑工资差异和有效最低工资之间的非线性关系以及省份固定效应，则有效最低工资对工资分布高端的工资差异均有显著的正向影响。考虑到工资分布高端的工资差异为正值，而有效最低工资为负值，因此相对于对数中位数工资，最低工资下降1个百分点将使得工资分布高端各百分位点处的工资有0.08个至0.22个百分点的下降。这说明，中国近几年有效最低工资的下降似乎对工资分布的高端具有一定的压缩作用。然而，一旦在模型中考虑了工资差异和最低工资之间的非线性关系和省份固定效应，这种压缩作用就不存在了。由表13-12可以发现，对于男性而言，在设定（3）和设定（4）下，有效最低工资及其二次项的系数均不显著，这说明最低工资对男性工资分布高端的工资差异变动没有影响；对于女性而言，尽管有效值最低工资下降使得60～50工资差异（绝对值）有增大的趋势，但这种关系在更高的百分位点上并不存在；对比男性和女性的结果可以发现，最低工资对工资分布高端不同性别个体间的影响没有明显差别。

表13-12 最低工资对工资分布高端工资差异的影响

百分位点	男 性			女 性		
	（2）	（3）	（4）	（2）	（3）	（4）
60～50	0.09**	-0.02	0.09	0.08**	-0.32**	-0.41**
	—	-0.06	0.00	—	-0.28***	-0.35***
70～50	0.17***	0.12	-0.13	0.17***	0.12	-0.13
	—	-0.04	-0.19	—	-0.04	-0.19
80～50	0.19**	0.15	0.40	0.22***	0.05	-0.06
	—	-0.02	0.06	—	-0.12	-0.22
90～50	0.18**	-0.35	-0.65	0.18**	-0.51	-0.50
		-0.31	-0.49		-0.47*	-0.49

资料来源：根据中国最低工资数据库、中国健康与营养调查、中国综合社会调查和中国家庭收入调查数据计算。

按照与表13-12相同的思路，表13-13给出了最低工资对工资分布低端工资差异影响的估计结果。由表13-13可以发现，若不考虑有效最低工资的二次项及省份固定效应，有效最低工资的下降使得工资分布低端各百分位点与第50个百分位点的工资差异有下降趋势，因此工资分布低端的工资不平等有上升的趋势；百分位点越高，最低工资对工资差异的影响越小。考虑工资不平等和最低工资的非线性关系以及省份固定效应以后，最低工资对男性工资差异的影响仅在第10个和第40个百分位点处是显著的，而在其他百分位点均不显著；对于女性而言，最低工资对各百分位点处的工资差异均有显著的影响。对比男性和女性的估计结果可以发现，最低工资对女性工资差异的影响明显大于男性。这与表13－12中工资分布高端的情况有较大不同。

表13－13　最低工资对工资分布低端工资差异的影响

百分位点	男　性			女　性		
	(2)	(3)	(4)	(2)	(3)	(4)
10～50	0.37 ***	0.54 *	0.77 *	0.46 ***	0.81 **	0.90 **
	—	0.09	0.25	—	0.25	0.30
20～50	0.23 ***	0.35	0.55	0.33 ***	0.43	0.58 *
	—	0.07	0.18	—	0.07	0.22
30～50	0.13 ***	0.25	0.59	0.28 ***	0.66 ***	0.88 ***
	—	0.07	0.25	—	0.26 **	0.41 **
40～50	0.09 ***	0.32	0.70 **	0.16 ***	0.52 ***	0.73 **
	—	0.13	0.29 *	—	0.25 **	0.38 **

资料来源：根据中国最低工资数据库、中国健康与营养调查、中国综合社会调查和中国家庭收入调查数据计算。

由以上的分析可以发现，最低工资对工资分布高端的工资差异变动没有明显的影响，但对工资分布低端的工资差异变动有一定的影响，因此本章的模型假设是成立的，得到的估计结果是可信的。

为了进一步考察最低工资占比下降对工资不平等上升的贡献，按照式（4）给出的工资调整方法并结合表13－12和表13－13中设定（4）下的估计结果，我们模拟得到了保持1996年的有效最低工资水平下2008年的潜在工资分布，并据此计算了潜在工资不平等（以潜在工资分布10～50工资差异为度量标准），如表13－14所示。总体来看，与1996年相比，潜在工资不平等呈现上升的趋势，这与前文的估计结果是一致的。由表13－14还可以看出，潜在工资不平等的上升是实际工资不平等上升的主要原因，最低工资占比的下降仅可以解释实际工资不平等上升的23%；分性别来看，最低工资占比下降对男性和女性实际工资不平等的上升分别有19%和32%的贡献，最低工资对女性工资不平等的影响大于其对男性的影响，这与前文的估计结果是一致的。

表 13 - 14 工资不平等变动的分解

分 组	实际工资不平等		潜在工资不平等
	1996 年	2008 年	2008 年
总 体	- 0.47	- 0.69	- 0.64
男 性	- 0.47	- 0.63	- 0.60
女 性	- 0.42	- 0.61	- 0.55

资料来源：根据中国最低工资数据库、中国健康与营养调查、中国综合社会调查和中国家庭收入调查数据计算。

五 结论

本章在一个双重差分的设定下研究了最低工资对低受教育程度劳动力就业效应和工作时间的影响，发现最低工资的提升对于男性就业没有明显的影响，但却显著增加了男性的周工作时间；与男性相反，最低工资提升对于女性的工作时间没有明显的影响，但却显著降低了女性的就业。研究还进一步发现，调整幅度越大，最低工资的影响也越大；当最低工资的调整幅度超过30%的时候，男性的就业也受到了负面影响。我们的发现与大部分关于发达国家最低工资问题的研究结论有明显不同。大部分针对发达国家的研究表明，最低工资标准的提升会降低工作时间。然而我们的研究却表明，最低工资标准提升会提高男性的工作时间，这可能和国内外工资支付制度和最低工资制度的差异有关。在美国等西方发达国家，最低工资主要是以小时最低工资的形式确定的，而中国虽然也有小时最低工资制度，但其主要适用于非全日制用工形式，大部分全日制用工适用的是月最低工资。在这种情况下，为应对最低工资的上调，英美等发达国家的企业可以通过减少员工的工作时间来降低成本，而国内企业在月最低工资标准既定的情况下，只能采用解雇部分员工或增加工作时间的方法来减少成本。需要注意的是，工作时间的提升有其局限性。由于人类生理特征的限制，工作时间不能无限制的提升。因此，随着最低工资标准的不断上调，人们需要关注其可能对男性就业产生的负面影响。

本章还使用多个微观调查数据，研究了最低工资对工资不平等的影响。我们将实际工资不平等的增长分解为两部分，分别是潜在工资不平等的变化以及最低工资的影响，结果表明，自 1995～2008 年，中国的潜在工资不平等呈现出一直上升的趋势，潜在工资不平等的上升是造成中国最低工资不平等变动的主要原因；最低工资对工资不平等的上升也有一定的影响，且其对女性的影响大于男性；相对于中位数工资而言，最低工资下降 1 个百分点可以使得第 10 个百分位点处的工资有近 1 个百分位点的下降。实证研究的结果还表明，最低工资仅对工资分布低端的工资差异变动有影响，而对工资分布高端的工资差异变动影响不大。需要注意的是，与美国等西方国家最低工资下降对工资不平等上升有近 90% 的贡献不同，中国的最低工资占比下降仅可以解释工资不平等上升的 20% 左右。因此，最低工资对工资不平等的调整能力有限，有效降低工资不平等需要辅以其他的收入分配制度设计。

从本章第二部分的研究还可以发现，就中国目前的经济发展阶段和经济发展水平而言，最低工资标准已经处在一个比较高的水平。在中国的经济增长放缓的背景之下，尤其是各级政府纷纷将最低工资制度用作改善收入分配的手段时，最低工资标准将有可能成为推动劳动力成本上升的因素。如果中国的最低工资水平仍然保持前几年每年 20% 左右的增长速度，不仅会对就业产生影响，而且有可能超越当前的经济发展阶段，从而对经济增长产生压力。本章的研究还发现，最低工资调节收入分配的能力十分有限。在完善最低工资制度时，最低工资应该回归其"托底"的本位。

参考文献

丁守海（2010），《最低工资管制的就业效应分析——兼论〈劳动合同法〉的交互影响》，《中国社会科学》第 1 期，第 85～102 页。

都阳、贾朋（2013），《中国的最低工资规制：水平与执行》，中国社会科学院人口与劳动经济研究所工作论文。

贾朋（2012），《最低工资的就业效应和收入分配效应》，吉林大学博士学位论文。

罗小兰（2007），《我国劳动力市场买方垄断条件下最低工资就业效应分析》，《财贸研究》第 4 期，第 1～5 页。

潘士远（2008），《最优专利制度、技术进步方向与工资不平等》，《经济研究》第 1 期，第 127 ~ 136 页。

王弟海、龚六堂（2009），《经济发展过程中的人力资本分布与工资不平等》，《世界经济》第 8 期，第 68 ~ 82 页。

姚先国、李晓华（2007），《工资不平等的上升：结构效应与价格效应》，《中国人口科学》第 1 期，第 36 ~ 43 页。

张卓妮、吴晓刚（2010），《农村劳动力迁移与中国工资收入不平等的地区差异：来自 2005 年全国人口抽样调查的证据》，《人口与发展》第 1 期，第 11 ~ 18 页。

Angrist, J. D. & J. Pischke (2009). *Mostly Harmless Econometrics：An Empiricist's Companion. Princeton.* New Jersey：Princeton University Press.

Autor, D. H. , A. Manning & C. L. Smith (2010). "The Contribution of the Minimum Wage to U. S. Wage Inequality over Three Decades：A Reassessment." *NBER Working Paper*, No. 16533.

Bosch, M. & M. Manacorda (2010). "Minimum Wages and Earnings Inequality in Urban Mexico". *American Economic Journal：Applied Economics*, 2 (4)：128 – 149.

Brown, C. (1999). "Minimum Wages, Employment, and the Distribution of Income". In Orley Ashenfelter & David Card (ed.), *Handbook of Labor Economics*, Volume 3B. Amsterdam：Elsevier.

Card, D. (1996). *The Effect of Unions on the Structure of Wages：A Longitudinal Analysis.* Econometrica, 64 (4), 957 – 979.

Card, D. & A. B. Krueger (1994). "Minimum Wages and Employment：A Case Study of the Fast – Food Industry in New Jersey and Pennsylvania". *American Economic Review*, 84 (4)：772 – 793.

Imbens, G. W. & J. M. Wooldridge (2009). "Recent Developments in the Econometrics of Program Evaluation." *Journal of Economic Literature*, 47 (1)：5 – 86.

Lee, D. S. (1999). "Wage Inequality in the United States during the 1980s：Rising Dispersion or Falling Minimum Wage?" *Quarterly Journal of Economics*, 114 (3)：977 – 1023.

Neumark, D. & W. Wascher (2000). "Minimum Wages and Employment：A Case Study of the Fast – Food Industry in New Jersey and Pennsylvania：Comment." *American Economic Review*, 90 (5)：1362 – 1396.

Neumark, D. & W. Wascher (2008). *Minimum Wages.* Cambridge：MIT Press.

Wang, Jing & Morley Gunderson (2011). Minimum Wage Impacts in China：Estimates from a Prespecified Research Design, 2000 – 2007. *Contemporary Economic Policy*, 29 (3)：392 – 406.

G.14

第十四章
中国劳资关系的现状、问题与政策建议

周晓光　王美艳

一　引言

劳资关系是社会经济运行中的基本关系之一。劳资关系的和谐运行有利于提高工人的劳动积极性和企业劳动生产率，有利于提高企业的民主参与程度和民主管理，是维护社会稳定和经济发展的坚强基石。然而，如果劳资关系运行出现问题，其结果将是劳资冲突加剧，矛盾激化的最终表现形式就是劳资冲突群体性事件的爆发，直接危害企业的经营、社会的和谐和经济的持续发展。近年来，中国政府非常重视构建和谐劳动关系，这在一系列党和国家纲领性文件中都有所体现，例如，党的十六届六中全会提出"发展和谐劳动关系"，十七大报告中提出"规范和协调劳动关系"，十七届五中全会强调"构建和谐劳动关系"。"十二五"规划纲要中，对构建和谐劳动关系进行了系统阐述，提出"健全协调劳动关系三方机制，发挥政府、工会和企业作用，努力形成企业和职工利益共享机制，建立规范有序、公正合理、互利共赢、和谐稳定的劳动关系"。党的十八大报告则提出："健全劳动标准体系和劳动关系协调机制，加强劳动保障监察和争议调解仲裁，构建和谐劳动关系。"十八届四中全会提出："健全依法维权和化解纠纷机制，建立健全社会矛盾预警机制、利益表达机制、协商沟通机制、救济救助机制，畅通群众利益协调、权益保障法律渠道。"

中国对构建和谐劳动关系的高度重视，是与劳资关系运行的现状紧密联系

的。改革开放30多年以来，中国经历过两次劳资冲突群体性事件爆发的高峰时期，第一次发生在1998年前后，其主要原因是工人对国企改制过程中自身权利的争取，如工龄买断和内退等；第二次则爆发在2008年至今，其主要原因则是工人对自身经济权益的争取，尤其体现在对工资和福利待遇的不满等。典型事件频繁发生，例如，2005年大连日资企业工人罢工事件、2008年重庆出租车司机罢运事件、2010年广东南海本田公司工人罢工事件、2014年的东莞裕元鞋厂罢工事件等，这些劳资冲突引发的群体性事件都引起了全社会的广泛关注。一方面反映了劳动者维护自身合法权益意识的增强，另一方面也反映了劳动者表达诉求以及维权渠道的不畅和缺乏。

　　本章将首先从两个方面描述中国劳资关系发展的现状，包括劳动争议的基本状况和群体性劳资冲突事件的发展现状，随后从内外部经济环境的变化来分析导致中国劳资关系变化的原因，然后进一步剖析中国劳资关系运行机制中存在的问题。最后，本文将对中国劳资关系未来的发展趋势做出判断，并提出政策建议。

二　中国劳资关系的现状

　　近年来，尽管中国政府积极地推动劳资关系制度改革和法规实施，例如大力推广工资集体协商制度和集体合同制度、认真实施《劳动争议调解仲裁法》等，但劳资关系状况仍然不容乐观，劳动争议案件数增长较快，而且由劳资冲突引发的群体性事件频繁发生。

（一）劳动争议的基本状况——来自宏观数据的分析

　　根据2008年《中华人民共和国劳动争议调解仲裁法》，劳动争议通常有以下几种解决方式：协商、调解、仲裁和诉讼。根据现有的公开出版的统计资料，无法得到通过全部这四类方式解决的劳动争议的完整数据，仅能得到各级劳动人事争议调解组织和仲裁机构受理的劳动人事争议案件信息。数据显示，通过调解和仲裁方式解决的劳动人事争议案件数在逐年提高。2010年案件数为128.7万件，2011年为131.5万件，2013年增长到149.7万件（人力资源和社会保障部，2014）。但是，通过调解和仲裁方式解决的案件仅有最近三年的数据，之前年份的数据无法得到。我们希望观察更长时间范围内劳动争议的变化。《中国劳动统计年鉴》中提供两类劳动争议案件的数据：一类是全国各级劳动争议仲裁机构受理案件，另一类是仲裁机构案外调解案件。这些数据使得我们能够对劳动争议状况，做一个较长时间范围的梳理和描述。

1. 劳动争议案件数大幅增加

过去十多年间，各级劳动争议仲裁机构受理和案外调解的案件数以 2008 年为界，呈现先上升后下降然后又上升的态势。1999 年，全国劳动争议案件数为 16.9 万件。此后一直到 2007 年，劳动争议案件数平稳增加。2008 年，劳动争议案件数骤增至 93.1 万件，几乎为 2007 年的两倍。2009 年，劳动争议案件数为 87 万件，与 2008 年相比略有下降。2010 年，劳动争议案件数继续下降。自 2011 年开始，劳动争议案件数又开始上升（见图 14 - 1）。

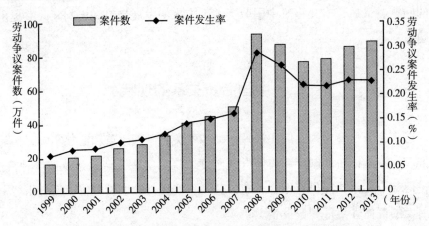

图 14 - 1　1999 ~ 2013 年劳动争议案件数和案件发生率

注：①此处的劳动争议是指全国各级劳动争议仲裁机构受理案件和仲裁机构案外调解案件；②劳动争议案件发生率为劳动争议案件数占城镇就业人员数量的比例。

资料来源：根据国家统计局人口和就业统计司、人力资源和社会保障部规划财务司，《中国劳动统计年鉴》（历年）数据计算得到。

2008 年劳动争议案件数的跳跃式增长，应该与《劳动合同法》和《劳动争议调解仲裁法》的实施有密切的关系。《劳动合同法》扩大了劳动者的权益保护范围，提高了劳动者的权益保护力度。例如，其中有关"无固定期限劳动合同"等规定，甚至被很多学者认为对劳动者产生了过分保护。而《劳动争议调解仲裁法》则产生了降低劳动者的维权成本，延长劳动者的申诉时效等效果。例如，该法中规定，"劳动争议仲裁不收费"。根据 1995 年《劳动法》，劳动争议申请仲裁的时效期间为 60 日，而《劳动争议调解仲裁法》规定，"劳动争议申请仲裁的时效期间为一年"。这些因素可能都会造成劳动争议增多。

劳动争议案件发生率与劳动争议案件数的变动趋势基本一致。2008 年之前，劳动争议案件发生率逐年提高。2008 年，劳动争议案件发生率有了一个跳跃式的增长，从 2007 年的 0.16%，激增至 0.29%。之后，劳动争议案件发生率开始逐步下降，但仍然大大高于 2008 年之前年份的发生率。自 2012 年开始，劳动争议案件发生率又开始上升。

2. 劳动争议的原因

劳动争议的原因，大体上分为劳动报酬、社会保险、劳动保护、职业培训、变更劳动合同、解除劳动合同和终止劳动合同等类别。由于《中国劳动统计年鉴》中给出的不同年份的劳动争议原因分类不尽相同，而且有些年份的某些数据缺失，此处将劳动争议原因进行了整理和归纳，列出了若干年份中，因为劳动报酬、社会保险和解除或终止劳动合同提起的劳动争议案件数占全部案件数的比例（见图 14－2）。

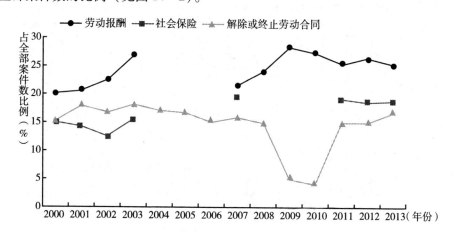

图 14－2　劳动争议原因

资料来源：根据国家统计局人口和就业统计司、人力资源和社会保障部规划财务司，《中国劳动统计年鉴》（历年）数据计算得到。

劳动报酬是提起劳动争议的最主要原因。因为劳动报酬提起的劳动争议案件数占全部案件数的比例，一直在20%以上，2009年和2010年甚至接近30%。社会保险是提起劳动争议的一个重要原因。因为社会保险提起的劳动争议案件数占全部案件数的比例，2003年之前一直在15%上下，2007年和2011年接近20%。解除或终止劳动合同是引起劳动争议的另一个重要原因。因为该原因提起的劳动争议案件数占全部案件数的比例，2003年之前一直略高于社会保险引起的劳动争议数比例。之后，这一比例呈现下降趋势，2009年和2010年分别仅为5%和4.2%。但2013年这一比例又上升至16.8%。

3. 劳动争议的处理

劳动争议案件的处理方式分为三种：仲裁调解、仲裁裁决和其他方式。在过去十多年中，采取仲裁裁决方式处理的案件所占比例基本未发生大的变化，大致保持在40%多一些；采取仲裁调解方式处理的案件所占比例呈现上升趋势，2010年提高至39%，2011年更是大幅度提高至47%，此后基本稳定在这一水平；采取其他方式处理的案件比例则不断下降，1999年这一比例为39%，2013年下降到11%（见图14-3）。

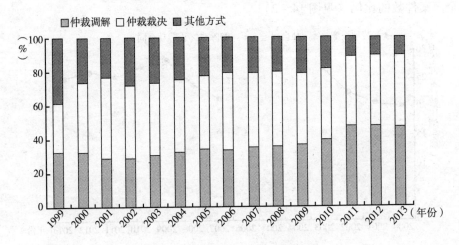

图14-3 劳动争议案件处理方式

资料来源：根据国家统计局人口和就业统计司、人力资源和社会保障部规划财务司，《中国劳动统计年鉴》（历年）数据计算得到。

劳动争议案件的处理结果分为三种：用人单位胜诉、劳动者胜诉和双方部分胜诉。在过去十多年中，用人单位胜诉的案件所占比例基本未发生大的变化，大致保持在12%~14%；劳动者胜诉的案件所占比例逐步下降，从1999年的54%，下降到2013年的33%；用人单位和劳动者双方部分胜诉的案件比例则不断提高，从1999年的32%，提高到2013年的55%（见图14-4）。

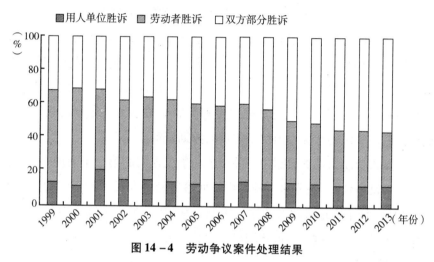

图14-4　劳动争议案件处理结果

　　资料来源：根据国家统计局人口和就业统计司、人力资源和社会保障部规划财务司，《中国劳动统计年鉴》（历年）数据计算得到。

　　以上所分析的《中国劳动统计年鉴》中提供的有关劳动争议的数据，仅包括全国各级劳动争议仲裁机构受理案件和案外调解案件，通过协商、调解和诉讼等方式处理的劳动争议的信息是缺乏的。因此，通过宏观数据无法掌握较为全面的劳动争议的信息。下面我们将利用六城市劳动力调查数据，分析和讨论外来劳动力与城市本地劳动力这两个群体提起劳动争议的基本状况，以及提起劳动争议的影响因素。

（二）劳动争议状况及影响因素——来自城市劳动力微观调查数据的分析

　　本小节将使用微观调查数据，来进一步说明和印证中国劳资关系发展的现状。所使用的微观数据为2010年在六个城市进行的劳动力微观调查数据（简称 CULS3)。2010 年初，中国社会科学院人口与劳动经济研究所在上海、武汉、沈阳、福州、西安和广州六个城市，进行了家庭入户调查。在每个城市，调查包括了 600 户外来人口家庭和 700 户城市本地人口家庭。在每个城市，调查根据分阶段随机抽样原则，首先抽取社区。在每个抽中的社区，再分别随机抽取外来人口家庭和本地人口家庭。每个被抽中的外来人口家庭和城市本地人口家庭，都需要填写家庭情况问卷，以及所有家庭成员个人情况的问卷。

调查问卷信息丰富，包括劳动力的人力资本特征（如性别、年龄和受教育水平等）、就业特征（如工资、福利待遇、劳动合同等）等方面的信息。特别值得指出的是，调查询问了家庭中 16 ~ 60 岁的家庭成员（访谈时正在家中；如果户主和配偶在家，则优先调查户主和配偶）提起劳动争议的情况。这为我们分析劳动争议的状况，提供了宝贵的数据资料。

在六城市劳动力调查数据中，关于劳动争议提问的第一个问题是："您是否提起过劳动争议？"在外来劳动力中，回答曾经提起过劳动争议的劳动力比例为 0.8%，城市本地劳动力的这一比例为 0.9%。外来劳动力中曾经提起过劳动争议的劳动力比例，略低于城市本地劳动力。

1. 时间分布

对那些曾经提起过劳动争议的劳动力，调查接下来询问了其最近一次提起劳动争议的年份。从全国宏观数据看，2008 年《劳动合同法》实施后，劳动争议案件数有一个跳跃性的增长。从城市劳动力微观调查数据看，对外来劳动力而言，36% 的劳动争议发生在 2008 年以后；对城市本地劳动力而言，53% 的劳动争议发生在 2008 年以后（见图 14 - 5）。

2. 提起劳动争议的原因

然后，调查接着询问最近一次提起劳动争议的主要原因。不论外来劳动力还是城市本地劳动力，选择"工资待遇"为提起劳动争议主要原因的比例，在各类原因中是最高的，外来劳动力中，这一原因占 48.6%，城市本地劳动力占 43%（见表 14 - 1）。对外来劳动力而言，除了"工资待遇"外，选择"劳动安全"和"其他"为提起劳动争议主要原因的劳动力比例也较高，分别为 14.8% 和 34.4%。调查中要求选择"其他"为提起劳动争议主要原因的，要注明具体是何种原因。通过对这项数据的整理发现，外来劳动力选择"其

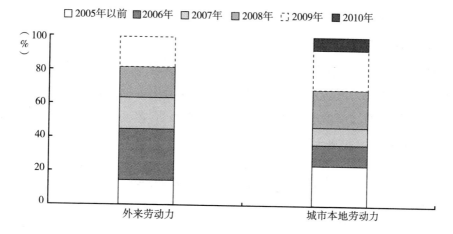

图 14-5　提起劳动争议的年份

注：由于六城市劳动力调查在 2010 年初进行，因此，调查中发生在 2010 年的劳动争议很少。

资料来源：根据 CULS3 计算得到。

他"为提起劳动争议主要原因的，全部注明为"工资拖欠"。对城市本地劳动力而言，除了"工资待遇"外，选择"工作时间"和"终止劳动合同"为提起劳动争议主要原因的劳动力比例也较高，分别为 17.1% 和 17.9%。

表 14-1　提起劳动争议的主要原因

单位：%

指标	外来劳动力	城市本地劳动力
工资待遇	48.6	43.0
社会福利	1.7	2.6
工作时间	0.0	17.1
劳动安全	14.8	7.0
变更劳动合同	0.0	3.8
终止劳动合同	0.6	17.9
其他	34.4	8.5
合　计	100	100

资料来源：根据 CULS3 计算得到。

3. 劳动争议的解决情况

外来劳动力和城市本地劳动力中，在最近一次提起劳动争议时，寻求了解决措施的比例分别为 75% 和 59%，外来劳动力寻求了解决措施的比例更高。从劳动争议解决的最终结果看，在寻求了解决措施的外来劳动力中，67% 的劳动力称劳动争议"完全解决"，另有 24.8% 称劳动争议"部分解决"。也就是说，超过 90% 的外来劳动力称劳动争议"完全解决"或"部分解决"。在寻求了解决措施的城市本地劳动力中，超过一半（56.5%）的劳动力称劳动争议"没有解决"（见表 14-2）。

表 14-2　劳动争议解决的最终结果

单位：%

选项	外来劳动力	城市本地劳动力
完全解决	67.0	15.4
部分解决	24.8	11.7
解决但未执行	1.0	12.4
没有解决	7.2	56.5
其他	0.0	4.1
合　计	100	100

资料来源：根据 CULS3 计算得到。

4. 满意度调查结果

在外来劳动力中，17.7% 的劳动力称对劳动争议的解决结果"非常满意"，53.9% 的劳动力称对劳动争议的解决结果"满意"（见表 14-3）。在城市本地劳动力中，23% 的劳动力称对劳动争议的解决结果"不太满意"，40.4% 的劳动力称对劳动争议的解决结果"非常不满意"。外来劳动力的满意程度得分为 2.2，城市本地劳动力为 2.9。总体而言，外来劳动力对劳动争议解决结果的满意程度更高。

在曾经提起过劳动争议并寻求了解决措施，而且对劳动争议解决结果"不太满意"或"非常不满意"的外来劳动力中，将近 60% 的劳动力称，不满意的最重要原因是"花了太多时间"。在城市本地劳动力中，43.2% 的劳动力称不满意的最重要原因是"花了太多时间"，23.1% 的劳动力称不满意的最重要原因是"仲裁过程不公平"。总体而言，对外来劳动力和城市本地劳动力来说，"花了太多时间"都是不满意的最重要原因。

表 14 - 3　对劳动争议解决结果的满意程度

单位：%

选项	外来劳动力	城市本地劳动力
非常满意	17.7	15.4
满意	53.9	21.3
不太满意	21.9	23.0
非常不满意	6.5	40.4
满意程度得分	2.2	2.9
合　计	100	100

注：满意程度得分按照以下方式计算：将"非常满意"赋值为1，"满意"赋值为2，"不太满意"赋值为3，"非常不满意"赋值为4，计算均值。

资料来源：根据 CULS3 计算得到。

表 14 - 4　不满意的最重要原因

单位：%

选项	外来劳动力	城市本地劳动力
花了太多时间	58.0	43.2
仲裁过程不公平	12.7	23.1
结果没有被执行	9.5	13.0
其他	19.9	20.8
合　计	100	100

资料来源：根据 CULS3 计算得到。

5. 提起过与未提起过劳动争议的劳动力特征比较

表 14 - 5 列出了提起过与未提起过劳动争议的劳动力的一些基本特征。从外来劳动力的情况看，提起过劳动争议的劳动力的女性比例，与未提起过劳动争议的劳动力几乎没有差别；提起过劳动争议的劳动力中，处于较低年龄段的劳动力比例，高于未提起过的劳动力；提起过劳动争议的劳动力中，具有较高受教育水平的劳动力比例，高于未提起过的劳动力。城市本地劳动力的状况与外来劳动力非常类似。

（三）劳资冲突群体性事件的发展态势

以上两个小节分别利用宏观数据和微观调查数据描述了中国当前劳动争议

表 14 – 5　提起过与未提起过劳动争议的劳动力基本特征比较

单位：%

变　量	外来劳动力		城市本地劳动力	
	提起过 劳动争议	未提起过 劳动争议	提起过 劳动争议	未提起过 劳动争议
性别				
女性	50.56	51.00	48.01	52.57
年龄				
16～30 岁	49.91	39.14	23.59	12.28
31～40 岁	32.96	34.89	21.33	21.27
41～50 岁	10.26	19.38	30.84	31.01
51～60 岁	6.87	6.58	24.24	35.43
受教育水平				
小学及以下	0.00	10.86	0.00	7.39
初中	33.19	42.49	13.69	28.80
高中或中专	31.76	27.03	43.88	38.23
大专及以上	35.05	19.62	42.43	25.59

资料来源：根据 CULS3 计算得到。

的发展情况，在本节中，我们将进一步分析中国劳资冲突群体性事件的发展情况。目前，中国官方对劳资冲突群体性事件并没有权威的数据发布。本研究所用数据均来自中国社会科学院群体性事件数据库。进入 21 世纪以来，中国群体性事件数量一直在急剧增长，如何理解和应对群体性事件，引起中央领导、党政各级相关部门及社会各界前所未有的高度关注。在这样的现实背景下，中国社会科学院建立了这一数据库。这一数据库迄今收集了超过 900 件群体性事件，事件的起因众多，包括劳资纠纷、医患纠纷、环保和资源矛盾，以及征地和拆迁等。本文主要分析数据中劳资冲突引发的群体性事件，共计 279 件（以下简称为"群体性事件数据库"）。

1. 劳资冲突群体性事件数量出现大幅增加

根据中国社会科学院群体性事件数据库的不完全统计，2008 年后中国由劳资冲突引发的群体性事件出现了大幅的增长，并且呈现上升趋势（见图 14 – 6）。正是这部分由工人自发组织的群体性事件，揭示出现行劳资关系治理机制存在严重的问题，需要积极应对。

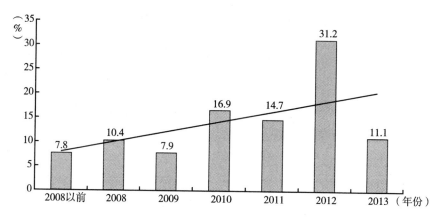

图 14 - 6　劳资冲突群体性事件发生时间分布

资料来源：根据中国社会科学院群体性事件数据库数据计算得到。

2. 劳资冲突群体性事件规模呈现升级扩大趋势

从参与群体的规模上看，41.2% 的事件参与群体规模达到了数百人，另有 36.9% 的事件规模达到了千人，规模在百人以下的事件仅占 14.3%（见图 14 - 7）。而且，观察近期爆发的一些群体性事件，涉及一些大型制造企业和国际大品牌的案例较多，参与群体规模达到万人以上。

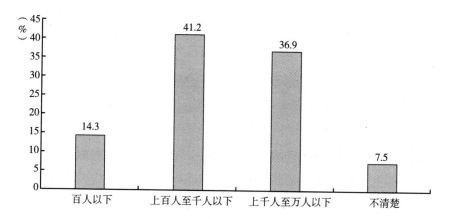

图 14 - 7　劳资冲突群体性事件的规模

资料来源：根据中国社会科学院群体性事件数据库数据计算得到。

3. 经济权益矛盾是引发劳资冲突群体性事件的主要原因

调查数据显示，接近 85% 的劳资冲突群体性事件是由经济权益矛盾引发的，具体原因包括企业工资或福利待遇过低、雇主拖欠工资以及企业在关闭、搬迁和裁员时的经济补偿方案未满足工人需求等问题。另有15%的事件由其他因素引发，其中原因包括企业改制、劳动合同签订、工作时间及环境等（见图14 - 8）。

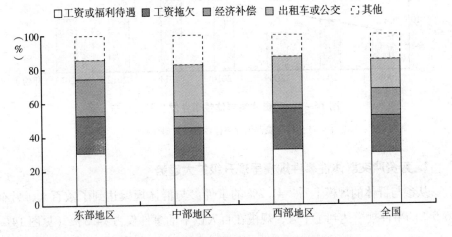

图14 - 8　劳资冲突群体性事件的起因

资料来源：根据中国社会科学院群体性事件数据库数据计算得到。

4. 群体性事件较多发生在东部经济发达地区的外资、港澳台资及民营企业

从事件发生的地区分布来看，68%的事件发生在东部地区，中部和西部地区所占比例接近，都在16%左右。而在东部地区，又以发生在广东省的事件数量最多，占到东部地区总量的65%（见图14 - 9）。

目前劳资冲突群体性事件较多发生在东部地区主要是受到区域经济环境（工资水平高于中西部地区，流动人口多）以及产业结构的影响（劳动密集型产业较集中），随着东部地区的产业升级和面向中西部地区进行产业转移，劳资冲突事件的发生将会逐步向中西部地区扩散。从全国情况来看，超过六成的事件发生在外资和港澳台资企业以及民营企业，其中34%的事件发生在外资和港澳台资企业，另有30%的事件发生在民营企业。而在东部地区，这两类事件占比则接近80%，其中外资和港澳台资企业占45%，民营企业占33%（见图14 - 10）。

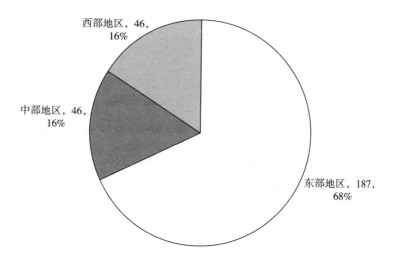

图 14 – 9　劳资冲突群体性事件的地区分布

注：东部地区包括辽宁省、北京市、天津市、河北省、山东省、江苏省、上海市、浙江省、福建省、广东省和海南省；中部地区包括黑龙江省、吉林省、山西省、河南省、湖北省、湖南省、安徽省和江西省；西部地区包括内蒙古自治区、陕西省、甘肃省、青海省、宁夏回族自治区、新疆维吾尔自治区、重庆市、四川省、贵州省、云南省和广西壮族自治区。

资料来源：根据中国社会科学院群体性事件数据库数据计算得到。

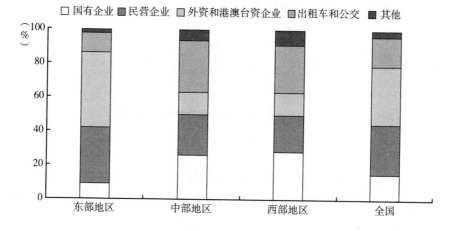

图 14 – 10　劳资冲突群体性事件参与主体的所有制分布

资料来源：根据中国社会科学院群体性事件数据库数据计算得到。

5. 当前中国劳资冲突群体性事件的治理主要以行政化手段为主

当前中国劳资冲突群体性事件的发生以工人自发组织为主，而治理措施主要以行政化手段为主。从事件的组织方式来看，工会极少参与到事前的组织、培训和法律宣讲阶段，大部分事件都是由工人自发组织，或者有部分劳工非政府组织参与，劳资冲突呈现出非正规化的特征，具有极大的突发性。从事件的治理方式来看，接近70%的事件是通过出动公安民警、武警部队或者地方政府领导、职能部门领导出面调解。仅有不到5%的事件是由企业负责人出面调解，或通过劳资双方谈判解决（见图14–11）。

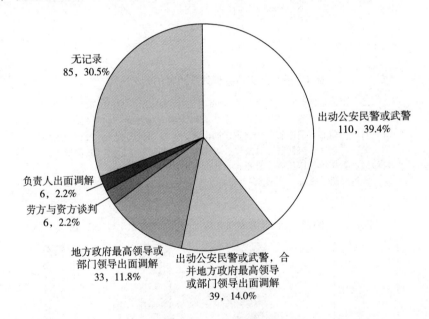

图14–11 劳资冲突群体性事件的处理方式

资料来源：根据中国社会科学院群体性事件数据库数据计算得到。

由此可见，中国当前针对劳资冲突群体性事件处理方式的特点是以政府为主导，运用行政力量介入劳资矛盾。行政化的治理手段优点在于能够集中资源，快速控制事件的扩散和恶化。但其缺点在于，将原本属于企业内部的劳资矛盾，转嫁到了政府，形成了一个潜在的逻辑，即工人需要通过群体性事件来迫使政府出面，以解决企业雇主的问题。而且在问题解决过程中动用公安民警和武警的力量，更有激化矛盾的隐患。

三 劳资关系状况变化的原因和问题

通过以上章节的分析，我们可以看到，2008 年后中国出现了劳资争议案件数和劳资冲突群体性事件的大幅增加。导致这种变化的主要其原因来自两个方面：其一是内外部经济环境因素的变化，其二是我国现行劳资关系治理的制度体系存在问题。

（一）内外部经济环境的变化

1. 经济环境的波动

经济环境的波动主要是来自两个方面。第一，在经济全球化背景下，全球经济波动造成部分在中国的跨国企业赢利能力下降，企业倒闭、裁员、搬迁、并购等活动数量增加。并且在企业关停并转过程中，对工人的信息披露不足，员工安置计划未事先与工人沟通并取得工人同意，由此造成工人的不满，激发群体性事件。第二，是我国近几年来经济发展速度开始放缓，并且在全国范围内展开了大规模的产业结构调整。在经济发展速度减缓的背景下，大部分制造型企业生产利润进一步被压缩，企业主控制成本的意愿更加强烈，导致工人待遇提高较慢。同时，在产业结构调整过程中，也存在大量摩擦性失业问题，面临失业威胁的工人需要积极表达自己的诉求。就是在这样的经济背景下，工人为谋求自己的工作稳定和待遇提高，产业行动开始变得频繁。

2. 企业经营中的不当行为

在过去几十年里，部分外资和港澳台资企业在经营过程中存在用工标准不达标的违法现象，如对工人社保的不足额缴纳、加班工资的扣减等。且大部分外资和港澳台资的制造型企业多采取低成本竞争策略，在企业内部采取苛刻的绩效管理方式，变相压迫工人。这些企业经营过程中的违法行为和粗暴的管理行为日益积累，当工人自身的法律维权意识增强后（尤其是在 2008 年《劳动合同法》和《劳动争议调解仲裁法》颁布后），极易引发群体性事件。

3. 劳动力供求关系出现结构性短缺以及产业工人群体的形成

从 2003 年开始，中国东部沿海地区即出现了"民工荒"现象，造成这一现象的原因就是中国劳动年龄人口开始出现下降趋势，局部地区出现了结构性的劳动力短缺。此外，劳动力市场就业结构出现了明显的非农化趋势和雇员化趋势，越来越多的人依靠工资收入维持生活，这就使得劳资关系中的主要参与者——产业工人群体已经形成。产业工人群体具有较为相同的利益诉求，如果不加以疏导和规范，这种利益诉求就会以工人自发组织的形式表达，即表现为群体性事件的爆发。

4. 农民工的工资标准及享受的社会福利过低

中国城镇劳动力市场中，农民工群体数量达到2.7亿人，这部分农民工构成了产业工人群体的主要组成部分。尽管近年来农民工工资出现较大幅度的增长，然而到2013年农民工群体的平均月工资仍然仅为2609元，远远低于城镇就业人员。同时，农民工群体在福利待遇、劳动合同签订、享受同等的社会保护和公共服务等方面都处于弱势地位。这种境遇也导致农民工群体的主观抗争性增强。

（二）中国劳资关系运行中的制度问题

如果说以上内外部经济环境的变化是触发劳资冲突群体性事件的诱因，那么由于中国现行劳资关系治理模式存在问题，则直接导致群体性事件无法得到有效的预防和控制，甚至有时会激化矛盾，将小问题引发为大问题。具体而言，当前中国劳资关系治理模式存在以下几点问题。

1. 在国家层面缺乏纲领性的劳工政策指导

劳工政策在宏观经济政策的制定过程中被重视程度不足。这就导致在经济快速发展的过程中，社会收入分配出现严重不均，社会保障政策严重滞后，形成了中国强资本弱劳工的格局。这种格局势必是不可持续的，不利于经济的长期稳定发展。而打破这种格局的方式，只有国家制度或者政策上的创新，又或者是工人自发组织进行抗争。在当前国家劳工政策滞后的情况下，工人自身的抗争性增强。

2. 工会的组织和代表职能缺位

由于中国工会的政治属性，工会在组织策略和代表策略的选择上，都要服从国家和各级政府领导。在过去30年里，工会缺乏国家劳工政策的指导，而是在以经济发展为中心的经济政策指导下来代表工人利益。这就使得真正由工会代表工人进行经济权益博弈的案例，极为少见。而且在基层企业工会组织过程中，工会领导人往往都是由企业管理层任命或者是由企业管理人员直接担任，缺乏民主选举过程，也缺乏工人的信任。这就导致当前大部分群体性事件都是工人自发组织，游离于工会体系之外，体现出典型的非正规化特征。因此缺乏事先预警，事后的控制难度也较大。

3. 缺乏针对劳资关系治理的制度设计和一般性处理原则及标准，尤其缺乏集体劳资关系制度

在实践操作中，处理方式多以地方政府的意见为转移。现行的劳资关系治理机制，如劳资关系三方机制、集体协商制度、集体合同制度、集体劳动争议处理机制和劳动监察制度等都因为缺乏立法支持、工会组织和代表职能缺位、缺乏统一的劳资关系治理原则和操作标准等而难以有效运行，且各地方政府在领导重视程度、人力资源配置、执法人员素质等因素上都不尽相同，使得全国各地方在劳资关系治理体系上差异性较大，不利于保持全局的稳定性和一致性。

4. 劳工非政府组织的作用具有双面性

中国工会在组织职能和代表职能上缺位，而工人群体的诉求又需要有效的表达渠道，这就导致在东部发达地区中出现了数量较多的劳工非政府组织，这些组织承担了工人群体性事件中的组织、培训、参与谈判以及维权等工作。可以说，劳工非政府组织一方面在劳资冲突群体性事件中起到了引导工人合理维权的作用，而另一方面劳工非政府组织的存在也进一步激发和增强了工人进行集体维权的斗争性。

（三）劳动合同法的实施和影响

很多学者也都观察到，2000 年以来，中国劳动争议的数量逐年上升，并在 2008 年出现了剧烈的爆发。在解释这一现象时，大多数学者注意到了 2008 年劳动力市场法律法规的颁布（如《劳动合同法》《劳动争议调解仲裁法》等）、2008 年金融危机不断深化的影响以及新生代农民工更加积极的维权意识（程延园、王甫希，2013；郭金兴、王庆芳，2014；乔健，2011；全国总工会课题组，2010）。在本节中，我们主要针对《劳动合同法》的实施情况和影响进行分析。

1. 调查数据说明

主要是使用三轮中国城市劳动力调查数据（简称 CULS1、CULS2 和 CULS3）进行分析。这三轮调查分别于 2001 年、2005 年和 2009 年进行。2001 年底，中国社会科学院人口与劳动经济研究所在上海、武汉、沈阳、福州和西安五个城市，进行了劳动力调查，2002 年底又进行了补充调查（简称 CULS1）。在每个城市，调查根据分阶段随机抽样原则，抽取了 70 个社区的 700 户城市家庭，填写了家庭情况问卷和所有 16 岁以上不在学的家庭成员问卷。在每个城市，调查同样按照分阶段随机抽样的原则，还抽取了 600 个农村进城的打工者，填写了劳动力问卷。本调查中包含丰富的关于劳动力的人力资本特征、就业、工资以及各种福利待遇等方面的信息。

2005 年，中国社会科学院人口与劳动经济研究所在上海、武汉、沈阳、福州和西安五个城市，以及另外的 7 个城市（无锡、宜昌、本溪、珠海、深圳、宝鸡、大庆），再次进行了劳动力调查（简称 CULS2）。在上海、武汉、沈阳、福州和西安五个城市，调查根据分阶段随机抽样原则，各抽取了 500 户城市家庭和 500 户外来家庭。在其他 7 个城市，调查各抽取了 400 户外来家庭。问卷中不仅包括家庭信息，还包括家庭中所有个人的信息，内容与 2001 年调查非常类似。根据研究需要，我们将只使用 2005 年调查中上海、武汉、沈阳、福州和西安五个城市的数据，以便于与 2001 年进行比较。CULS3 在前文中已有介绍，在此不再重复。根据研究需要，我们将只使用上海、武汉、沈阳、福州和西安五个城市的数据，以便于与 2001 年和 2005 年的数据进行比较。

2.《劳动合同法》的认知状况

在 CULS3 中，针对《劳动合同法》的条款，提出了一些问题（一共六题），给出了若干选项，请劳动力选出正确的选项。表 14 - 6 的前五行，给出了外来劳动力和城市本地劳动力对这些问题选出正确选项的比例。外来劳动力对六个问题给出正确选项的比例，与城市本地劳动力相差都不大。例如，对"您认为被雇用后，雇主是否应该与您签订劳动合同"，外来劳动力中，

89.48%的劳动力给出了正确选项，认为被雇用后雇主应该与其签订劳动合同；城市本地劳动力中，95.34%的劳动力给出了正确选项。对"您认为从雇用算起，雇主多长时间内应与您签订劳动合同"，外来劳动力中，43.55%的劳动力给出了正确选项，认为是一个月；城市本地劳动力中，38.45%的劳动力给出了正确选项。总体来看，两类劳动力对《劳动合同法》的认知状况较为接近。

表 14-6　劳动力对《劳动合同法》的认知状况

单位：%

问题	外来劳动力	城市本地劳动力
Q1. 您认为被雇用后，雇主是否应该与您签订劳动合同？（正确答案：是）	89.48	95.34
Q2. 您认为从雇用算起，雇主多长时间内应与您签订劳动合同？（正确答案：一个月）	43.55	38.45
Q3. 您认为在第一年工作期间，如果雇主未在规定时间内与您签劳动合同，是否应该每月支付二倍工资？（正确答案：是）	73.26	78.49
Q4. 您认为在一年期限的劳动合同中，试用期应不长于？（正确答案：两个月）	23.75	22.04
Q5. 您认为如果个人违反企业规章制度，企业能否解除劳动合同？（正确答案：能）	73.60	70.19
Q6. 您认为如果您满足规定条件，向雇主提出签无固定期限合同，雇主是否应该同意？（正确答案：是）	67.76	70.17
平均认知分值	3.69 分	3.73 分

注：该表分析的是 16~60 岁劳动力的状况。
资料来源：根据 CULS3 计算得到。

表 14-6 的最后一行，给出了平均认知分值[①]。从两类劳动力认知分值的绝对值看，3.69 分和 3.73 分意味着，对这六个问题，外来劳动力与城市本地劳动力分别平均能够对将近四个问题，给出正确选项。同时，两类劳动力的平

① 认知分值的计算方法是，针对每个问题，给出正确选项得 1 分，未给出正确选项得零分，得分加总后，就可以得出每个劳动力对这六个问题的认知分值。显然，满分为 6 分，最低为零分。在得到每个劳动力的认知分值后，就可以计算所有劳动力的平均认知分值。

均认知分值差异很小。这个指标进一步反映了两类劳动力对《劳动合同法》认知状况的接近。

分城市看，对有关《劳动合同法》条款问题的回答，不同城市的劳动力存在一些差异（见表14-7）。例如，对"您认为被雇用后，雇主是否应该与您签订劳动合同？"这一问题，在上海，94.62%的外来劳动力给出了正确的选项，认为被雇用后雇主应该与其签订劳动合同。但在武汉，却只有72.6%的外来劳动力，对这一问题给出了正确的选项。对"您认为在一年期限的劳动合同中，试用期应不长于？"这一问题，在武汉，31.6%的外来劳动力给出了正确的选项，认为是两个月。但在福州，却只有13.8%的外来劳动力，对这一问题给出了正确的选项。

表14-7　分城市劳动力对《劳动合同法》的认知状况

	Q1	Q2	Q3	Q4	Q5	Q6	平均认知分值
外来劳动力							
上　海	94.62	39.08	77.92	25.85	78.29	53.65	3.68
武　汉	72.60	41.03	69.76	31.60	65.08	73.65	3.52
沈　阳	77.26	30.75	59.03	18.57	76.72	71.19	3.33
福　州	92.76	45.10	79.76	13.80	59.31	75.83	3.65
西　安	91.85	39.44	68.53	20.41	73.16	73.46	3.66
广　州	89.31	49.11	71.08	23.86	74.72	74.54	3.78
合　计	89.48	43.55	73.26	23.75	73.60	67.76	3.69
城市本地劳动力							
上　海	99.24	31.50	88.24	22.50	75.59	61.98	3.77
武　汉	91.68	39.53	66.07	27.06	61.37	75.28	3.60
沈　阳	89.33	35.01	73.14	17.14	73.37	70.61	3.57
福　州	94.48	45.52	72.45	17.85	51.80	78.69	3.60
西　安	94.22	42.27	78.66	18.17	70.42	76.99	3.80
广　州	96.18	51.16	76.23	24.53	75.67	73.04	3.94
合　计	95.34	38.45	78.49	22.04	70.19	70.17	3.73

注：该表分析的是16~60岁劳动力的状况。
资料来源：根据CULS3计算得到。

但是，从对所有问题的平均认知分值看，不同城市的劳动力存在的差异并不大。从外来劳动力的情况看，六个城市外来劳动力的平均认知分值，都在

3.3 分以上。平均认知分值最高的为广州市，为 3.78 分；最低的为沈阳市，为 3.33 分。从城市本地劳动力的情况看，六个城市本地劳动力的平均认知分值，都在 3.5 分以上。平均认知分值最高的依然为广州市，为 3.94 分；最低的依然为沈阳市，为 3.57 分。不论外来劳动力还是城市本地劳动力，相对而言，广州市劳动力对《劳动合同法》的认知状况好一些，沈阳市劳动力对《劳动合同法》的认知状况略差一些。

我们感兴趣的是，劳动力对《劳动合同法》条款的认知水平，与哪些因素相关。为此，我们将劳动力的认知分值进行标准化，得到认知分值的 Z 值，使用最小二乘法估计了回归模型，讨论影响劳动力对《劳动合同法》认知水平的因素。模型的因变量为劳动力对《劳动合同法》认知分值的 Z 值，自变量包括劳动力的个人特征变量（包括性别、年龄和受教育水平）和工作特征变量（包括是否签订劳动合同、工作单位所有制、工作行业、单位规模），以及城市虚拟变量（见表 14-8）。模型的估计式如下：

$$zscore = \beta_0 + \beta_1 female + \beta_2 age + \beta_3 edu + \beta_4 contract +$$
$$\beta_5 ownership + \beta_6 sector + \beta_7 firmsize + \beta_8 city + \varepsilon \qquad (14-1)$$

其中，$zscore$ 为劳动力对《劳动合同法》条款认知分值的标准化 Z 值，$female$ 为女性虚拟变量，age 为一组年龄组虚拟变量，edu 为一组受教育水平虚拟变量，$contract$ 为签订劳动合同虚拟变量，$ownership$ 为一组所有制虚拟变量，$sector$ 为一组行业虚拟变量，$firmsize$ 为一组单位规模虚拟变量，$city$ 为一组城市虚拟变量，ε 为随机误差项。

表 14-8 模型中使用的变量解释

变量名称	变量类型	变量定义
因变量		
劳动力对《劳动合同法》认知分值的 Z 值	连续变量	劳动力对《劳动合同法》认知分值标准化后得到的 Z 值
自变量		
女性	虚拟变量	女性 =1 男性 =0
31～40 岁	虚拟变量	31～40 岁 =1 16～30 岁 =0
41～50 岁	虚拟变量	41～50 岁 =1 16～30 岁 =0

续表

变量名称	变量类型	变量定义
51~60岁	虚拟变量	51~60岁=1　16~30岁=0
初中	虚拟变量	初中=1　小学及以下=0
高中或中专	虚拟变量	高中或中专=1　小学及以下=0
大专及以上	虚拟变量	大专及以上=1　小学及以下=0
签订劳动合同	虚拟变量	签订劳动合同=1　未签订劳动合同=0
国有企业	虚拟变量	国有企业=1　机关事业单位=0
集体企业	虚拟变量	集体企业=1　机关事业单位=0
私营企业和个体	虚拟变量	私营企业和个体=1　机关事业单位=0
外资合资企业	虚拟变量	外资合资企业=1　机关事业单位=0
其他二产	虚拟变量	其他二产=1　制造业=0
批发零售住宿餐饮业	虚拟变量	批发零售住宿餐饮业=1　制造业=0
租赁商务居民服务及其他服务业	虚拟变量	租赁商务居民服务及其他服务业=1　制造业=0
其他三产	虚拟变量	其他三产=1　制造业=0
单位规模2~7人	虚拟变量	单位规模2~7人=1　单位规模1人=0
单位规模8~19人	虚拟变量	单位规模8~19人=1　单位规模1人=0
单位规模20人以上	虚拟变量	单位规模20人以上=1　单位规模1人=0
武汉	虚拟变量	武汉=1　上海=0
沈阳	虚拟变量	沈阳=1　上海=0
福州	虚拟变量	福州=1　上海=0
西安	虚拟变量	西安=1　上海=0
广州	虚拟变量	广州=1　上海=0

注：其他二产是指除制造业以外的其他第二产业，包括采矿业，电力、燃气及水的生产和供应业和建筑业；其他三产是指除批发和零售业、住宿和餐饮业、租赁和商务服务业及居民服务和其他服务业以外的其他第三产业，包括交通运输、仓储和邮政业，信息传输、计算机服务和软件业，金融业，房地产业，科学研究、技术服务和地质勘查业，水利、环境和公共设施管理业，教育、卫生、社会保障和社会福利业，文化、体育和娱乐业，公共管理与社会组织和国际组织。

　　模型估计结果见表14－9。对外来劳动力和城市本地劳动力，我们分别估计了三个模型。模型（1）中只加入了劳动力的个人特征，模型（2）在加入了劳动力个人特征的基础上，又加入了劳动力的工作特征变量。模型（3）中也只加入了劳动力的个人特征，其与模型（1）的区别是，所使用的样本与模型（2）相同，以便将回归结果与模型（2）进行比较。

表 14-9 劳动力对《劳动合同法》认知分值 Z 值的
回归方程（最小二乘法）

来源	外来劳动力			城市本地劳动力		
模型	（1）	（2）	（3）	（1）	（2）	（3）
男 性						
女 性	0.0230	0.0078	0.0096	-0.0394	-0.0451	-0.0512
16～30 岁						
31～40 岁	0.0204	0.0346	0.0190	-0.0509	-0.0349	-0.0446
41～50 岁	-0.0068	0.0124	-0.0126	-0.0436	-0.0282	-0.0391
51～60 岁	-0.0170	-0.0308	-0.0663	0.0001	-0.0136	-0.0324
小学及以下						
初中	0.0874	0.0667	0.0738	-0.0977	-0.0975	-0.0896
高中或中专	0.0984 *	0.0377	0.0787	-0.0234	-0.0665	-0.0411
大专及以上	0.3070 ***	0.2014 ***	0.3064 ***	0.0305	-0.0252	0.006
未签订劳动合同						
签订劳动合同		0.0962 **			0.1476 ***	
机关事业单位						
国有企业		0.2017 **			0.1097 **	
集体企业		-0.1133			-0.0480	
私营企业和个体		0.1857 **			0.0934	
外资合资企业		0.1577			0.1602 **	
制造业						
其他二产		-0.0653			-0.0206	
批发零售住宿餐饮业		0.0529			-0.0558	
租赁商务居民服务及其他服务业		0.0354			-0.0256	
其他三产		0.1052			-0.0268	
单位规模 1 人						
单位规模 2～7 人		-0.2362 ***			-0.1083	
单位规模 8～19 人		-0.0347			-0.0680	
单位规模 20 人以上		-0.0481			-0.1429	
城市虚拟变量	省略	省略	省略	省略	省略	省略
常数项	-0.2302 ***	-0.3149 **	-0.1966 ***	0.1211	0.074	0.1158
观察值个数	4939	4328	4328	5090	3264	3264
Pseudo R^2	0.016	0.030	0.020	0.015	0.014	0.011

注：①为简便起见，城市虚拟变量的估计结果在此省略；②*** 表示在 1% 水平上显著；** 表示在 5% 水平上显著；* 表示在 10% 水平上显著。

资料来源：根据 CULS3 计算得到。

自变量对劳动力认知分值的影响，在外来劳动力和城市本地劳动力之间非常类似。不论外来劳动力还是城市本地劳动力，性别和年龄对认知分值都没有影响。对外来劳动力而言，与受过小学及以下教育的劳动力相比，受过大专及以上教育的人，对《劳动合同法》的认知水平更高。不论外来劳动力还是城市本地劳动力，与未签订劳动合同的劳动力相比，签订了劳动合同的劳动力，其对《劳动合同法》的认知水平更高；国有企业的劳动力，对《劳动合同法》的认知水平也更高。行业和单位规模，对认知水平没有太大影响。

3.《劳动合同法》的实施效果和执行状况

近年来，中国城市劳动力市场上就业的非正规化趋势表现得比较明显，这其中，劳资双方不能落实劳动合同是一个主要的原因。我们来看劳动力的劳动合同签订率发生的变化。表14－10给出了三个年份中，外来劳动力和城市本地劳动力签订和未签订劳动合同的比例。从该表中，主要能够总结出两点：第一，不论对外来劳动力而言，还是对城市本地劳动力而言，签订了劳动合同的劳动力的比例，都在稳步提高。对外来劳动力而言，2001年，仅有14.77%的劳动力签订了劳动合同。2010年，这一比例提高到25.69%。对城市本地劳动力而言，2001年，48.36%的劳动力签订了劳动合同。2005年，这一比例提高到59.69%，2010年进一步提高到64.57%。可以说，2008年《劳动合同法》开始实施后，签订了劳动合同的劳动力比例有了较大幅度的提高，对外来劳动力而言尤其如此。

表14－10　签订和未签订劳动合同的劳动力比例

来源	外来劳动力		城市本地劳动力	
指标	签订合同	未签订合同	签订合同	未签订合同
2001年	14.77	85.23	48.36	51.64
2005年	11.94	88.06	59.69	40.31
2010年	25.69	74.31	64.57	35.43

注：①本表考察的是16～60岁的劳动力签订劳动合同的状况。②为了将三轮调查数据的结果进行比较，我们只讨论上海、武汉、沈阳、福州和西安五个城市的状况。③自我雇用者被视为未签订劳动合同。

资料来源：根据CULS1、CULS2和CULS3计算得到。

第二，签订了劳动合同的外来劳动力比例，远低于城市劳动力，这在每个年份中都是如此。2001 年，外来劳动力中签订了劳动合同的比例为 14.77%，城市本地劳动力的这一比例为 48.36%，两类劳动力相差 33.59 个百分点；2005 年，两类劳动力签订劳动合同的比例相差 47.75 个百分点；2010 年，两类劳动力签订劳动合同的比例相差 38.88 个百分点。

按照《劳动合同法》，劳动合同分为以下几类：固定期限劳动合同、无固定期限劳动合同、以完成一定工作任务为期限的劳动合同，以及劳务派遣合同。在 CULS3 中询问了劳动力所签订的劳动合同的类型，使我们得以分析外来劳动力和城市本地劳动力所签订的劳动合同的类型是否存在差异（见表 14 –11）。

表 14 –11 签订不同类型劳动合同的劳动力比例

来源	外来劳动力	城市本地劳动力
固定期限劳动合同	75.36	53.48
无固定期限劳动合同	19.93	44.58
以完成一定工作任务为期限的劳动合同	3.11	1.49
劳务派遣合同	1.60	0.45
合 计	100	100

注：①本表考察的是 16～60 岁的劳动力所签订劳动合同的类型。②本表讨论的是上海、武汉、沈阳、福州和西安五个城市的状况。

资料来源：根据 CULS3 计算得到。

对外来劳动力而言，3/4 的劳动力签订的是固定期限劳动合同，19.93% 的劳动力签订的是无固定期限劳动合同，签订这两类劳动合同的劳动力的比例合起来，达到 95.29%；对城市本地劳动力而言，53.48% 的劳动力签订的是固定期限劳动合同，44.58% 的劳动力签订的是无固定期限劳动合同，签订这两类劳动合同的劳动力的比例合起来，达到 98.06%。

也就是说，对外来劳动力和城市本地劳动力而言，绝大多数劳动力签订的合同，或者是固定期限劳动合同，或者是无固定期限劳动合同。但是，两类劳动力存在的一个重要差异是，外来劳动力签订固定期限劳动合同的比例，高出城市本地劳动力 21.88 个百分点；城市本地劳动力签订无固定期限劳动合同的比例，高出外来劳动力 24.65 个百分点。

对外来劳动力而言，签订以完成一定工作任务为期限的劳动合同和劳务派遣合同的劳动力，比例分别仅为3.11%和1.6%。对城市本地劳动力而言，签订以完成一定工作任务为期限的劳动合同和劳务派遣合同的劳动力，比例分别仅为1.49%和0.45%。两类劳动力中，签订以完成一定工作任务为期限的劳动合同和劳务派遣合同的比例，都是很低的。

从所签订的劳动合同的期限看，对外来劳动力而言，21.64%的劳动力签订的是一年及以下的劳动合同，一半的外来劳动力签订的是一到三年的劳动合同，28.41%的劳动力签订的是三年及以上的劳动合同；对城市本地劳动力而言，仅有8.05%的劳动力签订的是一年及以下的劳动合同，27.34%的劳动力签订的是一到三年的劳动合同，64.61%的劳动力签订的是三年及以上的劳动合同（见表14-12）。

表14-12 签订不同期限劳动合同的劳动力比例

单位：%

时间段	外来劳动力	城市本地劳动力
一年及以下	21.64	8.05
一到三年	49.95	27.34
三年及以上	28.41	64.61
合　计	100	100

注：①本表考察的是16~60岁的劳动力所签订劳动合同的类型。②本表讨论的是上海、武汉、沈阳、福州和西安五个城市的状况。③无固定期限劳动合同被视为"三年及以上"的劳动合同。

资料来源：根据CULS3计算得到。

外来劳动力与城市本地劳动力相比，外来劳动力签订较长期限劳动合同的比例相对较低，签订较短期限劳动合同的比例相对较高。在外来劳动力中，只有不到1/3的劳动力，签订的是三年及以上的劳动合同；在城市本地劳动力中，将近2/3的劳动力，签订的是三年及以上的劳动合同。在外来劳动力中，超过20%的劳动力，签订的是一年及以下的劳动合同；在城市本地劳动力中，仅有不到10%的劳动力，签订的是一年及以下的劳动合同。

签订劳动合同与未签订劳动合同的劳动力的工资，存在显著差异（见表14-13）。不论外来劳动力，还是城市本地劳动力，2001~2010年，签订了劳动合同的劳动力的工资，都明显高于未签订劳动合同的劳动力的工资。例如，2010 年，对外来劳动力而言，签订了劳动合同的劳动力的小时工资为 13.91 元，未签订劳动合同的劳动力的小时工资为 8.23 元，前者比后者高出 69%。

表 14 - 13　签订和未签订劳动合同的劳动力的小时工资

单位：元

来源	外来劳动力		城市本地劳动力	
指标	签订劳动合同	未签订劳动合同	签订劳动合同	未签订劳动合同
2001 年	4.71	3.82	6.13	4.96
2005 年	6.61	3.70	8.07	4.93
2010 年	13.91	8.23	14.40	8.82

注：①本表考察的是 16~60 岁的劳动力签订劳动合同的状况。②自我雇用者被视为未签订劳动合同。

资料来源：根据 CULS1、CULS2 和 CULS3 计算得到。

不论外来劳动力，还是城市本地劳动力，2001~2010 年，签订了劳动合同的劳动力的小时工资都有了显著提高。对外来劳动力而言，2001 年，签订了劳动合同的劳动力的小时工资为 4.71 元，2005 年提高到 6.61 元，2010 年进一步提高到 13.91 元。对城市本地劳动力而言，2001 年，签订了劳动合同的劳动力的小时工资为 6.13 元，2005 年提高到 8.07 元，2010 年进一步提高到 14.4 元。对两类劳动力而言，从 2005 年到 2010 年劳动力小时工资提高的幅度，都远高于从 2001 年到 2005 年。

对外来劳动力和城市本地劳动力而言，未签订劳动合同的劳动力的小时工资，2001~2005 年没有太大变化，2005~2010 年则有了显著提高。2010 年，未签订劳动合同的外来劳动力的小时工资提高到 8.23 元，未签订劳动合同的城市本地劳动力的小时工资提高到 8.82 元。

表 14 - 14 给出了外来劳动力和城市本地劳动力对其所在企业遵守《劳动合同法》状况的评价。外来劳动力对其所在企业遵守《劳动合同法》状况的评价为"很好"或"满意"的比例，为 56.09%。城市本地劳动力的这一比例为 56.42%。也就是说，不论外来劳动力还是城市本地劳动力，都有超过一

半的劳动力对他们所在的企业遵守《劳动合同法》的状况，认为"很好"或者"满意"，两类劳动力对其所在企业遵守《劳动合同法》状况的满意程度差异不大。

表 14 - 14　劳动力对其所在企业遵守《劳动合同法》状况的评价

单位：%

选项	很好	满意	一般	较差	很差
外来劳动力	8.46	47.63	37.86	5.21	0.84
城市本地劳动力	10.35	46.07	40.16	2.85	0.57

资料来源：根据 CULS3 计算得到。

我们感兴趣的是，劳动力对其所在企业遵守《劳动合同法》状况的评价，与哪些因素相关。为此，我们估计了有序概率对数模型（Ordered logit model），讨论影响劳动力对其所在企业遵守《劳动合同法》状况评价的因素。模型的因变量为劳动力对其所在企业遵守《劳动合同法》状况的评价，共分为五类：1 = 很好、2 = 满意、3 = 一般、4 = 较差、5 = 很差。自变量包括劳动力的个人特征变量（包括性别、年龄和受教育水平）和工作特征变量（包括是否签订劳动合同、工作所有制、工作行业、单位规模），以及城市虚拟变量。模型的估计式如下：

$$evaluation = \beta_0 + \beta_1 female + \beta_2 age + \beta_3 edu + \beta_4 contract +$$
$$\beta_5 ownership + \beta_6 sector + \beta_7 firmsize + \beta_8 city + \varepsilon$$

其中，$evaluation$ 为劳动力对其所在企业遵守《劳动合同法》状况的评价，$female$ 为女性虚拟变量，age 为一组年龄组虚拟变量，edu 为一组受教育水平虚拟变量，$contract$ 为签订劳动合同虚拟变量，$ownership$ 为一组所有制虚拟变量，$sector$ 为一组行业虚拟变量，$firmsize$ 为一组单位规模虚拟变量，$city$ 为一组城市虚拟变量，ε 为随机误差项。

模型估计结果见表 14 - 15。对外来劳动力和城市本地劳动力，我们分别估计了三个模型。模型（1）中只加入了劳动力的个人特征，模型（2）在加入了劳动力个人特征的基础上，又加入了劳动力的工作特征变量。模型（3）中也只加入了劳动力的个人特征，其与模型（1）的区别是，所使用的样本与模型（2）相同，以便将回归结果与模型（2）进行比较。

表 14－15　劳动力对其所在企业遵守《劳动合同法》状况的评价
回归方程（Ordered logit model）

来源	外来劳动力			城市本地劳动力		
模型	（1）	（2）	（3）	（1）	（2）	（3）
	odds ratio	odds ratio	odds ratio	odds ratio	odds ratio	odds ratio
男性						
女性	1.0837	1.1274 *	1.0982	1.0347	0.9792	1.0081
16～30 岁						
31～40 岁	1.0181	1.0289	1.0483	0.8585	0.8649	0.8676
41～50 岁	1.0693	1.0365	1.1016	0.8732	0.9193	0.9169
51～60 岁	1.0765	1.0782	1.1781	0.7841 **	0.8303	0.7892 *
小学及以下						
初中	0.9379	0.943	0.9118	0.8907	1.3349	1.2041
高中或中专	0.9321	1.0214	0.8995	0.7250 **	1.0984	0.8396
大专及以上	0.5649 ***	0.7332 **	0.5501 ***	0.3763 ***	0.8070	0.4953 ***
未签订劳动合同						
签订劳动合同		0.4845 ***			0.4908 ***	
机关事业单位						
国有企业		1.1312			1.1731	
集体企业		2.2935 ***			1.1674	
私营企业和个体		1.1595			1.2414 *	
外资合资企业		0.9179			0.9106	
制造业						
其他二产		1.5116 ***			0.9044	
批发零售住宿餐饮业		1.0463			0.9148	
租赁商务居民服务及其他服务业		1.3040 **			0.8135	
其他三产		1.2168			0.7921 **	
单位规模1人						
单位规模 2～7 人		1.0608			1.3305	
单位规模 8～19 人		1.2371			1.3240	
单位规模 20 人以上		1.2133			1.1547	
城市虚拟变量	省略	省略	省略	省略	省略	省略
N	4271	3857	3857	4442	3090	3090
Pseudo R^2	0.017	0.03	0.017	0.022	0.039	0.021

注：①为简便起见，城市虚拟变量的估计结果在此省略；②*** 表示在 1% 水平上显著；** 表示在 5% 水平上显著；* 表示在 10% 水平上显著。

资料来源：根据 CULS3 计算得到。

自变量对劳动力如何评价其所在企业遵守《劳动合同法》的状况的影响，在外来劳动力和城市本地劳动力之间非常类似。不论外来劳动力还是城市本地劳动力，性别和年龄对劳动力如何评价其所在企业遵守《劳动合同法》的状况，都没有影响。对外来劳动力和城市本地劳动力而言，与受过小学及以下教育的劳动力相比，受过大专及以上教育的人，对其所在企业遵守《劳动合同法》状况的评价更好。不论外来劳动力还是城市本地劳动力，签订了劳动合同的劳动力，对其所在企业遵守《劳动合同法》状况的评价更好。所有制、行业和单位规模，对劳动力如何评价其所在企业遵守《劳动合同法》的状况，没有太大影响。

4.《劳动合同法》 实施中出现的主要问题

以上分析利用不同来源的微观调查数据，对《劳动合同法》的实施状况进行了详细考察。分析表明，《劳动合同法》实施中，主要存在以下几点问题。

第一，劳动力对《劳动合同法》的认知度尚比较低。有关劳动力对《劳动合同法》认知度较低，尤其是对一些较为细致的条款认知度较低的问题，政府部门应该给予足够重视。一些用人单位为了节约劳动成本，常常规避《劳动合同法》的执行。提高劳动力对《劳动合同法》的认知度，也能提高劳动力运用法律武器，进行自我保护的能力。政府应加大力度宣传和普及《劳动合同法》，提高全社会对于该法的认知度。另外，对《劳动合同法》中当前社会上普遍关心的内容，应该有针对性地进行宣传解释。例如，《劳动合同法》最受关注的一个方面就是关于"无固定期限劳动合同"的规定。这样的规定有利于劳动者就业的稳定，然而也有人质疑，这样是否会导致"大锅饭""铁饭碗"现象重现，使员工"变懒"。如果说无固定期限劳动合同真的成了"终身雇用制"，那么上述担心的问题确实有可能出现。但是这个担心是不必要的，因为"无固定期限劳动合同"并非不可以解除的合同。类似的问题可以通过出台相关的法律文件来解决。

第二，仍然有相当比例的劳动力未与用人单位签订劳动合同。尽管《劳动合同法》实施以来，签订劳动合同的劳动力比例大幅度提高，但是，仍然有相当比例的劳动力未与用人单位签订劳动合同。CULS3 告诉我们，2010 年，仅有大约1/4 的外来劳动力，签订了劳动合同，城市本地劳动力签订劳动合同的比例大约为65%。未签订劳动合同，意味着劳动力的合法权益很难得到保障，劳动力的工资和福利待遇等，也受到很多影响。CULS3 也发现，签订了劳动合同的劳动力，其工资水平远高于未签订劳动合同的劳动力。由此看来，《劳动合同法》的贯彻执行，还需要进一步加强。对于《劳动合同法》，应该持坚决贯彻落实的态度，坚定不移地保护劳动雇用关系中双方的合法合理权益。要通过更加准确地界定本法有关条款的内涵，让这部法律在构建和谐劳动关系的过程中，真正起到保驾护航的权威作用。鉴于社会各界目前对于《劳动合同法》的反应比较强烈，《劳动合同法实施条例》等法律文件的出台，有助于更好地贯彻落实这部法律，消除不必要的担忧，进一步规范劳动力市场。

第三，外来劳动力与城市本地劳动力的劳动合同签订率差异较大。从劳动合同签订率看，外来劳动力与城市本地劳动力之间，仍然存在很大差异，而且这种差异持续存在。根据 CULS3，2001 年只有 14.77% 的外来劳动力签订了劳动合同，而城市本地劳动力有 48.36% 签订了劳动合同；2005 年，外来劳动力和城市本地劳动力签订劳动合同的比例，分别为 11.94% 和 59.69%，相差了 47.75 个百分点；2010 年，两类劳动力签订了劳动合同的比例，尽管都有了较大幅度提高，但仍然相差 38.88 个百分点。《劳动合同法》是适用于所有劳动者的，不应因劳动力的性别、身份或者所处地域等的不同，而在执行上存在任何差异。要减少和消除外来劳动力和城市本地劳动力在劳动合同签订率上的差异，除了更好地实施《劳动合同法》外，还需要进行彻底的户籍制度改革。但是，户籍制度改革过程中出现的一系列问题都告诉我们，户籍制度不是一个可以独立执行的政策，而是与一系列相关政策配套存在的（王美艳、蔡昉，2008）。为了保持制度之间的相互适应性和兼容性，改革也必然是一揽子的配套过程。把那些将户籍制度变为城乡分割手段的配套政策，首先与户口剥离开，进而彻底给予改革，把户籍制度变成仅仅是一种人口登记制度，使户籍制度行使通常意义上的基本职能，而不是用于识别"身份"。

四　发展趋势和政策建议

伴随着劳动力市场供求关系持续转变，工资上涨压力进一步加大，劳工群体的团结意识、法律维权意识和对自身经济权益的诉求将逐渐增强，预计到

"十三五"期间，早期低工资水平下的劳资平衡格局将被进一步打破，劳资冲突将随着产业转移向中西部地区扩散，呈现逐步放大趋势。对此，我们提出以下几条政策建议。

（一）重视劳工政策的建设，加强劳动法制立法

在宏观经济政策中，提高对劳工政策的重视程度，加大对劳动者群体的保护力度。在国家层面建立劳动关系治理委员会，加快集体劳动关系立法进程；加快社会劳动标准体系的构建；统筹设计劳工政策，使其与收入分配政策、就业政策和社会保障政策进行匹配；建立全国劳动关系运行监测与预警体系。

（二）推进工会体制改革，构建劳动关系的社会治理机制

发挥工会的市场经济职能，将工人的组织权、谈判权和罢工权统一到工会权属范围内。克服工会官僚化的倾向，提高工会在工人群体和企业中的认可度，改善工会的社会形象。推进工会内部管理体制改革，实施工会经费透明管理，提高工会工作绩效。推进行业工会和基层工会民主改革，提高工人群体在工会系统中的参与度。进一步健全和完善三方协调机制，建立以工会为主体之一的多层次劳动关系协调机制。

（三）探索地方劳资自治和集体谈判经验

明确集体劳动关系治理的目标、原则和操作规范。各地方政府应尽快就集体劳动关系处理的原则、机构设置、处理流程、参与主体、处理事务范围以及处理方式等事宜进行规范。明确工会以及其他有关劳动部门介入群体性事件的介入机制、介入时机和责权分类。探索集体谈判经验，在全国分类推行集体谈判试点工作。在公共服务行业中，展开行业集体谈判试点工作。在大中型规模企业、外资及港澳台资企业中，推行以围绕企业为中心的集体谈判试点。积极推广合作型劳动关系治理模式，树立和谐劳动关系企业典型，在税收优惠、政府采购、公共事业订单、技术扶持等方面给予倾斜和奖励。修改完善现行的调解仲裁机制，增加对集体劳动争议的处理制度。

（四）加大培训力度，储备从事劳动关系协调的人才

动员全国总工会、各高校和社会各培训机构，针对企业雇主加强劳动法律与政策培训，帮助企业完善相关规章制度，建立完善企业内部沟通机制。针对工人群体，一方面增强其守法意识，另一方面也要引导工人进行依法维权行动。制定规划，加快培养调停、调解、仲裁等专业人员。

参考文献

程延园、王甫希（2012），《变革中的劳动关系研究：中国劳动争议的特点与趋向》，《经济理论与经济管理》第 8 期。

郭金兴、王庆芳（2014），《我国劳动争议的倒 U 型假说及其检验：基于我国省际面板数据的研究》，《劳动经济研究》第 1 期。

乔健（2007），《略论我国劳动关系的转型及当前特征》，《中国劳动关系学院学报》第 2 期。

全国总工会课题组（2010），《关于对新生代农民工现状的调查与对策建议》，《劳动关系与工会运动研究与动态》第 6 期。

人力资源和社会保障部（历年），《人力资源和社会保障事业发展统计公报》，http://www. mohrss. gov. cn/SYrlzyhshbzb/zwgk/szrs/ndtjsj/tjgb/。

王美艳、蔡昉（2008），《户籍制度改革的历程与展望》，《广东社会科学》第 6 期。

社会科学文献出版社

皮书系列

"皮书"起源于十七、十八世纪的英国，主要指官方或社会组织正式发表的重要文件或报告，多以"白皮书"命名。在中国，"皮书"这一概念被社会广泛接受，并被成功运作、发展成为一种全新的出版形态，则源于中国社会科学院社会科学文献出版社。

皮书是对中国与世界发展状况和热点问题进行年度监测，以专业的角度、专家的视野和实证研究方法，针对某一领域或区域现状与发展态势展开分析和预测，具备权威性、前沿性、原创性、实证性、时效性等特点的连续性公开出版物，由一系列权威研究报告组成。皮书系列是社会科学文献出版社编辑出版的蓝皮书、绿皮书、黄皮书等的统称。

皮书系列的作者以中国社会科学院、著名高校、地方社会科学院的研究人员为主，多为国内一流研究机构的权威专家学者，他们的看法和观点代表了学界对中国与世界的现实和未来最高水平的解读与分析。

自 20 世纪 90 年代末推出以《经济蓝皮书》为开端的皮书系列以来，社会科学文献出版社至今已累计出版皮书千余部，内容涵盖经济、社会、政法、文化传媒、行业、地方发展、国际形势等领域。皮书系列已成为社会科学文献出版社的著名图书品牌和中国社会科学院的知名学术品牌。

皮书系列在数字出版和国际出版方面成就斐然。皮书数据库被评为"2008~2009 年度数字出版知名品牌"；《经济蓝皮书》《社会蓝皮书》等十几种皮书每年还由国外知名学术出版机构出版英文版、俄文版、韩文版和日文版，面向全球发行。

2011 年，皮书系列正式列入"十二五"国家重点出版规划项目；2012 年，部分重点皮书列入中国社会科学院承担的国家哲学社会科学创新工程项目；2014 年，35 种院外皮书使用"中国社会科学院创新工程学术出版项目"标识。

中国皮书网

www.pishu.cn

发布皮书研创资讯，传播皮书精彩内容
引领皮书出版潮流，打造皮书服务平台

栏目设置：

- ☐ 资讯：皮书动态、皮书观点、皮书数据、 皮书报道、皮书新书发布会、电子期刊
- ☐ 标准：皮书评价、皮书研究、皮书规范、皮书专家、编撰团队
- ☐ 服务：最新皮书、皮书书目、重点推荐、在线购书
- ☐ 链接：皮书数据库、皮书博客、皮书微博、出版社首页、在线书城
- ☐ 搜索：资讯、图书、研究动态
- ☐ 互动：皮书论坛

中国皮书网依托皮书系列"权威、前沿、原创"的优质内容资源，通过文字、图片、音频、视频等多种元素，在皮书研创者、使用者之间搭建了一个成果展示、资源共享的互动平台。

自2005年12月正式上线以来，中国皮书网的IP访问量、PV浏览量与日俱增，受到海内外研究者、公务人员、商务人士以及专业读者的广泛关注。

2008年、2011年中国皮书网均在全国新闻出版业网站荣誉评选中获得"最具商业价值网站"称号。

2012年，中国皮书网在全国新闻出版业网站系列荣誉评选中获得"出版业网站百强"称号。

法 律 声 明